商务印书馆语言学出版基金
《中国语言学文库》第三辑

汉语体貌研究的类型学视野

陈前瑞 著

商务印书馆

图书在版编目(CIP)数据

汉语体貌研究的类型学视野/陈前瑞著.—北京:商务
印书馆,2008(2024.3 重印)
(中国语言学文库)
ISBN 978-7-100-05701-1

Ⅰ.①汉… Ⅱ.①陈… Ⅲ.①汉语—类型学(语言学)
Ⅳ.①H1

中国版本图书馆 CIP 数据核字(2007)第 187445 号

权利保留,侵权必究。

HÀNYǓ TǏMÀO YÁNJIŪ DE LÈIXÍNGXUÉ SHÌYĚ
汉语体貌研究的类型学视野
陈前瑞 著

商 务 印 书 馆 出 版
(北京王府井大街 36 号 邮政编码 100710)
商 务 印 书 馆 发 行
北京捷迅佳彩印刷有限公司印刷
ISBN 978-7-100-05701-1

2008 年 12 月第 1 版　　开本 880×1230　1/32
2024 年 3 月北京第 2 次印刷　印张 11⅛
定价:68.00 元

学术话语权
——序《汉语体貌研究的类型学视野》

1992年,陈前瑞考入华中师大,攻读语言学硕士学位,使我"正式"成为硕士生导师。此前,我曾协助闭克朝先生指导硕士生郑厚尧,闭先生过世,导师任务全落我肩,但硕导名分必然还未"正式"。1998年,我与前瑞合著的《语言理解与发生——汉族儿童问句系统理解与发生的比较研究》(华中师范大学出版社)出版,基础是他的硕士论文。1999年,陈前瑞、何婷婷、刘云攻读汉语言文字学博士学位,使我又"晋升"博导。这不也是一种"教学相长"吗?为人作序是缘,我与前瑞之缘首先就是这教学相长。

近闻前瑞的博士论文《汉语体貌研究的类型学视野》,入选商务印书馆语言学出版基金,很是高兴。商务印书馆1897年创立,"中国现代出版从这里开始"是她的广告词。商务印书馆设立语言学出版基金,据我所知,入选程序颇具学术信誉。能入选这一基金项目,便可说在相关领域有了一定的学术话语权。前瑞能获得这种话语权,关键有二:1.类型学的研究视野;2.对汉语事实的细腻观察。

时间范畴包括时和体(也称"体貌")两个语义范畴,是时间投射到语言上产生的结果。不同语言,投射方式和投射结果定有差异,但也必有类型学之共性。从类型学角度观照汉语的体貌特征及其表达手段,会产生一些与既往研究不同的想法;作为导师,我常常愉快地同前瑞分享这些想法,常常看到这些想法如何魔力般驱使前瑞对相关事实一个个作专题考察。前瑞考察语言事实有"六注意":注意梳理国内外相关研究成果,注意使用语料库作定量分析,注意用动态眼光观察历时演变,注意共同语与方言的比较,注意抓住细节"小题大做",注意提出假说来解释发现的现象。类型学的研究视野加上对事实的细腻观察,造就了《汉语体貌研究的类型学视野》许多学术亮点。比如:

"着"在近代汉语和现代方言中既表持续和进行,又可表示完成。"着"表完成在汉语里看似特殊,但符合类型学之一般规律;"着"表持续和进行,在汉语里看似一般,却具有类型学之特殊性。为此,作者提出了"着"语法化的双路径这一假说。

以现时相关性为突破口,得出许多新见解。如第六章对"来着"六种现时相关性的考察,第七章对现时相关性促动句尾"了"将来时用法发展的论述,第八章关于双"了"句报道新情况用法的发展与衰落过程的描写等等,都很有启发性。

在研究"阶段体"时,将动词重叠、"起来""下去""下来"、补语性的"完""好""过""着"等,与典型体标记"了""着""过"作了共时区分,还较好揭示了体标记语法化的过程,如"过"从完结体发展出完成体,"着"从结果体发展出进行体,等等。

在研究内部视点体(如"在""正在""正""着"等)时,应用"聚焦度"的概念,分析了汉语进行体与未完整体标记的语义差异。例如,"在"可用于多场合事件,呈现范围为扩展式,情状在参照点可以发生,也可以不实际发生,属低聚焦。而"正""正在"倾向用于单场合事件,情状倾向于实际发生;因此,"正""正在"呈现范围主要是窄式的,属高聚焦。

前瑞的著作能有这些亮点,前瑞能获得这种学术话语权,更是他二十余年一心向学的酬报。前瑞没上过全日制本科。1982年入九江师范学校(中专),读普通师范班。1985年毕业,到江西瑞昌一所中学任教。1990年入九江教育学院,读英语专业(专科),1992年毕业。1987年到1992年,他挤用5年的业余时间,参加江西省自学考试,拿到了汉语言文学专业专科和本科文凭。之后读硕士,1995年毕业后任教于北京语言大学。之后在职读博士。现又在北京大学师从蒋绍愚先生读博士后,培植汉语史的学养。

　　学术话语权,对于学者很重要,对于一个学科也重要。学科在学术界、在社会上有无话语权,可察如下三点:1.能否为相关学科提供学术营养,如理论、方法或材料;2.能否为社会增加财富,包括精神财富和物质财富;3.能否帮助社会解决前进中遇到的问题。中国语言学在中国学术界的话语权有多大,在社会上的话语权有多大,共识在心,毋需启齿。争取语言学应有之话语权,同仁时哲常有高见良谋,我从中悟到的最切最急之策,乃是语言学界必须关注交叉学科建设,关注当代语言生活,帮国家解决好她所面临的国内外一系列与语言相关的问题。这当然需要时间,需要一心向学者持之以恒的奋斗。

　　有出息的学科还会争取国际话语权。学科的国际话语权,起码得看如下表现:1.创造了多少学术话题;2.创造的这些话题有多少国际响应者;3.能否自由选择学术语言。依此度量中国语言学,度量中国的其他科学,甚至国家的许多方面,国际话语权若何?共识在心,亦毋需启齿。国际话语权与国家强弱密切相关,但也绝不因国家强盛而自然拥有,它的获取需要国人自觉的长期不懈的追求。

　　"话语权"是个新词语,2005年出版的《现代汉语词典》第5版尚未收录,但是话语权问题却广为国人所关注,因为只有拥有话语权,才意味着国家的真正强盛。前瑞在研究学问之时,希望也考虑考虑学科的话语权问题,甚至国家的话语权问题,此乃"匹夫之责"也。

李宇明

2007 年 1 月 31 日

于北京俱闲聊斋

目 录

第 1 章 绪 论 ··· 1
1.1 研究对象和研究思路 ·· 1
1.1.1 在语言共性的背景下分析汉语个性 ····················· 4
1.1.2 以具体问题为立足点 ·· 5
1.1.3 以系统建构为目标 ··· 6
1.1.4 结合历时发展解释共时变异 ································· 7
1.1.5 从话语角度探寻体标记功能 ································· 8
1.1.6 基于语料库定量分析体貌现象 ····························· 8
1.2 当代体貌理论研究评述 ·· 9
1.2.1 体貌研究的理论体系 ·· 11
1.2.2 体貌研究的主要流派 ·· 21
1.3 汉语体貌研究评述 ·· 31
1.3.1 早期的汉语体貌研究 ·· 31
1.3.2 近期的汉语体貌研究 ·· 33
1.4 本书的理论框架和结构安排 ·· 43

第 2 章 汉语短时体研究 ··· 47
2.1 引言 ··· 47
2.2 汉语动词重叠的情状特征 ·· 47
2.2.1 动词重叠表示一种封闭的情状 ···························· 47
2.2.2 动词重叠不具有内在的终止点 ···························· 48
2.2.3 动词重叠具有持续特征 ······································· 50
2.2.4 动词重叠具有活动情状的基本特征 ····················· 52
2.2.5 动词重叠语义上具有完整性 ································ 53
2.2.6 俄语的佐证 ··· 54

2 目 录

- 2.3 动词重叠在汉语体貌系统中的地位 …………………………… 55
  - 2.3.1 动词重叠与汉语的体貌系统 ……………………………… 55
  - 2.3.2 从动词重叠看体貌系统各层级之间的关系 …………… 58
  - 2.3.3 体貌表达的层级选择性 ……………………………… 60
- 2.4 有界/无界与汉语体貌系统 ………………………………… 62
- 2.5 小结 ……………………………………………………………… 67

第3章 汉语反复体研究 ……………………………………………… 69
- 3.1 引言 ……………………………………………………………… 69
- 3.2 反复体的意义类型和形式类型 …………………………………… 70
  - 3.2.1 反复体的意义类型 ………………………………………… 70
  - 3.2.2 反复体的形式类型 ………………………………………… 71
- 3.3 反复体的情状特征及其与情状体的关系 …………………… 73
  - 3.3.1 反复体的情状特征 ………………………………………… 73
  - 3.3.2 反复体与情状体的关系 ………………………………… 73
  - 3.3.3 反复体的特点和时间图式 ……………………………… 75
- 3.4 反复体在汉语体貌系统的地位 ………………………………… 76
  - 3.4.1 汉语体貌系统的无标记现象 …………………………… 76
  - 3.4.2 反复体跟视点体的关系 ………………………………… 78
  - 3.4.3 反复体与惯常 ……………………………………………… 79
  - 3.4.4 从反复体看语言视点的特点 …………………………… 80
  - 3.4.5 反复体与其他阶段体的关系 …………………………… 83
- 3.5 小结 ……………………………………………………………… 84

第4章 汉语完结体与结果体研究 ………………………………… 85
- 4.1 引言 ……………………………………………………………… 85
- 4.2 阶段、阶段补语与阶段体 ……………………………………… 86
  - 4.2.1 阶段的不同含义 …………………………………………… 86
  - 4.2.2 汉语的阶段补语与阶段体 ……………………………… 89

4.3　汉语完结体与结果体的共时关系 ………………………… 92
　　4.3.1　完结体、结果体的形式与意义 ……………………… 92
　　4.3.2　完结体、结果体与情状体的关系 …………………… 95
　　4.3.3　完结体、结果体与视点体的关系 …………………… 96
　4.4　汉语完结体与结果体的历时关系 ………………………… 98
　　4.4.1　完结体语法化的路径 ………………………………… 98
　　4.4.2　结果体语法化的双路径 ……………………………… 100
　4.5　汉语完结体与结果体的类型比较 ………………………… 108
　　4.5.1　汉语完结体、结果体词汇来源的类型比较 ………… 108
　　4.5.2　汉语结果体语法化路径的类型意义 ………………… 108
　4.6　小结 ………………………………………………………… 112

第5章　复合趋向补语中的"来" ………………………………… 114
　5.1　引言 ………………………………………………………… 114
　5.2　与"来"的位置相关的几项考察 …………………………… 115
　　5.2.1　后续句数量的区别 …………………………………… 115
　　5.2.2　后续句主语类型的区别 ……………………………… 117
　　5.2.3　后续句语义类型的区别 ……………………………… 119
　5.3　现时相关性与"来"的位置 ………………………………… 121
　　5.3.1　汉语体标记的两种位置及其功能区别 ……………… 121
　　5.3.2　后续句三种区别的意义 ……………………………… 123
　　5.3.3　现时相关性与汉语完成体的语法化 ………………… 125
　5.4　小结 ………………………………………………………… 129

第6章　"来着"的发展与主观化 ………………………………… 131
　6.1　引言 ………………………………………………………… 131
　6.2　"来着"时间指称意义的发展 ……………………………… 134
　　6.2.1　时间指称意义的考察内容 …………………………… 134
　　6.2.2　《红楼梦》中"来着"的时间指称 ……………………… 136

4 目录

  6.2.3 《儿女英雄传》中"来着"的时间指称 …………… 137
  6.2.4 现代语料中"来着"的时间指称 …………………… 137
  6.2.5 当代语料中"来着"的时间指称 …………………… 138
  6.2.6 "来着"时间指称的发展与主观化 ………………… 138
 6.3 "来着"现时相关性的发展 …………………………… 142
  6.3.1 "来着"现时相关性的类型 ………………………… 142
  6.3.2 "来着"现时相关性的发展与主观化 ……………… 145
 6.4 "来着"的分化 ………………………………………… 149
  6.4.1 "来着$_2$"的界定 …………………………………… 149
  6.4.2 "来着"分化的过程 ………………………………… 150
 6.5 "来着"补论 …………………………………………… 154
  6.5.1 补论的缘起 ………………………………………… 154
  6.5.2 《清文启蒙》中"来着"的特殊用法 ……………… 155
  6.5.3 满语过去时的表达与满汉对译中的"来着" ……… 159
  6.5.4 "来着"受满语影响的相关证据 …………………… 164
 6.6 小结 …………………………………………………… 167

第7章 句尾"了"将来时用法的发展 ……………………… 169
 7.1 引言 …………………………………………………… 169
  7.1.1 句尾"了"在共时语法系统中的地位 ……………… 169
  7.1.2 语言类型学和语法化研究的相关成果 …………… 171
 7.2 句尾"了"的形成 …………………………………… 173
 7.3 句尾"了"将来时用法的发展 ……………………… 175
  7.3.1 《朱子语类》中与将来时用法相关的句尾"了" … 175
  7.3.2 《金瓶梅》中与将来时用法相关的句尾"了" …… 177
  7.3.3 《红楼梦》中与将来时用法相关的句尾"了" …… 179
  7.3.4 《四世同堂》中与将来时用法相关的句尾"了" … 181
  7.3.5 王朔作品中与将来时用法相关的句尾"了" ……… 182
 7.4 与句尾"了"将来时用法相关的理论问题 ………… 184

  7.4.1 "要/快……了"中的"要"与"了"的性质 …………… 184
  7.4.2 句尾"了"将来时用法语法化的阶段和机制 …………… 185
  7.4.3 句尾"了"语法化过程的类型学意义 …………… 186
 7.5 小结 ……………………………………………………… 188

第8章 双"了"句的兴衰 …………………………………………… 189
 8.1 引言 ……………………………………………………… 189
 8.2 双"了"句的现有研究及理论背景 ……………………… 190
  8.2.1 "看了三天了"的讨论 …………………………… 190
  8.2.2 Chappell(1986)对双"了"句所受的各种限制的分析 … 190
  8.2.3 Schwenter(1994)对报道新情况的分析 ………… 192
 8.3 双"了"句结构的发展过程 ……………………………… 196
  8.3.1 双"了"句总的发展趋势 ………………………… 196
  8.3.2 双"了"句中宾语的发展趋势 …………………… 198
  8.3.3 双"了"句中动词类别的限制 …………………… 199
 8.4 双"了"句语义语用功能的发展 ………………………… 200
 8.5 结语 ……………………………………………………… 204

第9章 动词前"一"的体貌地位 ……………………………………… 206
 9.1 引言 ……………………………………………………… 206
 9.2 动词前"一"不同用法的体貌地位 ……………………… 209
  9.2.1 类型学中完成体与完整体的区别 ……………… 209
  9.2.2 作为完成体的非结句的动词前"一" …………… 210
  9.2.3 作为完整体的结句的动词前"一" ……………… 213
 9.3 动词前"一"体貌意义的语法化 ………………………… 215
  9.3.1 动词前"一"完成体用法的形成与发展 ………… 215
  9.3.2 动词前"一"完整体用法的形成 ………………… 219
  9.3.3 动词前"一"完整体用法的发展 ………………… 220
 9.4 结语:汉语动词前"一"的类型意义 …………………… 222

第 10 章 汉语的进行体与未完整体 ·············· 224

- 10.1 引言 ·············· 224
- 10.2 文献对进行体与未完整体的认识 ·············· 224
  - 10.2.1 汉语文献对进行体与未完整体的认识 ·············· 224
  - 10.2.2 外文文献对进行体与未完整体的认识 ·············· 226
- 10.3 汉语进行体与未完整体的区别 ·············· 227
  - 10.3.1 进行体、未完整体与情状体的关系 ·············· 227
  - 10.3.2 进行体与未完整体的历时关系 ·············· 229
  - 10.3.3 进行体与未完整体的语篇功能 ·············· 232
  - 10.3.4 进行体与未完整体的共现关系 ·············· 233
  - 10.3.5 进行体与未完整体在汉语体貌系统中的位置 ·············· 234
- 10.4 汉语进行体与未完整体的类型比较 ·············· 235
  - 10.4.1 汉语进行体的类型比较 ·············· 235
  - 10.4.2 汉语未完整体的类型比较 ·············· 238
- 10.5 小结 ·············· 240

第 11 章 内部视点体的聚焦度与主观性 ·············· 242

- 11.1 引言 ·············· 242
- 11.2 汉语内部视点体的聚焦度 ·············· 243
  - 11.2.1 Johanson 的体貌理论和聚焦度 ·············· 243
  - 11.2.2 "着"与"在/呢"的聚焦度 ·············· 245
  - 11.2.3 "在"与"正/正在"的聚焦度 ·············· 247
  - 11.2.4 "在"与"呢"的聚焦度 ·············· 248
  - 11.2.5 汉语内部视点体的聚焦度序列 ·············· 249
- 11.3 汉语内部视点体的主观性 ·············· 250
  - 11.3.1 视点体的客观性与主观性 ·············· 250
  - 11.3.2 "在"与"着"、"正"与"正在"的主观性 ·············· 251
  - 11.3.3 "在"与"呢"的主观性 ·············· 253
  - 11.3.4 汉语内部视点体的主观性序列 ·············· 260

11.4　小结 ·· 261

第12章　总结——汉语四层级体貌系统及相关理论问题 ············ 262
12.1　汉语四层级体貌系统的内部结构 ·· 262
　12.1.1　情状体 ·· 262
　12.1.2　阶段体 ·· 264
　12.1.3　边缘视点体 ·· 264
　12.1.4　核心视点体 ·· 266
12.2　汉语四层级体貌系统的内部关系 ·· 268
　12.2.1　层级之间的共时关系 ·· 268
　12.2.2　层级之间的历时关系 ·· 272
12.3　汉语四层级体貌系统的类型比较 ·· 273
　12.3.1　情状体的类型比较 ··· 273
　12.3.2　阶段体的类型比较 ··· 277
　12.3.3　边缘视点体的类型比较 ··· 279
　12.3.4　核心视点体的类型比较 ··· 282
　12.3.5　四个层级的综合比较 ·· 283
12.4　与体貌系统相关的理论问题 ··· 284
　12.4.1　汉语体貌系统与语法化 ··· 284
　12.4.2　汉语体貌系统与主观化 ··· 286
12.5　有待进一步研究的课题 ·· 287

主要参考文献 ·· 290
引书目录 ··· 319
索引 ·· 321
后记 ·· 329
专家评审意见 ··· 袁毓林 333
专家评审意见 ··· 郭　锐 337

第1章 绪 论*

1.1 研究对象和研究思路

本书研究汉语的体貌系统,重点研究现代汉语普通话及北京话中的体貌问题。主要是共时的研究,也部分涉及历时的研究。

一说起"体貌",很容易想到英语时态中的现在进行时与现在完成时。其中的"现在"与"将来、过去"相对,这属于"时"或"时制"研究的范围;"进行"与"完成"的对立则属于"体"或"体貌"研究的范围。把"进行"与"完成"从传统教学语法的时态分离出来,体现了语言学范畴研究的深入。

英语的进行体是由助动词 be 与动词的-ing 分词共同来表达的,如:I am read**ing** a book(我在读一本书);完成体则是由助动词 have 与动词的-ed 分词来表达的,如:I have visit**ed** the university(我参观过这个大学)。可以初步感知,进行体与完成体所构成的"体"的意义对立主要体现的是动作本身的状况,即正在进行、持续还是已经完成、结束。像英语这样主要由动词的词形变化这样的语法手段所表达的动作状况的对立,在国外文献中一般是用 aspect 来表示,如 Comrie 的

---

* 本章的 1.2 主要内容曾以"当代体貌理论与汉语四层级的体貌系统"为题载于《汉语学报》2005 年第 3 期,并以 Theoretical Systems of Aspectuality and Chinese Aspectual System 为题载于 *Proceedings of the CLaSIC 2004*(ISBN:981-05-2289-4,Singapore:National University of Singapore, 2004)。收入本书又有明显增补。

名著 *Aspect*(1976)。正如前文英语例句的汉语翻译所显示的那样,汉语类似的体(类似的术语还有"态、相、情貌"等)的表达是通过词尾的"了、着、过、起来、下去"等来表示的,有时还用动词前的"在、正在、已经"等来辅助表达。因此在二十世纪八十年代之前,国内外"体"的研究主要是研究那些虚化或半虚化的手段即体标记来表示的类似的意义对立。

在研究过程中,人们发现体标记的用法与动词的类型有非常密切的关联,比如英语的状态动词一般不能用进行体,正如汉语的"等于、姓"一般不用"了"一样,而某些动词的意义如"完、了、结束"与完成体的意义非常接近。因此,Smith(1991)就把动词及动词性短语内在的语义对立也纳入到体的研究领域,从而扩大了研究范围:把传统的"体"(aspect)归为视点体(viewpoint aspect),而把动词及动词性短语内在的跟"体"相关的语义对立看作情状体(situation aspect)。本书认为,为了与传统的体(aspect)区别开来,就需要有一个上位概念来概括这两者以及相关的语义对立,即体貌(aspectuality)。

本书的体貌包括:1)汉语中由谓词内在语义特征构成的情状类型(situation type);2)由补语性的"起来、下去、完、好"及词语重叠等半虚化成分所表示的语法意义;3)更为虚化的"着、了、过"等所表示的语法意义。研究范围较传统的体研究有所扩大,术语也有所区别。体貌(aspectuality)是上位概念(Dik 1997:221),包括类似于传统意义上的体(aspect)、动作方式(aktionsart,源自德语,相当于 mood of action)和情状类型(situation type)等。传统意义上的体(aspect)是体貌的下位概念,指用语法手段所表达的体貌的意义,主要表示人们对情状所采取的不同的观察方式(Comrie 1976)。为了区别起见,本书借用 Smith(1991)的说法,称之为视点体(viewpoint aspect);情状类型相应地称之为情状体(situation aspect),它是对事件抽象的时间结构的分类,其语言形式为谓词及其主要论元成分。① 动作方式实际上是具体表现动作的不同阶段(Binnick 1991),如开始、持续、结束等,本书称之为阶段体(phasal aspect)。"体"作为构词语素出现在各种体貌的名称中,是体貌的省略。在综述文献时,特别是与时(tense)、态(mood)并用时,体或体范畴仍保持传统的语法范畴的意义。与时、体、态相对应的语义范畴分别为时制(temporality)②、体貌(aspectuality)、情态(modality)。

外延的扩大,必然带来内涵的缩小。本书的体貌是事件内在的时间结构的表现。这里的事件(eventuality)泛指人们在一定的时间点所观察到的动作、状态或现象,其表现形式通常为现实话语中的小句。③内在的时间结构是指不与外在的说话时间直接联系的、由事件本身的发展进程所表现的结构特点。④比如,"昨天他在看书"和"昨天他看了书",这两个小句表示的是两个事件。虽然两者的外在时间都是"昨天",但内在时间结构有所不同。尽管两者的情状都是"他读书",情状类型或情状体是一样的,但这两个事件具有不同的视点体标记——"在"和"了"。因此,本书的事件是一个总成的概念,从体貌的角度可以切分为视点体、阶段体、情状体。本书的研究路向是一种自上而下的分

---

① 杨素英(Yang 1995:10)指出:"为了避免混淆,我跟 Smith 一样,用'情状'来指各种类别的动词及其主要论元的组合(verb constellations),用'情状体'来指情状在时间结构方面的性质。"本书对情状的理解跟上述看法基本一致。

② Johanson(2000:27)把欧洲语言中时体范畴的语义空间总称为 aspectotemporality。因此,本书用 temporality 来专指与狭义语法范畴相对的语义范畴——时制。

③ 本书事件(eventuality)的范围比文献中的事件(event)的范围要宽,文献中有的是把事件(event)与状态、过程等相对的,共同作为情状的次类;有的是把事件等同于情状,比如在"事件时间"一词中,事件的含义就比较宽泛,因此,事件时间也有人称为情状时间,但事件时间更常用。另外,Dik(1997)使用事态(state of affairs)这一概念,Bertinetto & Delfitto(2000)使用 actionality,含义与情状相当。文献中也有把 eventuality 用作 situation 的,如 Filip(1999:15)用 eventuality type 来取代词汇体、动作方式、情状类型等概念。其理由是 eventuality 的概念在理论和概念本质上是最自然的。本书的事件(eventuality)显然也不同于 eventuality type,之所以不愿意割舍这一概念,理由也与 Filip(1999:15)相同。

④ 与外在的说话时间直接联系的时间关系属于时制或时的范畴,体貌只与参照时间相联系。

析性的研究。

"体"在汉语中既有"身体、本身、自身"的意思,还有"体察、体会、体验"的意思,而"貌"具有"样子、状况"的意思。因此,在前文对体貌外延和内涵分析的基础上,我们还可以把体貌通俗地理解为:"观察"到的事件"本身"的"状况"。人们对事件结构"观察"结果的表达就是用某种语言形式加以"表现"。这样,就可以把体貌这一概念的内涵、外延与其在汉语术语中的字面理据结合起来。

内在时间结构实际上是人类时间观念在语言中的一种投射,它可以用语言的多种手段来表现,可以是词汇的、形态的手段,也可以是句法的、话语的手段。当然,谓词及其相关形式是事件时间结构特征的主要载体。由于研究手段和研究范围的限制,本书主要研究与谓词相关的虚化和半虚化的语法手段所表现的时间结构特征。汉语体貌范畴的语法化程度相对较高,一直为人所关注,并取得了较为丰富的研究成果。虽然现有的研究仍不能令人完全满意,但要在这一热点课题上做出新意,存在相当大的难度,必须要有新的视野,要在理论、方法和材料上有所创新。本书的研究将努力贯彻以下六点。

1.1.1 在语言共性的背景下分析汉语个性

体貌作为动词最重要的范畴之一,早已引起了各国语言学家的重视,除了大量的专门语言的研究报告之外,还有若干重要的类型学研究的成果。Dahl(1985)调查了64种语言时体范畴的表现手段,Bybee,Perkins & Pagliuca(1994)考察了76种不同类型的语言时体态标记的词汇来源,Dahl(2000a)深入考察了欧洲语言时体范畴的共时区别和历时联系。汉语的体貌范畴相对其他范畴而言,语法化程度较高,体标记比较丰富,用法也非常复杂,汉语体貌问题的微观研究也必将对类型学成果作出重要的补充,比如汉语表过去经历的"过"就是一个非常好的样本,就引起了体貌类型研究的高度关注(Dahl 1985)。结合共性来观察汉语的个性有至少这样几条思路:一是探讨语法化和主观化等普通机制在汉语体貌系统构成和体标记发展中的作用;二是探讨汉语在世界语言变异中的地位以及这种特殊地位带来的相关影响;三是通过构建汉语的体貌系统,加深对类型学中体貌系统内部关系的认识。如汉语句尾"了"将来时用法的产生是世界语言中比较少见的一种语法化途径,这有可能为语言类型学的研究提供一些新的认识;如何确立句尾"了"的体貌地位,也为整个体貌系统的建立提出了挑战。

同时也必须承认,现阶段从事大规模的跨语言的体貌调查还有相当的难度,因此,汉语体貌系统的类型比较研究要想取得预计的成果,将主要取决于在类型学的视野下,对汉语体貌事实的深入发掘。

1.1.2 以具体问题为立足点

现代汉语语法研究始终必须面对的一个目标是揭示语法事实的客观规律性。[①] 邢福义先生曾指出,"应该承认,我们不仅谈不上真正从事物的本质上全面而精确地认识现代汉语语法,而且,许多重要现象一时还解释不清,解释不准。"[②] 就汉语体貌系统而言,邢先生的这一看法是符合实际的。如果对汉语的事实还没有弄清楚就急于建构理论,这无异于缘木求鱼。为此,本书着重研究汉语体貌系统中的一系列具体问题,如动词重叠、"说来说去"之类的结构所表达的反复意义、复合趋向补语中"来"与宾语的不同位置、"来着"、表情状即将发生的句尾"了"、北京口语中表进行的"在"与"呢",等等。通过对这些具体问题的微观研究来实现以下目的:

[①] 参见《现代汉语语法研究的目标和前景》,载邢福义(1995)第60页。
[②] 引自《现代汉语语法研究的目标和前景》,载邢福义(1995)第61页。

第一,具体探讨某个成分或手段在汉语实际运用中的句法、语义和语用功能。

第二,微观地分析某个或某类成分在现实使用中的不同用法,探讨这些用法之间在共时和历时上的联系。

第三,通过微观的分析来检验现有体貌理论的解释力,为构建符合汉语实际并具有一定普遍意义的体貌理论奠定基础。

1.1.3 以系统建构为目标

正如邢福义先生所言,当今的汉语语言学,面临的主要问题是"二求":一求创建理论和方法,二求把事实弄清楚。这是互补互促而又互成因果的两个问题。邢先生还强调"研究植根于汉语泥土,理论生发于汉语事实"。不然,我国的汉语语言学在世界语言学中就永远处于附庸的地位,就永远不会有跟国外理论对等交流的时候。[1]

受上述诉求的影响,本研究的立足点虽是具体的体貌问题,但目标是建构一个比较有解释力的汉语体貌系统。这个系统不仅能较好地解释现有的问题,而且还能为人们提供新的观察角度,以发现更多的问题。为此,我们根据系统建构的目标选择某些重要问题和难点问题作深入的研究。比如,动词重叠就是汉语体貌系统中比较特殊的表现手段,如何合理解释动词重叠跟动词以及"着、了、过"等体标记的选择关系,就关系到整个体貌系统的结构问题:动词重叠是跟"着、了、过"并列的一种视点体还是跟活动、状态等并列的情状体?抑或是介于两者之间的一种特殊的手段并反映一种特殊的体貌意义?同样,对句尾"了"的研究也便于人们在汉语体貌系统中给词尾"了"和句尾"了"一个合理的定位。任何一种定位必须能解释两者之间的联系和区别。本书有系

---

[1] 见"华中语学论库"的《序》,载李宇明(2000b)及该丛书的其他几卷。

统建构的理想,同时也深知系统建构的难度。因此,本书的研究经历了从问题到系统,从系统到问题的多次反复。本书提出的四层级的体貌系统虽具雏形,也还需要更多语言事实的检验。

1.1.4 结合历时发展解释共时变异

索绪尔确立共时研究在语言学研究中的独立地位的同时,也"在共时语言学和历时语言学之间产生了不可逾越的鸿沟"。① 雅柯布森早在20世纪40年代就批评了索绪尔割裂共时和历时的观点。他指出,正在出现的变化也是语言共时状态的一部分,这个变化的两个终端,即起点和终点,可以在同一个语言社团内轻而易举地作为两个文体变体共存。② 现代汉语研究在引进结构主义的共时研究之后,也开始在20世纪80年代以后自觉地把共时研究和历时研究结合起来,纵观古今,以古证今,并取得了明显的成效。③

面对体貌系统复杂的共时变异,历时的研究能够帮助我们更深入地认识共时变异之间的联系。比如,"来着"有表过去时间和不表过去时间两种用法,到底根据哪一种用法来给它定位:是把它定义为一种时的标记还是一种体的标记? 是把它作为体的标记还是作为表情态意义的语气词? 为此,就必须考察"来着"表过去时间和不表过去时间这两种用法在历史上的发展联系以及在具体用例中的比重。在表过去时间的同时,它还能表达哪些意义? 不表过去时间的用法又是怎样产生的? 历时的研究不仅可以解释具体用法之间的联系,还可以帮助我们在时

---

① 引自《雅柯布森文集》第43页,湖南教育出版社2001年。索绪尔的原话如下:"两个学科的对象是完全不同的。他们在本质上是不可比较的……"(引自《普通语言学教程:1910—1911索绪尔第三度讲授》第138页,湖南教育出版社2001年)。
② 引自《雅柯布森文集》第43页,湖南教育出版社2001年。
③ 参见《现代汉语语法问题的"两个三角"的研究:1980年以来中国大陆现代汉语语法研究的发展》,原载《语言教学与研究》1991年第3期。另载邢福义(1995)。

制、体貌、情态这三个范畴之间建立必要的联系。

1.1.5 从话语角度探寻体标记功能

体标记是体貌范畴的语法化的表现手段,其意义一般都比较虚。[①]通常的做法是在一个句子上删除或添加体标记,然后看增删前后的意义差别。这种做法对比较显豁的意义容易鉴别,对比较虚的意义就难以做到。比如,复合趋向补语中的"来"跟宾语的位置关系有两种:宾语前和宾语后。特别是当宾语为无定数量短语时,它们的意义差别难以辨别。反之,如果考察它们所在小句的上下文,就可能发现一些倾向性的差别。再如,"来着"的时间指称和现时相关性,也只有在话语中结合上下文才能作出具体的判断。Hopper(1982a)早就指出,我们对体的理解最终要植根于话语之中。这种思路与系统功能语法以及邢福义(1997)提出的"小句中枢说"是一致的。本书虽然不全面贯彻这一主张,但还是注重从话语或语篇中寻找某些体标记形成与变异的动因。

1.1.6 基于语料库定量分析体貌现象

汉语形态标记使用的最大特点就是缺乏强制性。比如,北京口语中表进行的体标记一般认为是"呢","在"仅用在书面语中。然而在实际的口语语料中,两者都有用例。它们到底有哪些不同,即使是北京人也难以说清。

一个好的语料库能为我们归纳那些非强制性的规律提供有效的手段。本书研究过程中主要使用的语料库是北京大学中文系研制的北大汉语语料库(BDCC)。检索工具采用北京语言大学宋柔教授开发的语言学知识的计算机辅助发现工具,该工具的检索结果可以包括检索式

---

① 本书对体标记的确定相对宽泛,并且认为,要点不在于限制体标记的数量,而在于考察不同类别的体标记所表示的不同类别的意义。

前后各 60 个字符,特别便于从话语的角度进行研究。传统的语言学研究中的定量分析一般都是频次统计和百分比统计,而有些倾向性的规律,仅凭频次统计和百分比统计还难以说明问题。本书在必要的时候还尝试使用数理统计工具(如社会科学统计软件包 SPSS),以求取得可靠的结论。

以上六点,比较而言,在语言共性的基础上分析汉语的个性、以具体问题为立足点这两点可以说是贯彻全书的研究思路,也构成了本书的主体内容,充分体现了本书的研究风格,这也是本书冠之以《汉语体貌研究的类型学视野》的重要原因。系统建构虽然是本书的研究目标,并初步提出了一个四层级的体貌系统,但是,系统建构的任务还远没有完成。其他三点虽然也体现了本书作者的研究追求,但由于不同论题的研究重心的限制,只是分别体现在部分章节中,可以称为本书的研究触角。希望这些触角能够在今后的研究中得到进一步的延伸与扩展。

1.2　当代体貌理论研究评述

国外的体貌研究源远流长,可追溯到古希腊、古印度时期。始于公元前 4 世纪的斯多葛派(Stoic),他们通过对希腊语的分析就可能意识到了体范畴的存在。他们区分了两类时态(tense):一种时态表示延续,一类时态表示完结。① 显然那个时代对体的分析并没有从时态分析中分离出来。类似于情状类型的研究在柏拉图(Plato,前 427—前 347)的著作中已经间接地意识到,并在亚里士多德(Aristotele,前 384—前 322)的著作《形而上学》(IX.6)中首次明确地提出。② 类似的区分也几乎同时出现在古印度的梵语语法学家的作品之中。③

---

① 转自 Binnick(1991:159)。
② 转自 Binnick(1991:143)。
③ 转自 Binnick(1991:171)。

根据 Binnick(1991:139—140),vid(本义为"看"的意思)作为体的术语在俄语中首次出现是在 17 世纪早期 Meletiy Smetritskiy 的著作中,但具有现代信义的体概念——体是由完整体和未完整体的对立构成的——直到 19 世纪中叶才出现在 Miklosisch 的著作中,并由 Jakobson 在 1932 的著作中得以严格地建立起来。Jakobson 认为俄语中完整体和未完整体的对立是标记和无标记的对立。

俄语等斯拉夫语的体研究对西方产生了直接的影响。体(aspect)在英语的首次出现是在 1835 年,是由斯拉夫语的语法术语(如俄语的 vid)引进到西欧语法中来的。① 斯拉夫语体研究的难题与困惑也随着体的概念带到了西方,以至于西方学者有这样一种说法,体的研究就像一片布满荆棘、陷阱和迷宫的原始森林,虽然频繁有人来探险,但为它绘制的地图却非常糟糕,以至于进入此地的大多数人都身陷其中。② Binnick(1991)就认为,造成这种局面的部分原因可能是,体对说西欧语言的人来说不是一个传统的概念,甚至大多数说欧洲语言的人对体并没有一个明晰的概念。随着研究视野的开拓,斯拉夫语的体不再被看作体系统的典型例子。Dahl(1985:89)指出,斯拉夫语体的对立可以看作是语法化了的词汇范畴。

体貌研究的文献浩如烟海。截至 2006 年 8 月 21 日,R. I. Binnick 编制的网上时体研究文献目录收集了 9000 多个条目。③ 该目录涵盖

---

① 转自 Binnick(1991:135)。
② 转自 Binnick(1991:135)。
③ 该文献目录的网址为 http://www.scar.utoronto.ca/~binnick/TENSE/index.html。英文全称是 Project on the Annotated Bibliography of Contemporary Research on Tense, Aspect, Aktionsart, and Related Areas。加拿大多伦多大学(University of Toronto at Scarborough)R. I. Binnick 教授本人著有 *Time and the Verbs: A Guide to Tense and Aspect* (1991, Oxford University Press)。该书本身就是一部对时体研究具有重要指导作用的综述性著作。该目录是由蔡金亭博士 2001 年提供给笔者的。谨向 Binnick 教授和蔡金亭博士表示感谢。

包括汉语在内的100多种语言,近80多个主题专题,其中汉语的专题就有"把""过""了"。这为我们掌握国内外文献,追踪学术发展,进行跨语言比较提供了很好的基础。限于篇幅,本节着重概述国外20世纪70年代,特别是90年代以来体貌研究的重要理论体系(1.2.1)和主要流派(1.2.2)。

1.2.1 体貌研究的理论体系

1.2.1.1 Comrie的经典体系

Comrie(1976)是把体作为普通语言学的问题来研究的第一部著作。[①] 书中对体的定义、时和体的区分、体的系统等重要问题都作了精辟的论述。Comrie认为,体是对情状内在时间构成所持的不同的观察方式。主要的观察方式有完整体(perfective)和未完整体(imperfective)两类:完整体从外部观察情状而没有必要去区分情状的内在结构;未完整体从内部观察情状,因而跟情状的内在结构有着密切的联系。未完整体可以分为惯常体(habitual)和持续体(continuous);持续体又可分为进行体(progressive)和非进行体(nonprogressive),前者用于动态动词,后者用于状态动词。(见图1-1[②])Comrie的观点堪称经典,对后来的体貌研究产生了相当大的影响。不过,也有一些研究对该体系中的某些范畴提出了质疑。如Bybee,Perkins & Pagliuca(1994:139)指出,Comrie并没有列举持续体与非进行体的标记,定义也不甚清楚。在Comrie对体的对立的分类与定义中,并不是每一类都具有相应的语法形式。其中,对持续体与进行体的区分在跨语言的语料中并没有出现,语料中只有进行体,而没有持续体。

---

① 此说见该书封底的介绍。
② 根据Comrie(1976:25)的示意图翻译而成。

Comrie(1976)的经典体系虽然不包括动词的语义类别,但也专门讨论了体与动词内在时间语义特征之间的关系,这也为后来把动词纳入到体貌系统之说奠定了基础。

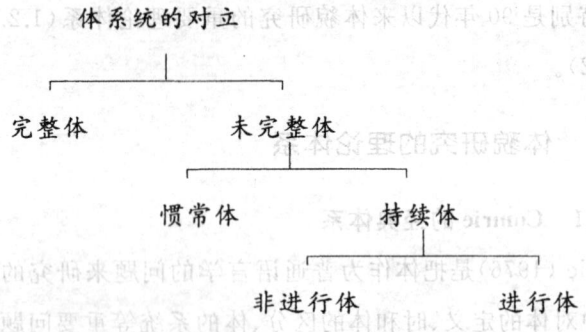

图 1-1　Comrie(1976)的体系统对立示意图

1.2.1.2　双部理论

Smith(1991)在 Vendler(1957)、Comrie(1976)等研究的基础上,提出了一个体貌普遍理论——双部理论(two-component theory)。第一部分是由词汇手段表现出来的情状类型或情状体(situation aspect),基本的情状类型分为五类,即状态(state)、活动(activity)、结束(accomplishment)、达成(achievement)和一次性情状(semelfactive)(见表1-1),分类的标准是根据三组语义特征的分布:状态(static)、持续(durative)、终结(telic,是否具有内在的自然终结点)。① 其中状态情状是静态的、匀质的,不存在终结点,更无所谓自然终结点,因此在终结性方面没有规定,其他均以特征的正负取值来表示。第二部分是由语法手段标记出来的视点或视点体(viewpoint aspect),如完整体(perfective viewpoint)、未完整体(imperfective viewpoint)、中性体(neutral viewpoint)等。完整体是把一个情状当作封闭的整体来表述,它的观察视野包括情状的起点和终点。未

---

① 有关语义特征的界定请参见第2章的详细讨论。

完整体只是观察和表述情状的一部分，不涉及情状的终点。中性体是指句子不加体标记，并有不同于前两者的意义。①

表 1-1 Smith(1991:30)的情状体分类

情状类型	状态性	持续性	终结性	英语例证
状态	[+]	[+]		know the answer（知道答案）
活动	[−]	[+]	[−]	stroll in the park（在公园里漫步）
结束	[−]	[+]	[+]	build a house（建一间房屋）
一次性情状	[−]	[−]	[−]	cough, jump, tap（咳嗽、跳跃、敲打）
达成	[−]	[−]	[+]	reach the top（抵达顶峰）

可见，Smith(1991)虽然还是使用"体"(aspect)这一术语，但其外延和内涵都发生了明显的变化。由于 Smith(1991)的影响，把情状类型直接纳入体貌的研究范围，这已经成为国外许多体貌研究的共识，并对汉语的体貌研究产生了直接的影响，如 He(1992)、Yeh(1993)、Yang(1995)、Chang(1998)和 Kang(1999)。(参见本书的 1.3.2.2)

对情状体与视点体的区分尽管在理论上是重要而可行的，但在具体语言的描写中常常会难以清楚地区分语法手段和词汇手段，也需要另作处理。如汉语的动词重叠、表动作起始与延续的"起来、下去"，Smith(1991)就认为它们兼备情状体和视点体的特征，是一种有标记的情状。同样，Smith(1991)也把未完整体区分为一般性(general)的未完整体和进行体，两者的区别是能否用于状态情状。可见，双部理论的每个部分都还需要作进一步的区分，套用一句佛语，则是"一刀两断，

---

① 有关中性体的讨论参见本书 3.4 的讨论。

未为宗师"。（参见本书第 2 章的详细讨论）

1.2.1.3 "三部"理论

Binnick(1991)认为，在体貌理论百年多的传播和发展过程中，产生了三个相互关联而又互相容易混淆的概念：体（aspect）、动作方式（aktionsart）、情状类型（situation type）或他所称的亚里士多德体（Aristotelian aspect）。应该在探本求源的基础上对这三个概念加以严格的区分和界定。Binnick 建议，亚里士多德体表现的是根据抽象的阶段结构（phasic structure）对情状的分类；①动作方式表现的是情状的各个具体阶段以及每个阶段的次阶段。体区分的是情状与其所在的时间框架之间的不同关系。这里所说的阶段（phase）是指情状发展过程中的一个片段。抽象的阶段结构是指情状作为一个整体所具有的特征，如动态性、持续性、终结性（telic/atelic）。具体阶段包括展望、起始、持续、停止、结束、回顾等。动作方式或用前缀、后缀等形态符号标记，如俄语、德语；或用开始、继续或停止等动词迂回表达，如英语。

Michaelis(1998)对 Smith(1991)的"双部"理论加以改造，提出了一个新的英语体貌系统。（见表 1-2）该系统由三个子系统组成：视点体、情状体、阶段体（phasal aspect）。这里的视点体侧重对终结点的表现，完整体在编码中表现了说话人对情状的终结点的关注，完整体典型地用来表征事件（event）；未完整体在编码中表现说话人缺乏对情状终结点的关注，未完整体典型地用来表征状态（state）。情状体就是情状本身的对立，这种语义上的对立独立于具体情状的表征，因而没有直接编码，也没有形态上的表现。阶段体表现的是参照情状与另外一个所要表现的情状之间的关系。在英语中，阶段体是通过带助动词的语法

---

① 陈平(1988)把 phasic structure 翻译为时相结构。张济卿(1998a)曾对这种翻译提出批评。笔者认为"阶段"一词更为直观。

结构来表达的。比如表起始体的 begin 或 start，表进行体的 be＋-ing 以及表完成体的 have＋-ed。就进行体而言，它表现的是这样一种算子，它把事件谓词与状态谓词联系起来，表示该状态存在在一定的时间区间内。因此，阶段体表现的是"观察的瞬间与动作过程进展的程度之间的一种关系"。①

表1-2 Michaelis(1998:58)的"三部"体貌理论系统

体貌的类别	概念/功能基础	直接编码	形态上的表现
视点体	事件与状态的对立/表现对终结点的关注	直接编码	完整体（如拉丁语）
情状体	理想化的情状的本体	非直接编码	没有表现
阶段体	转化事件与状态对立的算子/表达说话人的视点	直接编码	进行体（如英语）

可见，Binnick(1991)、Michaelis(1998)对 Smith(1991)"双部理论"中的视点体与情状体基本上没有太大分歧，各自从中分出的"第三者"——"动作方式"与"阶段体"，虽然名目不同，但实质都非常接近：都是表示一个整体动作与动作进程中某一阶段的关系，凸现的都是具体的阶段。本书比照 Smith(1991)的"双部理论"，这里把 Binnick(1991)、Michaelis(1998)的体系称为"三部"理论，并把阶段体吸收进本书提出的汉语四层级体貌系统之中。后文所谓的"五部"理论和"单部"理论也源于此种类比。

1.2.1.4 "五部"理论

Dik(1997)是荷兰功能语法理论的集大成之作。Dik 认为，体(aspect)在文献中用来表示多种语义对立，用法很不一致。因此他建议用

---

① 引文的观点来自 Coseriu(1976)，转引自 Michaelis(1998:67)。这里对 Michaelis(1998)所提出的理论体系与概念的介绍综合吸收了作者在著作开始所列举的概念解释及对所引的表格的说明。

体貌(aspectuality)来概括各种与之相关的语义对立,而把体(aspect)限制为语法手段所表示的意义区别(221页)。在体貌的名目之下他区分了五类体貌:①

第一,事态的类型(the type of state of affairs),也叫动作方式(aktionsart)。根据动态(Dynamic)、可控(Control)、终结(Telic)之间的配合关系把事态区分成情景、过程、行动等三大类共六小类(见例1及表1-3)。事态的类型与通常的情状类型略有不同,不过其中事态的含义与情状非常接近。

(1) a. 定位(Position)　　John kept his money in an old sock.
　　　　　　　　　　　　（约翰把钱放在旧袜子里。）

b. 状态(State)　　　　John's money is in an old sock.
　　　　　　　　　　　（约翰的钱在旧袜子里。）

c. 活动(Activity)　　　John was reading a book.
　　　　　　　　　　　（约翰正在读一本书。）

d. 动作(Dynamism)　　The clock was ticking.
　　　　　　　　　　　（闹钟在滴滴答答地走。）

e. 结束(Accomplishment) John ran the Marathon in three hours.
　　　　　　　　　　　（约翰三个小时跑完了马拉松。）

f. 变化(Change)　　　The apple fell from the tree.
　　　　　　　　　　　（苹果从树上掉下来。）

---

① Dik(1997:221)注 2 指出,Maslov(1978)对体貌有类似的分类。可见,此种体貌分类不仅提出的时间早,而且有一定的见识。只是由于著者用非英语写作,影响面不大,而英文翻译本 1985 年才问世。本书的介绍主要参照 Dik(1997)的 9.12 Aspectuality(第 221—225 页)。

表 1-3　事态类型的特征组合

事态类型	[动态]	[可控]	[终结]
情景(Situation)			
状态(State)	−	−	−
定位(Position)	−	+	−
事件(Event)			
过程(Process)			
动作(Dynamism)	+	−	−
变化(Change)	+	−	+
行动(Action)			
活动(Activity)	+	+	−
结束(Accomplishment)	+	+	+

第二，完整体(perfective)与未完整体(imperfective)的对立，表示对事态采取内部视点还是外部视点。这两者的对立，不同的学者使用以下不同术语(见2)来描写：

(2) 完整体　　　　　　　未完整体
　　完成的(complete)　　未完成的(non-complete)
　　有界的(bounded)　　无界的(non-bounded)
　　封闭的(closed)　　　开放的(opened)
　　不可分的(indivisible)　可分的(divisible)
　　外部视点(external viewpoint)　内部视点(internal viewpoint)

第三，阶段体(phasal aspectuality)，专门区分事态发展的内部阶段，如开始、继续、结束等，包括起始体(ingressive aspect)、进行体(progressive aspect)、继续体(continuous aspect)和终止体(egressive aspect)。例证见(3)：

(3) a. 起始体　　John started crying.　　(约翰开始哭。)

b. 进行体　　John was crying.　　　　（约翰正在哭。）
c. 继续体　　John continued crying.（约翰继续在哭。）
d. 终止体　　John stopped crying.　（约翰停止哭。）

第四，动量体(quantificational aspectuality)，用来区分事态发生的不同的量，包括一次性发生(semelfactive sapect，一次体)、反复发生(iterative aspect，反复体)、常常发生(frequentative aspect，惯常体)、多个事态由多个主体多次发生(distributive aspect，分布体)。

第五，透视体(perspectival aspectuality)，用来区分事态发生与外在参照时点之间的关系，区分事态是将来发生(prospective aspect)还是即将发生(immediate prospective)，刚刚发生(recent perfect)还是笼统的之前发生(perfect)。不同的透视体表现在不同的外在参照点观察同一事态，可以表示为图 1-2，并分别对应于(4)：

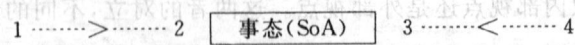

图 1-2　同一事态的不同透视体

(4) 1 将来发生　　John is going to crying.　（约翰要哭了。）
　　2 即将发生　　John is about to cry.　　（约翰就要哭了。）
　　3 刚刚发生　　John has just cried.　　　（约翰刚哭来着。）
　　4 之前发生　　John has cried.　　　　　（约翰哭过。）

Dik(1997)的"五部"体貌理论基本上是从语义出发。其中完整体/未完整体与阶段体跟事态的内在的动态特征有关，被认为是"内在体"(internal aspect)。动量体与透视体相对而言，属于"外部体"(external aspect)。它们分别作用于不同的语义层面。"五部"体貌理论可以说是目前最复杂的体貌系统。但是，Dik(1997)未能对这五类体貌之间的关系作更加详细的说明。

1.2.1.5 "单部"理论

Langacker(1987)比较全面地反映了认知语法的理论框架，其中也有部分章节涉及体貌问题。基于认知语法的一般信念:"词汇、形态、句法组成了一个符号单位的连续统,用来构建概念内容,以满足表达的需要"(35页),Langacker 提出了一个类似于"单部"理论的体貌理论模型。Langacker 直接把动词的内部过程分为完整性(perfective)和未完整性(imperfective)两大类。① 涉及变化的过程是完整性过程,如例(5);未涉及变化的过程是未完整性过程,如例(6)。

(5) The middle linebacker kicks his dog.

那个中后卫队员踢他的狗。

(6) J. P. resembles his father.②

J. P. 像他的父亲。

这两类过程在英语中有着不同的形式限制。未完整性过程可以直接用于一般现在时。完整性过程用于一般现在时的时候,必须理解为习惯性行为,或用于满足现场解说等特殊需要。只有完整性过程才能用于进行体,而进行体本身是未完整性过程,因为它的构成形式"be+-ing"中的 be 本身是一个未完整性动词。进行体结构能够把那些本来就是完整性的动词转化为未完整性过程,具有一种未完整化的作用。而本身就是未完整性过程的动词不能用于进行体,用进行体是一种冗余。③

如果 Langacker 还只是在其认知语法的框架内提出了一个类似于"单部"理论的体貌理论模型,那么,Zhang(1995)在运用认知语法和原型理论对德语、英语和汉语的体貌进行比较研究时旗帜鲜明地声称:"既然体(aspect)和动作方式(aktionsart)④能够相互作用,那么两者必

---

① 沈家煊(1995)曾把这一对概念意译为非持续动词与持续动词。本书根据字面及原文的叙述采用直译的方式,并与体的对立对应起来。
② 例(5)(6)分别引自 Langacker(1987)第 226 页和第 225 页。
③ 这里对认知语法体貌研究的介绍参考了 Zhang(1995)。Zhang 曾认为 Langacker 的理论过于依赖英语的形式特征。除 Langacker(1987)外,另可参见 Langacker(1978,1982)。
④ 这里的动作方式相当于情状类型。

然会在某种概念和范畴上具有共同的性质。它们应该属于同一个认知领域,在情状的概念化方面是一致的,是在同样的底层语义结构上进行运算。本研究试图从认知的角度理解体貌范畴,忽略体和动作方式的区别,而用体貌(aspectuality)一词来取代二者。"(3页)作者还举了俄语的例子(例7)来支持其观点(2页)。

  (7) 未完整体   完整体   完整体

    blestet'   →*zablestet'*

   (发光,持续性的) (向外发光,起始性的)

           →*blesnut'*

         (突然闪光,瞬时性的)

    sidet'   →*posidet'*   →*sizivat*

   (坐,持续性的) (坐一会儿,短时性的) (习惯性地

                 坐,反复)

一般认为俄语的体是典型的语法范畴,每一个动词形式都被分为完整体与未完整体;而动作方式是动词的语义特征分类,如起始性的、瞬时性的、短时性的、反复的,等等,但这些语义特征分类都被分别归为完整体与未完整体。因此,动作方式只不过是借助语义内容对体的进一步分类而已,这就是体与动作方式相互作用的方式。两者本质上是相通的,是一体两面,是用不同的语言学形式来表达说话人对体貌的概念化过程。

  上述体貌体系的构成由一个部分到五个部分不等。体系的不同源于研究者不同的动机:如果追求描写的精确性,必然会导致系统结构成分的增多,如 Dik 的"五部"理论,是其功能语法的一部分,曾被用作语言信息处理的基础,当然要不厌其烦;如果追求解释的概括性,必然会"一言以蔽之",导致系统的极度简化,如 Langacker 的"单部"理论。两者利弊兼有,系统层级数量的最终取舍是由研究对象和研究目的决定的。

1.2.2 体貌研究的主要流派

1.2.2.1 语言类型学的体貌研究

从语言类型学的角度研究体貌的代表作有：Dahl(1985)、Bybee,Perkins & Pagliuca(1994)、Dahl(2000a)和 Bhat(1999)。

Dahl(1985)对时体范畴持有原型的观点,对 Comrie 的一些看法提出了质疑,Dahl 不主张严格区分时和体,也不赞成把是否从整体上观察情状作为区分完整体与未完整体的唯一标准(74—76页)。Dahl 认为在俄语中区分完整体和未完整体的关键是情状有无界限。在调查64种语言时体范畴的基础上,Dahl(1985:78)对完整体给出了以下描述:完整体动词通常表示单个的事件,并把该事件视为一个发生在过去的、未分析的整体,一个可清楚界定的结果或终结状态;该事件一般是瞬时的,至少被视为向对立状态的一种转变,事件本身的持续可以被忽视。Bybee,Perkins & Pagliuca(1994)考察了76种不同类型的语言中时体态标记的词汇来源,建立了一条从词汇成分到屈折或派生词缀的语法化路径。他们发现,"是、有"之类的助动词,表示结束或方向移动含义的动词,它们构成了表结果或表完结的标记的词汇来源。表结果或表完结的标记又进一步发展成为完成体。[①] 后者再进一步发展成完整体标记或过去时标记。同样,表存在含义的助动词以及"in,at,on"之类的方位标记构成了表进行体标记的词汇来源,后者再进一步发展成为未完整体乃至现在时的标记。[②]

Dahl(2000b:7)把 Dahl(1985)、Bybee,Perkins & Pagliuca(1994)等在研究中所表现的共同点概括为"Bybee & Dahl approach"。这一

---

① Bybee,Perkins & Pagliuca(1994)专门使用"前时"(anterior)来取代 perfect。
② Bybee、Dahl 等与 Smith(1991)对完整体与未完整体的定义略有不同。

研究范式把描写的基本单元确定为语言中的一些具体的语法化的形式（gram，语法语素），①如英语表进行体的 be+-ing，而把时、体、态作为概括这些语法形式的语义内容。从跨语言的角度来看，时、体、态的表现形式都可以划分为相对有限的语法语素类型（gram types）。

Dahl（2000b:14）把表达时体范畴的语法语素类型依据其语法化的程度分为核心语法语素类型和边缘语法语素类型。核心语法语素类型包括未完整体、完整体、过去式和将来时。边缘语法语素类型包括完成体（perfect）、进行体、习惯体、反复体等。边缘语法语素类型跟核心语法语素类型之间存在着语法化上的联系。（详见图 1-3②）

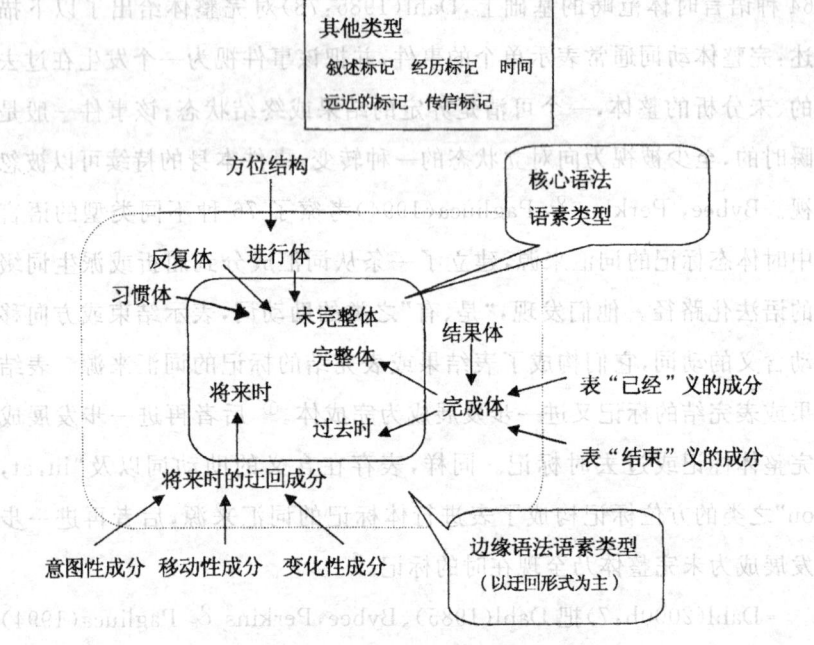

图 1-3　主要的时体语法语素类型

---

① 把 gram 翻译为语法语素，是吸收了吴福祥（2005）的译法。
② 图 1-3 根据 Dahl（2000b:14）的 Figure 3 翻译、改造而成。

Bhat(1999)在调查印度境内的语言以及其他语言的基础上,发现语言中时(tense)、体(aspect)、态(mood)三个范畴是相互作用的,操不同语言的人在表达这些范畴的过程中会有所偏重,有所突出。人类语言可以分为三个理想化的类型学模式:时突出(tense-prominent)语言、体突出(aspect-prominent)语言、态突出(mood-prominent)语言。分类的标准是这三个范畴在具体语言中的语法化程度(grammaticalization)、强制性(obligatoriness)、系统性(systematicity)、渗透性(pervasiveness)等方面的表现。英语被认为是时突出语言的代表,它是用屈折形式表达过去时(-ed)和非过去时的对立,用助动词和屈折形式共同表达不同的体(be+ing/have+ed),用若干情态动词表示不同的态(can、may 等)。旁遮普语和印地语是体突出语言,它们的体范畴甚至渗透到形容词结构中,未完整体形式表示动作,完整体形式表相应的状态。Muna(印度尼西亚的一种语言)是一种态突出语言,采用主语后的标记形式来区别现实情态和非现实情态。

Bybee,Perkins & Pagliuca(1994)、Bhat(1999)和 Dahl(2000a)都从共时分析和类型比较中看到语法范畴历时变化的规律,这反映了语言类型学的体貌研究的共同趋势和价值取向。[①]

需要指出的是,我们这里所列举的代表作都是用英语出版的,主要反映了欧美语言学界从类型学的角度研究体貌的成果。实际上,在俄罗斯,特别是在彼得堡大学以及同样是在彼得堡的俄罗斯科学院语言研究所,有一批著名学者早在 20 世纪 70 至 80 年代就对体貌问题进行了卓有成效的跨语言比较或类型比较研究。他们的著作最早是用俄语出版的,部分重要著作在 20 世纪 80 至 90 年代相继翻译成英语,逐渐

---

① R.I.Binnick 编制的网上时体研究文献目录 http://www.scar.utoronto.ca/~binnick/TENSE/index.html 包含主题词分类,其中包括 Typology,收有 134 篇跟类型学有关的时体研究文献(截至 2006 年 8 月 21 日),可参见。

广为人知。比如 Maslov(1978/1985)对俄语、英语、法语、德语所作的比较研究，Nedjalkov(1983/1988)、Xrakovskij(1989/1997)分别对结果体(resultative)结构和反复体(iterative)结构所作的类型研究。这些研究不仅在体貌类型研究的历史上占有重要地位，而且能对我们开展相关汉语体貌现象的专题研究和类型比较研究提供直接的参照。

1.2.2.2 功能主义的体貌研究

功能主义诸流派的体貌研究中，影响最大的人是 P. J. Hopper。他通过跨语言的研究表明：完整体典型地用于报道一个前后相承的前景事件，未完整体典型地用于提供有关正在进行的或同时发生的背景信息(Hopper 1979)。Hopper & Thompson (1980:271)在讨论及物性(transitivity)和体(aspect)的关系时指出，体与动词的及物性程度存在着系统的对应关系，完整体句子具有较高的及物性，未完整体的句子具有较低的及物性。文章还专门举了汉语"把"字句的例子，指出及物性程度高的"把"字句一定是完整性的，或需要一个完整体标记(如"我把他杀了")，或需要一个短语或分句来表示动作在概念上的界限(如"我把它擦掉"、"我把它放在椅子上")。(275 页)

以 Hopper 为代表的功能主义体貌研究成果集中体现在 Hopper (1982b)题为 *Tense and Aspect: Between Semantics and Pragmatics* (《时与体：语义和语用之间的相互作用》)的论文集中。Hopper (1982a:5)指出，体的概念从根本上讲不是一个狭义的语义概念，而是一个话语—语用概念，是用来表现话语中完结的事件。体的现象本质上是话语平面的现象，而不是句子平面的现象。单从形态和句法的角度解释体现象往往是不全面的；真正可信的研究应当能显示句子平面与话语结构的相关性。我们对体的理解最终要根植于话语之中。这不是要继续寻找具有形态标记的体在话语中的种种用法，而是意味着：更有效的研究方向是研究体的功能类型，这些功能对话语来说是十分重要并且具有普遍性的;然后考察这些功能被语法化之后又会产生怎样的典型扩展。(16页)Li, Thompson & Thompson(1982)对汉语句尾助词"了"的研究就典型地体现了这种思想。他们认为,汉语普通话的句尾"了"的话语理据是用来表现当前相关状态的。"了"的功能与其他语言中完成体(perfect)的功能在语义上有相当程度的重叠。Abraham & Kulikov(1999)中的多篇文章又进一步从类型学的角度证明了时体范畴跟及物性、使役性(causativity)的关系。

Hopper 对体貌问题所持有的激进的功能主义观点在文献中不断地受到怀疑。Smith(1991:130—133)认为,用前景/背景来分析话语显得过于简单。Michaelis(1998:39)认为,用前景/背景的模式来区别完整体和未完整体符合人们的直觉,并具有明显的适用性。但是这一模式也会带来循环论证的问题,特别是当前景/背景难以确定的时候,该模式倾向于用功能和形式来相互界定。另外,笔者认为,Hopper 的模式也难以精确地解释情状类型、体标记以及前景/背景之间复杂的相互关系。

以 Hopper 为代表的功能主义体貌研究的贡献在于把话语因素引入体貌研究,甚至把话语视为体貌标记产生或使用的动因。对于汉语这种不具有强制性体貌标记的语言来说,话语或语用的因素更值得研究。

1.2.2.3 形式语言学的体貌研究

形式语言学特别是形式语义学对体貌问题的研究所作出的贡献是巨大的。Vendler(1957)提出了经典的动词时间结构(time schemata)分类,影响深远。为便于把握原典的语言风貌和分析风格,下面把 Vendler(1957)的原文摘引如下:①

对于活动动词(activities)来说,在时间 t,A 在跑步(*A was run-*

---

① 引自万德勒《哲学中的语言学》,陈嘉映译,华夏出版社 2002 年,第 181 页。术语的中译文改成了语言学界的通用术语,并括注原文部分内容。

ning at time t) 意味着 A 在整个一段时间里在跑步，t 是一段时间 (time stretch) 里的一个时刻 (time instant)，A 在这个时刻在跑步。

对于结束动词 (accomplishments) 来说，在时间 t，A 在画一个圆圈 (*A was drawing a circle at time t*) 意味着 t 在 A 画那个圆圈的那个时段之内。

对于达成动词 (achievements) 来说，在 t_1 和 t_2 之间，A 赢得一场比赛的胜利 (*A won a race between t_1 and t_2*) 意味着 A 赢得比赛的那个时刻在 t_1 和 t_2 之间。

对于状态动词 (states) 来说，从 t_1 到 t_2 期间 A 爱着某个人 (*A loved somebody from t_1 to t_2*) 意味着从 t_1 到 t_2 之间的任何一个时刻 A 都爱着那个人。

从上面的引文可以看出，时段与时刻（相当于后来所说的持续与瞬时的对立）的对立是一个关键性的因素，达成动词发生在时刻，而活动动词与结束动词都可以持续一个时段，但内在含义不同。比如说，A 在跑步的任何一刻停下来，都可以说 A 的确跑了步；但 A 在画圈的任何一刻停下来，就不能说他画了一个圆圈。这个圆圈只有在画完以后才能形成，因此结束动词有一个内在的自然终结点（即具备终结性特征，telic）。另外，状态动词不能使用进行体形式，这也反映了它与其他动词在动态性方面的区别。因此，Vendler(1957)虽然没有明示动词的语义特征，但已经把这种对立展示出来了，为后来的研究确定了基本模型。

Verkuyl(1972,1993)提出体貌的合成性 (compositional nature)，即体貌的意义是由动词和相关的名词性成分的意义相互作用、共同组合而成的。Kabakčiev(2000)称 Verkuyl 的研究是划时代的，并把整个体貌的历史划分为前 Verkuyl 时代和后 Verkuyl 时代。Kamp(1981)提出话语表征理论 (Discourse Representation Theory, DRT)，对语句中涉及的时制、体貌、情状类型等方面的时间因素进行了广泛而深入的研究。Smith(1991)的"双部理论"也直接受到了话语表征理论的影响。不过,形式语言学对"时"的兴趣远大于对"体"的兴趣,就 perfect 这个范畴而言,形式语言学多是从时间语义角度讨论该范畴的形式标记与时间副词之间的相互关系,而对现时相关性之类的概念不感兴趣。(参见 Alexiadou Rathert & von Stechow 2003)笔者对形式语言学了解有限,有兴趣者可参阅方立(2000)、邹崇理(2000)的介绍。这里仅介绍时间参照点的理论及 Olsen(1997)的研究。[①]

Klein(1992)认为传统的时体概念存在一些问题。[②] 时和体都是时间指称的手段,只不过时所反映的是说话时间和话题时间(如"昨天十点,他已经离开了伦敦"中的"昨天十点")之间的关系,体所反映的是情状时间(如前面例句中"离开伦敦"的时间)和话题时间之间的关系。如英语进行体的话题时间在情状时间之中,完整体(过去式)的话题时间包括了情状时间的终点及其后的一段时间,完成体(过去分词)则反映了情状时间在话题时间之前这样一种时间关系。Klein 区分时体的观点早在 70 年代末就基本形成,其中所谓的三个时间与 Reichenbach(1947)的事件时间、说话时间和参照时间相比,其话题时间大致相当于参照时间,情状时间相当于事件时间。后来,Hatav(1993)根据 Reichenbach(1947)提出了类似的观点,Hatav(1993:211)还指出,试图给参照时间下的定义都不可能很明确,参照时间如果不是以一个像"昨天"这类明确的时间词来表示,就是能从上下文中得到暗示。[③]

[①] 有关的 Olsen(1997)的详细介绍参见陈前瑞《词汇体与语法体的语义和语用模式评介》,《当代语言学》2001 年第 3 期。

[②] Wolfgang Klein 是第二语言习得研究领域的重要人物,曾从 70 年代开始研究成人移民对目标语言中时间指称的习得过程,并成为欧洲科学基金项目成人移民第二语言习得研究中时间指称习得的负责人,为该项目设计了时间指称习得的理论框架。

[③] 详见容新(1997)。

Olsen(1997)把 Smith(1991)的情状体与视点体分别称为词汇体(lexical aspect)和语法体(grammatical aspect)。作者就体的理论问题提出了三个假设：

(一)体的对立是普遍的。词汇体和语法体都体现了一组普遍性的语义特征，但两者普遍性的性质略有不同。词汇体所包含的普遍性语义特征主要有终结性(telicity)、动态性(dynamicity)和持续性(durativity)，对它们的选择是在命题的层面上，因而所有的语言都有词汇体。语法体的普遍语义特征是[＋完整体](perfective)和[＋未完整体](imperfective)，对它们的选择是在语言的层面上进行的，并不是所有的语言中所有的句子都有语法体。

(二)体的解释是组成性的(compositional)。特定句子的体的解释是由构成词汇体的不同成分和构成语法体的语素共同构成的。以前的学者也讨论过词汇体的组成性，作者认为与众不同的是：1)词汇体和语法体都是组成性的。2)这种组成性是单向度的，在组成过程中，语义信息可以累加，但不可以丢失；有标记的语义特征如[＋完成]在构成反复的过程中性质不会发生变化，只是应该解释为：反复性的[＋完成]；而无标记的语义特征则可能在具体的语境中转变为有标记的。3)语法体是句子或命题的一个算子(operator)，它是在词汇体固有的时间结构基础上，表达该结构在特定时间所呈现的状况。

(三)基于缺值对立的语义特征，体的语义意义(semantic meaning)和语用含义(pragmatic implicature)是可以分辨的。作者认为，以前对体的语义特征的研究大都是基于等值对立，即语义特征的正值和负值的语义是对等的，都具有一致的语义意义。由于动词的意义在不同的语境中变化很大，因而难以全面确定其语义特征。如果体的语义特征是基于缺值对立，即语义特征有标记的意义是固定不变的语义意义，而无标记的意义是不确定的，是语用含义；那么根据 Grice

(1975),体的语义意义和语用含义就可以得到很好的区分,语义意义不可消除、不可追加,语用含义可以消除,可以追加。

根据缺值特征,无标记的意义可以涵盖有标记的意义。[＋终结]表示情状有一个内在的终结点,[＋动态]表示情状的变化,[＋持续]表示情状内部有一个时间间距。它们的无标记表示在某一方面没有任何限定,甚至可以包容有标记的意义。作者仅根据这三个有标记的语义特征就可以描写四类主要的词汇体。(见表1-4)

表1-4 基于缺值对立的词汇体特征

词汇体的类别	终结	动态	持续	例子
状态(State)			＋	知道、是、有
活动(Activity)		＋	＋	跑、画、唱
结束(Accomplishment)	＋	＋	＋	摧毁、建造
达成(Achievement)	＋	＋		死、赢

作者进而把[＋动态]或[＋持续]所表示的时间间距称为事件的内核(NUCLEUS),把[＋终结]所表示的终点称为事件的终点(CODA)。事件时间的结构可以用内核和终点来表示。未完整体是在参照时间观察情状的内核,完整体是在参照时间观察情状的终点。因此,语法体可以用事件时间(ET)和参照时间(RT)的交叉关系(ET∩RT)来表示。带完整体标记的句子中,事件时间和参照时间的交点在终点,如(8);带未完整体标记的句子中,事件时间和参照时间的交点在内核,如(9)。没有语法体标记的句子没有限定事件时间和参照时间的交叉关系。

(8) 完整体:[ET∩RT]@终点

$$[内核＜终点]ET$$
$$|$$
参照时间 ⋯⋯⋯⋯ RT

(9) 未完整体:[ET∩RT]@内核

[内核＜终点]ET
|
参照时间 ············ RT

在语法体的系统中,完整体与未完整体也是基于缺值对立的。与之相对的是不加体标记、在体的意义方面没加特别限定、在语境中可有完整体或未完整体解释的无标记现象。无标记形式在语义上没有限定,并非 Smith(1991)所说的中性体。这两个特征的组合可以预测不同语言中体标记的变异(见表 1-5)。表 1-5 中,英语的 -ing 被作者看成是未完整体的标记。

表 1-5 基于缺值对立的语法体

类型	未完整体	完整体	语种
(a)	+		英语
(b)		+	俄语
(c)	+	+	汉语
(d)			德语

汉语体标记的使用具有非强制性,这种特点应该说比较适合使用缺值对立来分析。因此,Olsen(1997)的研究对汉语体貌研究具有一定的启发作用,在国内开始产生影响。

综上所述,当代语言学不同学术流派都曾对体貌问题的研究作出过重要的贡献。它们各有所长,各有重点的研究领域,具有明显的互补性。[①]如何充分综合吸收各个流派之长,推进汉语体貌问题的研究,是

---

① 本书没有综述生成语法对体貌问题的研究。总的看来,生成语法对体貌的问题重视不够,一般是把时体问题作为事件的时间定位来分析。生成语法对汉语时体的研究可参见石定栩、潘海华、胡建华、张宁、邓思颖等先生的有关研究。国外的研究可参见 Alessandra Giorgi 和 Fabio Pianesi 的 *Tense and Aspect: From Semantics to Morphosyntax*(New York: Oxford University Press, 1997)、Jacqueline Guéron 和 Jacqueline Lecarme 的 *The Syntax of Time*(The MIT Press,2004)。

一项长期的重要任务。目前情况下,根据笔者的知识背景、学术兴趣以及所关注的汉语体貌问题,本书主要是在语言类型学的视野下,采用功能主义的分析方法,讨论汉语体貌的共时和历时现象。

1.3 汉语体貌研究评述

汉语体貌问题的研究,如果从黎锦熙的《新著国语文法》(1924)算起,已经有了近80年的历史。这80年以20世纪70年代末为界,大致分为早期和近期两个阶段。① 早期的研究主要是概括和区分体标记的意义,近期研究的突出标志是将动词的语义特征与体标记结合起来,拓宽了研究视野。本节对汉语体貌研究的评述,以评为主,且限于本书所关心的若干理论和系统的问题。详细的综述参见万波(1996)和金昌吉、张小萌(1998)。具体问题的研究综述参见各章的文献评述。

1.3.1 早期的汉语体貌研究

早期的汉语体貌研究最有代表性的人物是王力、吕叔湘、高名凯、赵元任等几位汉语语法研究的大家。他们关注的重点是汉语虚化或半虚化的体貌标记,归纳出的汉语体貌系统虽然名目、种类各不相同,但核心内容是一致的,反映了那个时代对体貌问题的基本认识。以现在的眼光来看,有以下几点值得特别关注:

第一,对应于英语等西方语言中"进行"与"完成"的概念,汉语最典型的体标记无疑是"了、着、过"。但是,大家的视野并不拘囿于此,都注

---

① 左思民(1999)认为,《马氏文通》把表时的成分与表体的成分混为一谈。最早的体貌研究综述参见万波(1996)与金昌吉、张小萌(1998)。本书对体貌研究的分期与金昌吉、张小萌(1998)大致相同,但对不同时期的总体看法不同。

意到了汉语中比较特殊的"起来、下去"等虚化成分,把它们纳入到汉语体貌系统中来,并对体貌的内涵有了自己的认识,突出了动作的阶段在体貌中的地位。吕叔湘(1942)甚至直接用阶段来定义"动相"(相当于体),认为动相指的是"一个动作过程的各个阶段"。这一认识是基于汉语的实际得出的。西方语言学界在20世纪80年代也有了类似的认识。Johnson(1981)对动词的体的定义为:"动词的体指涉的是事件时间进程中若干显著阶段中的某一个阶段。"这里的阶段除了指结束、持续外,还包括结果阶段(包括结果状态的存在)。Johnson认为,该定义有明显优于Comrie(1976)的地方,不仅涉及事件的时间进程,而且也能更好地解释完成体(perfect)之类的现象。在Comrie(1976)的定义和体貌系统中都难以对完成体作出令人满意的处理。本书1.2.1.3提到的Binnick(1991)和Michaelis(1998)在各自提出的"三部"理论中都突出强调了"阶段"在体貌系统不同层次中的地位。

第二,注意到了汉语中相对特殊的动词重叠所表示的尝试或短时的体貌意义,黎锦熙(1924)和吕叔湘(1942)还把"说来说去"的体貌意义总结为"反复"。这样,无论是从形式上还是从意义上都突破了传统的体的限制。这类体貌意义既涉及动作的阶段,也涉及了动作的量,而且这里的阶段已经不限于传统的开始、持续、完成之类的阶段。把相关的量的概念纳入体貌的范围和系统,体现了几位前辈不逊色于西方语言学家的视野。(参见1.2.1.4)

第三,高名凯(1948)把作补语的"着、住、得、到、中"等所表示的意义称为结果体,并指出"完成体"(此处指词尾"了")和结果体是一类,在用法和意义上都很接近。可见,在那个时代,高先生就已经看到了体标记和结果补语之间的意义联系。50年后,汉语的这几个结果性补语成分在情状类型中的地位成为海外体貌研究的热点(参见1.3.2),也是本书第4章处理的难点。

第四,王力(1943)最早提出普通貌的概念,即不用情貌(体)成分,不把时间观念掺杂在语言里,只让对话人(或读者)自己去体会,如"我明日再来","我每天写一封信"。其实这里面涉及许多问题,如怎样确定将来时的体貌地位,不用体貌成分的句子何以有惯常意义,体貌成分缺省情况下体貌意义的理解,等等。这些问题直接或间接触发了Smith(1991)"中性体"概念的提出,也是Olsen(1997)的缺值对立所必须处理的问题。(参见1.3.1)时至今日,这些问题都还没有从理论和描写上得到解决。

1.3.2 近期的汉语体貌研究

1.3.2.1 中国内地的汉语体貌研究

20世纪80年代,汉语体貌问题的研究经过一段时间的沉寂之后,有了一些新的气象,研究的理论性和系统性显著增强。刘勋宁(1988)及后续研究从共时、历时与方言的角度对"了"进行了深入研究,不仅揭示了所谓"完成体"的"实现"意义,而且对传统的"了$_1$"与"了$_2$"划分提出质疑,倡导根据词尾与句尾的位置来研究其意义与功能,全面提高了汉语"了"的研究水平。陈平《论现代汉语时间系统的三元结构》(1988)在邓守信(1985)的基础上进一步把汉语传统的体的问题、时的问题与西方的情状理论统一起来考察,重点分析了时相(即情状类型)与汉语动词次类之间的关系,令人耳目一新。龚千炎(1995)在陈平(1988)的基础上重点分析了汉语时态(体)系统,建立了一个精致的"时态链":将行→即行→起始→持续→继续→完成→近经历→经历。不过,这条"时态链"中掺杂了时制的成分(如"将行"和"即行"),而且缺乏层次性。

郭锐的论文《汉语动词的过程结构》(1993)和《过程和非过程——汉语谓词性成分的两种外在时间类型》(1997)以严谨、扎实的风格在同期的研究中显得非常突出。郭锐(1993)提出了一套不同于情状类型的动词内在时间性的分类方法,并且对常用动词逐一分类。郭锐(1997)把谓词性成分的外在时间分为过程和非过程两种:过程是指把谓词性成分表示的状况当作外部时间流逝过程中的一个具体事件,这种谓词性成分一般带有"了、着、过、在、正在、呢"等时间性成分;非过程是指不把谓词性成分放入时间流逝过程中来观察,只是抽象地表示某种动作、状态或关系,这种谓词性成分都不带上述时间性词语。郭锐(1997)还认为,体的研究一直是汉语语法的一个难题,其中一个原因是没有很好地划出体和非体的界线。应把体首先看作过程,即体是与外部时间的流逝过程相联系的;其次,体与谓词性成分的内在时间性是相关的,即体之所以有不同类型,是因为谓词性成分的内部过程相对于参照时刻有不同进展状况。因此,过程实际上可以看作带有体算子(aspectual operator)的谓词性成分,非过程可以看作不带体算子的成分;而不同的体又可看作是由所带体算子的不同造成的。如果从这个角度出发来研究汉语的体,也许会有一些新的进展。

针对国内外学术界逐步扩大体的研究范围这一倾向,郭锐(1997)作出了相反的选择。笔者认为,郭锐(1993,1997)的研究已经很好地揭示了动词内部时间过程和外部时间的过程之间的密切联系。而且所谓的非过程在俄语中正是无标记的未完整体的意义空间,[①]在一些语言里原先表进行体的标记还会逐渐发展成为表未完整体或一般现在时的标记。(参见 1.2.2.1)因此,如果要想追求更有解释力的体貌理论,就没有必要固守汉语体貌传统的、典型的研究领域。另外,在验证动词内部过程与外部过程之间的关系时,要尽量对两者进行独立界定,这样才

[①] 谢林、宁静编著的《俄语动词体的研究》(商务印书馆,1998)指出,俄语未完成体(即未完整体)过去时除了可以表示行为正在进行、即将进行、行为重复进行(类似于"每当、每日、每每、经常"等副词表示的惯常性意义)外,还可以表示过去的事实(这类句子的中译文中多带有"曾经、过")。

有更大的说服力。①

　　戴耀晶的专著《现代汉语时体系统研究》(1997)，是在作者1990年的博士论文的基础上完成的，是第一部比较系统地研究汉语体貌问题的专著，②代表了近期汉语体貌研究的水平。该书的理论框架受益于Comrie(1976)，并在以下几个方面有所发展：第一，明确指出体是观察时间进程中的事件构成的方式。Comrie(1976)的定义中体是指观察"情状"(situation)的构成的方式。情状本身是一个非常宽泛的术语，Comrie也未严格定义；而情状类型在一段时间内一直被作为哲学家的Vendler(1957)误称为动词的类型，直到Verkuyl(1972)才改正过来，视作动词和动词词组的分类。因此，改"情状"为"事件"在中文里显得更容易理解。第二，明确指出体的意义的承载单位是整个句子反映的事件，如补语和宾语成分会影响事件的体的意义。③ 这一思想虽然与Verkuyl(1972)是一致的，但作者可能没有受到后者的影响。第三，作者全面运用语义特征分析法分析动词的特征和体标记的特征。就前者而言，受到了Comrie(1976)的启发，但较其更为深入。就后者而言，似乎是作者的首创。就把两者结合起来分析而言，作者虽然没有提出Smith(1991)之类的普遍理论——"双部理论"，但基本思想是一致的。第四，在借鉴Comrie(1976)"观察方式"概念的同时，并未受其限制，反而在具体分析中应用了时间参照关系的思路来分析完整体和未完整体。这跟国际上体貌研究的思路是契合的

---

　　① Ebert(1995:186)已经指出现有情状分类与体貌研究中普遍遇到的循环论证的问题。Bertinetto & Delfitto(2000)强调要把情状分类与时体态清楚地区分开来。Tatevosov(2002:345—347)讨论了不同学者为避免该问题所采取的不同策略，而作者采取的策略为：把所有意义的标签指派给情状与体标记的加合，而体标记必须是属于特定语言的。情状类型的特征就是动词与体标记共同作用而形成的特征。Dahl(1985)的策略是把特定语言的体标记与类型学中典型体标记相互比较，因此并不涉及情状类型。

　　② 见卢英顺《一部系统研究现代汉语"体"问题的著作——读〈现代汉语时体系统研究〉》，《世界汉语教学》2000年第2期。

　　③ 戴著的"事件"虽然是一元的(包含状态)，但与本书的"事件"还是有所不同。本书"事件"的范围更大，是戴著的"事件"与体标记的共同体。

(参见 1.2.2.3)。戴耀晶(1997)在接受 Comrie(1976)的体系(参见 1.2.2.1)的同时,没有充分考虑到汉语体标记的实际情况,层次性还不够清晰,比如把"了"和动词重叠都看作完整体,就不能充分解释"我看了看书"之类的现象。(详见 2.3)

左思民(1997)令人印象深刻的地方在于提出了实施性体的概念,其作用在于展现以言行事行为自身处于实施性状态,这种体不能用体标记,如"我保证再也不说这话了"中的"保证"不能加"了"或"着"。这种现象具有普遍性和理论意义,值得进行深入的研究。①

李宇明(2002)在讨论"反复"时对"体"的问题进行了深入的理论思考。他认为,体是时间这一语言范畴的一个次范畴,是动作或现象在一定时点的情状。② 这种时点是对动作和现象的内在观察点,可以称为"内在时点"。完成体的内在时点是在动作或现象的终结处。进行体的内在时点是在动作或现象的中间。在观察"摸了又摸"之类的反复体时,其时点具有双重特征:在观察反复的基本单元时,其时点是从起点到终点;在观察多个单元动作的重复时,其时点或类似于随动作、现象的反复而不断流动的"时带",或类似于对若干动作的远距离观察。反复体中的这种双重时点,在惯常性行为和规律性现象中也有所体现,因而对整个体貌系统的描写都很有价值,值得进一步研究。

金立鑫(2002,2003,2004)采用经典实验科学的思路,采用"最小对立对"的研究方法,通过增减变量的方式,确定词尾和句尾"了"的时体意义。研究发现,汉语句子的体是由体助词和其他句子成分共同作用的结果。这些研究在方法论上做出了可贵的探索。比如金立鑫(2002)发现,词尾"了"

---

① Langacker(1982)也涉及这个问题。
② 这里的情状虽然原文括注为 situation,但根据作者跟笔者的谈话,其含义实际相当于状况。

在不同的句法条件下除了表示"实现"之外,还有的表示结束或延续的意义,也就是说结束或延续蕴涵"实现"。文章发现,"着、过"所表现的体也蕴含了"实现",并认为这对"实现"构成了严重的挑战。笔者认为,这些蕴含确实存在,但并不构成挑战,存在着的状态必然是已经实现的,文献中常常引用的英语的进行体蕴含过去时形式也是这个道理,比如"说某人正在打网球"这一命题可以推导出"某人打了/过网球"。(参见 1.2.2.3)关键在于:"实现"只是所谓的完整体比较空灵的意义的一种具体的描述。

当研究者把研究对象从现代汉语标准语扩展到汉语方言、近代汉语和汉外对比等领域的时候,理论的收获也是显而易见的。张双庆主编的《动词的体》(1996)一书不仅详细描写了中国东南方言的体貌,而且对体貌理论提出了自己的看法,比如其中的李如龙(1996)就把完成、进行、持续、经历等归入体,把短时、尝试、反复等归入"貌"。杨永龙(2001)在研究《朱子语类》的完成体时,采用从意义到形式的思路,把动作或过程完毕、变化完成、状态实现都看作完成体的具体意义,全面考察表示完成意义的副词、助词、语气词、完毕义动词、趋向动词,并把动词前、动词后、句尾的标记联系起来。帅志嵩(2006)在杨永龙(2001)的基础上,进一步把中古时期汉语"完成"的语义表达归结为:1)词汇层面,包括谓词中的显性范畴和隐性范畴;2)小句层面,包括副词性成分、数量成分、被动式、处置式、连动式;从而进一步扩大了研究范围,这与体貌的理论研究的趋势是一致的。张志军(2000)在《俄汉体貌范畴对比研究》中,相应地把汉语的体貌范畴也看作一个功能—语义范畴,并分为三个部分:情状类型、动作方式(如各种趋向补语和结果补语)和体范畴("着、了、过"等)。

最近国内有关汉语共时体貌研究的博士论文还有陈凤霞(2002)和尚新(2004)。前者专门研究现代汉语中用形态性的助词所表示的体,一共涉及了14种体并都作了一定程度的综述和描写;该文的研究旨趣与本书颇不相同。后者吸收了Olsen(1997)、Bhat(1999)等国外理论,强调汉语是体范畴突出的语言,并重申在汉语中有必要设立中性体;该文的一些思路与本书的思路比较接近。

在国内体貌或时体研究的历史上,还有一件标志性的事件,即 2002 年 2 月 28 日在上海外国语大学举行"汉语时体系统国际研讨会",并出版了会议论文集(竟成 2004)。文集中不仅有多篇论文分别讨论汉语的时间原理、体貌系统或时体系统,而且还集中分析了汉语典型时体标记"了"的性质与用法。该论文集的出版与 P. Hopper 主编的时体专题会议论文集 *Tense and Aspect: Between Semantics and Pragmatics*(1982)的出版相距了 22 年,这也从某个侧面反映了国内体貌研究与国外同类研究的距离,需要国内同仁以更新的思路和更大的步伐来加以跨越。

1.3.2.2 海外的汉语体貌研究

近期海外的汉语体貌研究可大致分为两个阶段:第一阶段是 20 世纪 70 至 80 年代,主要研究汉语体貌的标记系统;第二阶段是 20 世纪 90 年代至今,主要是受 Smith(1991)的影响,自觉地把情状类型纳入体貌系统来研究。①

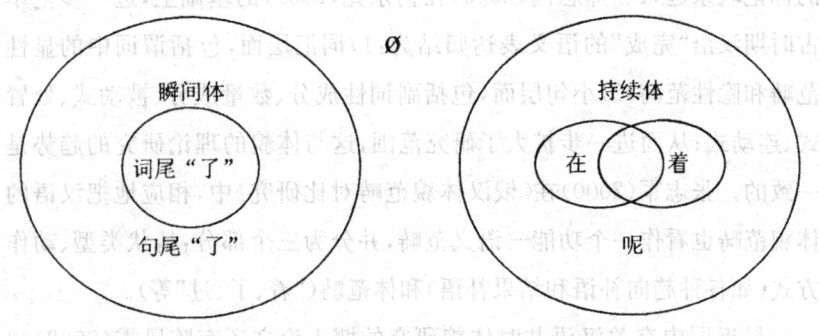

图 1-4 Chan(1980)提出的汉语体系统

---

① 由于条件限制,笔者对海外的文献有所掌握但还不完全,这里的评述也只是举其大端。

第一阶段的体貌研究中，Chan(1980)最为突出，该文在分析体标记"了、在、着、呢"的时候，应用了 J.Lyons 的语义分析框架，把情状分为状态、过程和事件三类，①在此基础上考察情状与体标记的关系。Chan 所提出的汉语体系统很有特点(见图 1-4②)：第一，在汉语体系统中，瞬间体(punctual aspect)与持续体(durative aspect)构成二元对立。根据标记理论，两者均为有标记的形式，ø 表示无标记，代表汉语不含体标记的现象。第二，句尾的"了"和"呢"适用于各类情状，两者构成"变化/非变化"的对立。第三，汉语的完整体标记——词尾"了"标记情状的结束点(end)，对带有自然终结点的情状而言，它标记情状的完成；就状态和活动情状而言，它标记界限(delimit)，表示状态或活动在某种程度上的实现(actualization)。句尾"了"表示进入一个新情状。第四，"呢、在、着"都在情状的起点和终点之间感知情状，而不强调该情状任何一部分的实现。可以说，Chan(1980)是比较有意识地提出词尾"了"之"实现说"的英文版。③

邓守信(Teng 1973)讨论了汉语体跟否定的关系，Chen Gwangtsai (Chen 1979)首先使用了 neutral aspect(中性体，相当于王力所说的普通貌)这一英文术语，邓守信(1985)和戴浩一(Tai 1984)分别讨论汉语动词与时间的关系。陈重瑜(Chen 1978)讨论了"在"与"着"的区别，认为"在"是未完整体标记，能用于实际的过程或习惯性的行为，"着"是进行体的标记，只能用于实际进行的动作。屈承熹(Chu 1987)从语义、句法和语用三个方面分析了"着"的功能。Li & Thompson(1981)详

---

① 状态是静止的，过程是动态的、持续的，而事件是动态的、瞬间的。
② 图 1-4 是根据 Chan(1980)的图翻译而成。
③ 在英文文献中最早提出词尾"了"不表"完成"(completion)的是 Rohsenow(1977)，Chan(1980)明显受其影响。在中文文献中首先提出"实现说"并产生广泛影响的是刘勋宁(1988)。

细描写了汉语的体系统，明确指出词尾"了"不意味着完成，句尾"了"具有现时相关性。

自Smith(1991)提出了体的"双部理论"并专章研究汉语的体貌系统之后，在海外兴起了一股从情状类型的角度研究汉语时体问题的热潮，连续有多篇博士论文问世。

He(1992)认为，Smith的著作的主要缺点是，文中的汉语例句不是不好接受就是不合语法，从而削弱了论点的说服力。He把汉语的情状类型分为三大类11小类，并根据14种句法手段检验它们在汉语语法中的表现。He把状态情状分为五种：绝对状态(有、属于等)、非绝对状态(多、雪白、绿油油等)、存在状态(站、躺等)、习惯状态(他抽烟)、心理状态(爱、相信等)；把活动和结束情状并为持续情状，把达成情状(火灭了)、结果(字写错了)、起始(他胖了)、呈现(他来了)并为瞬间或状态变化情状。He对Smith(1990)的观点进行了一些修正。

Yang(1995)原则上接受Smith(1991)的双部理论，又针对其中存在的问题做了一些修改。① 她认为，Smith根据动词在一个最简单的基本句中的作用来判定动词本身的情状特征和情状类型，但没有解决同一个动词在不同的简单句中会有不同的情状特征的问题，如"打"在"玛丽打了字母P"中具有瞬间性，而在"玛丽打了一封信"中却具有持续性。针对以上问题，Yang(1995)放弃了[±瞬时]的语义标准而用[±时限]来区分活动情状和一次性情状，同时引进[±结果]来区分结束情状和达成情状。[±时限]表示动作有没有时间上的界限，能否无休止地持续下去。比如，"推车"无时限，"咳嗽"有时限，但"重复地咳嗽"又丧失了时限。[一结果]表示动作指向结果但自身并不包含结果，如"写一封信"；[+结果]表示动作本身包含结果，如"赢了一场比赛"。因为

---

① Yang(1995)的观点可以参见杨素英(1998,2000)。

前者可以取消内在终结点的实现,而后者则不行。Yang(1995)指出了语义特征分析存在的问题,提出了自己的解决办法,特别是把情状分类推广到动词的分类并提出了由动词到句子的组合规则。

Yang 认为 Smith(1991)情状的合成过程的论述过于简单,主要描述了动词同其宾语和补语的关系,也就是说在基本句式层次上(sub-categorization level)的情状合成过程,而忽视了其他层次上的合成过程。因此 Yang 提出情状体可以在三个层次上合成,除了基本句式层次上的合成以外,还有词组层次(lexical level)上的合成和超基本句式层次(post-subcategorization level)上的合成,并提出了相应的合成规则。词汇层次上的合成主要有"恨透、修好、跑开"等动补词组。她认为,这些词组都是将一个不具有结果实现特性的动词变为一个具有结果实现性的词组。超基本句式层次上的合成是指在基本句上加动量补语、时间补语、表结果的"得"字词组等,使整个句子获得时限或结果实现的情状特征。

Chang(1998)包括两方面内容:一方面在 He(1992)的基础上考察了"了、着、过"等 18 项句法特征跟四类主要情状类型的关系;另一方面考察了情状类型与汉语时间指称(过去、现在或将来)的关系。Chang(1998)对情状类型和时间指称的论述弥补了陈平(1988)留下的空白,虽挖掘不深,但颇有新意。

Kang(1999)详细研究了趋向补语和结果补语在汉语体系统中的性质和地位。文章首先在 Smith 的双部理论的框架下,讨论了汉语体标记"了"与情状类型的关系,认为"了"的基本意义就是表示把情状看作一个整体,其他的不同意义来自于这一基本意义与情状类型的相互作用。文章对趋向补语和结果补语的考察还吸收了 Tenny(1994)对体的结构的分析。动词加结果补语或趋向补语后,构成了复杂的结束情状。在表过去时间的语境中或加上"了"以后,它们表示内在终结点或目标的抵达,从而构成了句子的完整体意义。作者认为,"起来"、"下去"已经语法化为表起始体和延续体的标记,而其他趋向补语还只是情状体的构成成分,并考察了这两种体标记与情状类型的关系。

以上四篇博士论文的作者都倾向于总体上接受 Smith 的体貌理论,并根据汉语的实际情况充实和发展了情状理论。但歧见也是显而易见的,特别是在汉语动补结构的情状特征和情状类型上各执一词。这些歧见也反映了情状类型和体貌研究中的一些根本问题。

2000 年以后,海外学人对汉语的体貌研究依然热情不减,而且研究的范式也更加多样化。形式语义学、功能主义、语法化等不同的研究范式都被不断地应用于汉语体貌研究,成果也更加突出。

Xiao & McEnery(2004a)继续在 Smith"双部"理论的基础上深入思考,把情状体进一步分成两个层次:词汇层次和句子层次,并分别使用汉语与英语语料库对作者所提出的双层次的情状体模型进行了验证。两位作者还著有 *Aspect in Chinese*,由 John Benjamins 在 2004 年出版。

Chang(2003)从语言的主观性的角度分析真实口语中"了"的用法,发现"了"有一种特殊用法,如例(8):

　　(10)Ling:手机响了。

　　　　Jean:哎哟,欸,不然,等会儿再接算了。

　　　　Ling:你把他挂掉啊。

例(10)"等会儿再接算了"中"等会儿再接"相当于一个话题,"算了"相当于对话题的评述,因此,作者把这种"了"称为话题"了"(简称 C-le),认为它是会话语篇中的主观性结构,表现说话人在话语中的态度与立场。这种基于用法的功能主义倾向的研究使人耳目一新。[①]

---

① Chang(2003)是博士论文,指导教师为美国新墨西哥大学的 Joan Bybee 教授。

Wang(2003)从历史句法的角度考察宋以前完整体意义的表达手段及其语法化过程,重点考察"已"的虚化过程,认为在宋以前,某个成分的意义越虚,它的位置就越靠右,如从"已 V(O)"发展为"V(O)已"。

Chen(2001)则根据体的量化理论(quantificational theory of aspect)来比较英语与汉语,使得汉语体貌的形式语义学研究也能与时俱进。

综上所述,汉语体貌问题的研究历经 80 多年,凝聚了海内外无数研究者的心血,成果是有目共睹的,问题也未完全解决。除了宏观的系统需要进一步完善以外,许多体标记的具体用法还需要从新的角度进行深入的调查。基于以上认识,本书拟在类型学的视野下继续研究,试图为弄清汉语体貌系统的基本事实和创建有解释力的体貌理论尽自己的一份绵薄之力。

1.4 本书的理论框架和结构安排

综观现有文献的多种理论模型以及本书的前期研究成果,本书认为,汉语的体貌系统是一个由情状体、阶段体、边缘视点体、核心视点体组成的四层级系统。

基本的情状体分为四类,它们是状态、活动、结束、成就。它们之间的语义区别是基于有无相对的缺值对立。小句的时间结构是由动词及相关成分组合而成的。情状体的主要理论框架是 Vendler(1967)、Smith(1991)和 Olsen(1997)。由于有关情状类型的研究,中文文献可以参考邓守信(1985)、陈平(1988)、龚千炎(1995)、杨素英(1998)等专题研究,Vendler(1967)的中译本也已出版,英文的专著更是层出不穷,本书不详细展开,除了在形式语言学体貌研究中有所介绍外,仅在讨论阶段体时涉及一些语义特征与情状类型的问题。

阶段体是对情状的具体阶段的表现。汉语阶段体包括两类：一是用虚化的趋向成分"起来"和"下来、下去"分别表示的起始体、延续体，用补语性成分"完、好、过"与"着、到、得"等分别表示的完结体、结果体，可归为基本阶段体，是表现动作进程中的几个基本阶段；一类是用动词重叠与"说来说去"之类的复叠结构分别表示的短时体和反复体，可概括为涉量阶段体，与动作发生或持续的量有关。可见，这里的阶段体与 Dik(1997)、Michaelis(1998) 的 phasal aspect 名同而实不同，基本阶段体是各家意义上交叉的部分，不包括进行体与完成体。涉量阶段体则部分受到 Dik(1997) 中动量体(quantificational aspectuality)的影响。之所以把两类阶段体归并为一个层级，一方面它们异中有同，都涉及情状的整体与部分的关系；另一方面也是避免体貌系统过于繁杂。阶段体(phasal aspect)的提出，把一部分补语成分与动词重叠等语法手段，与典型的体貌标记"了、着"等区别开来，突出反映了汉语体貌系统的特点。本书第 2、3 章专门研究汉语短时体、反复体的情状特征以及它们在汉语体貌系统中的地位。第 4 章研究完结体、结果体的共时关系以及它们在语法化过程中的作用，特别讨论结果体在语法化方面的特殊表现。

边缘视点体和核心视点体的区分受到 Dahl(2000b) 区分核心时体语法语素类型和边缘时体语法语素类型的启发，但其内部形式与意义的对立因不涉及时的问题而显得更为严整。边缘视点体(peripheral viewpoint aspect)是指语法化程度相对较低的视点体，多采用迂回的手段来表达，如英语的进行体与完成体，就是用助动词来帮助表达的。汉语典型完成体的标记包括：词尾"过"、句尾"了"、"来着"等。本书第 5 章研究复合趋向补语中"来"的位置与现时相关性的关系，认为这种"来"也部分具备完成体的性质。第 6 章研究"来着"的发展与主观化的问题，并探讨满语对"来着"的影响。第 7 章研究句尾"了"将来时用法

(如开车前喊"开车了!")的发展及其类型学意义。第 8 章讨论"这本书我看了三天了"这样的双"了"句,着重讨论其作为完成体句式所具有的现时相关性的发展变化。

核心视点体(core viewpoint aspect)是指语法化程度相对较高的视点体,包括完整体和未完整体两类。本书第 9 章讨论动词前"一"的两种用法:一是"一吃就饱",一是"见是他,不由得一愣",前者的用法接近于完成体,后者接近于完整体。第 10 章研究汉语未完整体与进行体的共时区别与历时联系。第 11 章研究北京话中未完整体与进行体标记"着、正、正在、在、呢"之间的内部差异,探讨它们在聚焦度和主观性两方面的表现。

本书还把边缘视点体中的完成体与核心视点体中的完整体统称为外部视点体,把边缘视点体中的进行体与核心视点体中的未完整体统称为内部视点体。这一分类明显受到 Comrie(1976)的有关完整体与未完整体的定义的影响。

第 12 章是全书的总论,对汉语四层级的体貌系统和相关的理论问题加以概括。一方面全面地总结汉语四层级体貌系统的内部结构和结构之间的相互关系,并进行适当的类型比较;另一方面也对本书涉及的语法化、主观化方面的理论问题加以概括,提出尚待进一步研究的问题。

综观本书的结构,可以看到本书是以专题研究为主,系统研究为辅。在汉语体貌系统的四个层级中,阶段体与边缘视点体是全书的重点。阶段体占据 3 章的篇幅,边缘视点体中的完成体更是重中之重,占据 4 章的篇幅,另外 2 章也涉及该范畴。这种结构安排一方面反映了汉语体貌范畴语法化程度不够高的特点,高度抽象的核心视点体的标记不多,典型的只有词尾"了"和"着",大量存在的是还保留一定词汇意义的补语性成分;另一方面也突出了本书所提出的四层级体貌系统的特色,阶段体与边缘视点体这两个层级正是本系统的特色,因而着力刻画。对于典型的体标记,由于本书在这方面的专题研究进行得不够,因此着墨不多。

第 2 章 汉语短时体研究[*]

2.1 引言

动词重叠既可以从动量的角度研究，也可以从体貌的角度进行研究。本章从体貌的角度研究动词重叠，把动词重叠这种形式所表达的时间意义看作汉语的短时体。在前贤的研究基础上，本章重点探讨汉语动词重叠在情状类型（situation type）方面的语义特征即情状特征，尝试在汉语体貌系统中给汉语动词重叠一个合适的定位，把短时体与起始体、延续体归为阶段体，从而与"了、着、过"所表示的视点体区分为不同的层级。本章有关情状的理论框架是 Smith(1991) 和 Olsen(1997)。

2.2 汉语动词重叠的情状特征

2.2.1 动词重叠表示一种封闭的情状

Smith(1991)根据情状有无终止点（final point）而把情状分为封闭情状（closed situation）和开放情状（open situation）。动词重叠的语法

---

[*] 本章根据《动词重叠的情状特征及其体的地位》（原载《语言教学与研究》2001 年第 4 期）改写。改动主要是由于所依据的情状理论由 Smith(1991) 改为兼顾 Smith(1991) 和 Olsen(1997)，汉语体貌的系统也由原来的三层级变为四层级。

意义之一就是"量短次少"或减弱动量,使动作不能无限延长或重复。例如:

(1)你去睡吧。

(2)你去睡一睡吧,到时候我叫你。

(3)他看了看这份报告,就签字同意了。

(4)他要看看这份报告,才决定是否同意。

例(1)的"睡"是一种开放情状,在说话人和听话人的认知中没有一个明确的终止点。例(2)"睡一睡"是一种封闭情状,在说话人和听话人的认知中有一个大致的范围和终止点,不能无限延续。例(3)(4)说明无论有没有"了","看看"都包含了一个终止点,只有"看看"结束之后才能进行下一事件。所以,Smith认为动词重叠表示封闭情状是符合汉族人语感的。动词重叠的这种终止点可称为"限定终止点"。(详见本章的2.4)

2.2.2 动词重叠不具有内在的终止点

陈平(1988)根据[±静态](state)、[±持续](durative)、[±完成](telic)区分出汉语的状态、活动、结束、复变、单变等五种情状(详见2.3.2的表2-1)。其中完成与非完成取决于情状有无自然的终止点以及有无向该终止点逐步接近的过程。这种观点与Comrie(1976:47)的看法相同。Comrie修改了Vendler(1957)的观点,强调向该终止点逐步接近的过程。Smith(1991:6)坚持认为两者的区别在于有无自然终止点。戴耀晶(1997:22)也指出,在现代汉语中完成与非完成语义特征的本质是指是否含有一个内在的终止点,而不必强调导向终点的过程。笔者认为,陈平(1988)、Comrie(1976)的[±完成](telic)这一语义特征不是语义的最小单位,而是掺入了时间延续性的复合语义单位,从而与另一组语义特征[±持续]发生纠葛,使得"改良、提出、展宽"具有

2.2 汉语动词重叠的情状特征

[+完成]的特征,"推翻、打破、找到"不具有[+完成]的特征。这种区分不仅会带来体系的变化,而且很难有普遍意义。"完成"一词在汉语语法著作中有多种含义,除了陈平(1988)用作 telic 的译语外,还常用来描写"了"的语法意义。对后者而言,又涉及狭义和广义两种理解:狭义的理解专指事件的结束或实现其内在的终止点,如"写了两封信";广义的理解指"完成体"或"完成时"中的"完成",如"下雨了"。因此,本书将 telic 改译为"终结"。

汉语的动词重叠只涉及动作本身的短暂延续,而没表现出对行为对象的处置结果。这一点在动词重叠不带宾语或带无定无指的光杆宾语上表现得最为明显,如"走一走,看一看""看看书,下下棋"。在这些例子中,连特定的对象都没有,更谈不上决定终结意义的自然终止点了。动词重叠带定指的宾语时,其非终结的特征也没有显著性的变化。下面的例句可以帮助说明动词重叠不涉及自然的终止点。例如:

(5)我就是看了看这本书,根本没看完,也不想看完。
(6)我昨晚把这本书看了看,觉得不错,你拿去看吧。
(7)?我昨晚看了这本书,根本没看完,也不想看完。①

"看这本书"有自然的终止点,"看了看这本书"的基本含义是"这本书某人看了一会儿",它强调的是情状的一小部分,重叠不直接涉及"这本书"固有的自然终止点的实现与否。所以例(5)可以彻底排除自然终止点的实现,例(6)看没看完,不得而知,完全由语用决定,例(7)则不大说得通。因此,汉语的动词重叠所表述的情状不具有自然的终止点,具有非终结的语义特征。

如果根据 Olsen(1997)的情状单向合成性理论,②即无标记的语义

---

① 陈前瑞(2001a)在该例句前加的是星号,似乎有点绝对,现改为问号。如把"根本"改为"不过"则没有问题。
② 详见陈前瑞(2001b)的介绍。另可参见 1.2.2.3 的评述。

特征可以通过合成变成有标记的,而有标记的不可以变为无标记的,"看"作为活动动词,在终结性方面是无标记的,"看这本书"和"看看这本书"在终结性方面是有标记的,其终结性是由"这本书"赋予的;那么"看看这本书"中的"看看"也应该是无标记的(可记为[ø 终结])。不过,Olsen 的理论本身并没有讨论汉语动词重叠的情况。

2.2.3 动词重叠具有持续特征

动词重叠是否具有持续特征,石毓智(1992b)与朱景松(1998)截然对立。石毓智(1992b)认为可以把重叠式动词归入"塌、摔、倒"等类动词。它们所代表的动作的开始和结束重合在一起,缺乏"时段持续"的特征。他所说的"时段持续"特征是指"动词所指的动作可以延续相当长的一段时间",其语法表现是能不能加"着"。朱景松(1998)认为动词重叠表示过程的延续。刘月华等(1983)、朱景松(1998)都认为可以容纳重叠的动词本身提供了过程延续的可能性。

应该说动词重叠所表示的行为在客观世界中具有延续性,这一点石毓智(1992b)在附注中也承认。他认为,说动词重叠式缺乏"时段持续"的特征,"这是就重叠式动词表达的稳固的语法意义而言,虽然所指的行为也可能持续相当长的时间,决定词语'体'用法的是其稳定的词汇意义或语法意义,而不是所指的实际情况。"我们这里所说的情状特征是对实际情况的主观反映。这种反映有一定的主观性,如强调或淡化情状的持续性,但不至于改变实际情况的基本性质(Smith 1991:13)。

根据 Olsen(1997),"看"作为活动动词,在持续性方面是有标记的,而有标记的不可以变为无标记的,那么"看看"在持续性方面应该是有标记的(可记为[+持续])。戴耀晶(1997:20)指出,"短时是介于瞬间和持续的中间情况","动词重叠式所表达的短时虽然可以持续,但这

2.2 汉语动词重叠的情状特征

个格式强调的并非持续特征,这个格式作谓语的句子一般不出现表时段的词语,在汉语里,这一格式更强调动作的非持续特征。"对这一段话的理解,笔者认为要分清两个层面的问题:单纯从语义层面或情状特征来看,动词重叠式具有持续特征;从语法层面或主观视点上看,它具有完整性,能与表实现的"了"搭配使用,表达一个完整的、现实的事件,所以它常常不强调动作的持续特征,但并不因此而改变其固有的持续特征。

即便如此,如何判断动词或情状的持续特征仍是一个需要讨论的问题。马庆株(1981)、陈平(1988)、石毓智(1992b)都直接或间接地认为不能加"着"的动词或动词结构都不具有[+持续]的语义特征。马庆株(1981)根据能不能加后缀"着"把动词分为两类,不能加"着"的动词叫非持续性动词,能够加"着"的动词叫持续性动词。动补结构都不能加"着",也都可以看作非持续动词。陈平(1988)的[+持续]要求要有一个相对稳定的持续阶段,因而表"渐变"的"升起、改善、加宽"都是[—持续],它们不能后加"着",但能前加"在",从而与结束情状区别开来,成为"自成一类"的复变情状。

其实,功能与形式关系常常不是一对一的关系,而是一对多、多对一或多对多(简称多功能,multi-functional,Bates & MacWhinny 1982)。同样,语义特征与句法表现之间的关系也不是一一对应的。用单一句法特征来判断语义特征具有一定的风险性。根据能加"着"来判断动词语义上的持续是可行的,因为该类动词具有强持续特征;但根据不能加"着"而判断其在语义上不持续,则要谨慎,因为有些词语具有弱持续特征。特别要避免在体标记与情状类型之间出现恶性的循环论证:一方面用体标记来区分情状特征与情状类型,另一方面用情状特征与情状类型来解释体标记的适用范围以及两者之间的语义组合。

Olsen(1997:41—43)认为,瞬时只是与在持续特征方面无标记的动词(记为[ø持续])相关的一种会话蕴涵,因此可以通过持续性时间状语加以取消。这类时间词语包括 during the period, for days 以及 when 从句等,如例(8)。而且[ø持续]的动词的持续和瞬间解释都可以取消,如例(9):

(8) John was dying, when the doctor arrived.
医生到来的时候,约翰就要死了。

(9) His father died…

(a) … suddenly.
他的父亲突然死了。

(b) … slowly, over a period of month.
他的父亲在一个月的时间里慢慢地死了。

但是,由[+持续]的动词构成的句子即使带上瞬间状语之后也不会成为瞬间事件,瞬间状语表示情状的开始,如例(10)和(11):

(10) Matt ran at three-thirty.
Matt 三点三十分的时候开始跑。

(11) Betsy knew the answer at five o'clock.
Betsy 五点知道这个回答了。

因此,根据缺值对立的思想来判定动词或动词重叠的持续性问题是一种更为简便的方式。①

2.2.4 动词重叠具有活动情状的基本特征

陈平(1988)的活动情状具有动态、持续和非完成的特征。Smith (1991)的活动情状具有[−State]、[+Durative]、[−Telic]的特征。而根据上文的分析,动词重叠也具有[+持续]和[−终结]或[ø终结]的

---

① 笔者此处的处理方式与陈前瑞(2001a)有所不同。后者是把非瞬间定义为持续。

特征。另据朱景松(1998),动词重叠作为对动词形式的一种翻新改造,排除了其他侧面意义的可能性,强化了动作性,表示有所作为,表示动作行为的主体具有极强的能动性。所以动词重叠具有动态或[－State]是毫无疑问的。由于对持续的定义不同,动词重叠不完全符合陈平(1988)的活动情状,却完全符合 Smith(1991)的活动情状(见表2-1)。动词重叠表示的是一种封闭的情状,有终止点;所以 Smith(1991)视之为一种特殊的、有标记的活动情状。

动词重叠的情状特征和情状类型还可以从与它语义等值或近似的结构"V一会儿"得到印证。动词结构后接表时段的时间成分是活动情状的典型特征(陈平 1988,Smith 1991)。

2.2.5 动词重叠语义上具有完整性

情状类型体现的是事件抽象的内在时间特征,视点体是说话人对某一情状所选择的观察角度,体现为语法上的体范畴(参见 2.3.1.2)。动词重叠使得原本可以无限延续的动作(如"看书")或可以延续的动作(如"看这本书")变成短暂的延续,从而部分改变了动作的时间特征,因而成为一类特殊的活动情状。除此之外,动词重叠还表现出从外部而不是从内部去观察情状的视点体特点,它的观察视野包括情状的终止点。因此 Smith(1991)认为汉语的动词重叠的语义上具有完整体(perfective)的特点,戴耀晶(1993)也认为它具有"完整性"。两者的含义是很相近的。下面的例子也说明了这一点:

(12)文清望着文彩,摇摇头,又失望地出神。

(13)高增良定了定神,难受地问生宝……

(14)*他看了看这份报告,他还在看这份报告。①

---

① 例(12)(13)(21)(22)转引自刘月华等(1983)。

例(12)(13)的动词重叠都是作为系列动作中的一环。例(14)之所以不合法,是因为第二分句无视重叠动作已经结束,却继续从内部观察。由此可见,动词重叠本身具有一定的完整体性质,加"了"只是使这一性质得到显性的标记。①

2.2.6 俄语的佐证

动词重叠的情状特征和视点特征可以从俄语中得到佐证。Smith(1991)指出,俄语中有两个动词前缀 pro-、po-影响动作的持续特征,并构成完整体(perfective)的动词形态。pro-表示动作的有限持续,它要求带一个宾格的时间短语。po-表示动作持续的时段比所期待的时间稍短,它不必然要求带时间短语,但也可以带。例如:

(15)a. Ona *pro*stojala na uglu celyj čas.

She stood ^{Perf} on the corner for an entire hour.

她在拐角处站了一个小时。

b. On *po*rabotal(časok).

He worked ^{Perf} a bit(for an hour).

他干了干活儿。

Smith(1991:321)认为,由这两个前缀构成的动词所表示的事件,虽然有由时间短语所规定的明确的端点,但其端点本质上仍是任意的,随时间短语的变化而变化。它不同于变化和结果所具有的自然终止点,因此具备[−Telic]的特征,仍属于活动情状。Stoll(1998)虽然把

---

① 匿名审稿专家认为本书用"完整性、持续性"等一套概念概括动词重叠的特征,虽不能说不对,但总感觉不贴切。事实上,动词重叠从根本上说仍是一种动量表示手段,它表示的是动量范畴而不是体貌范畴。笔者认同这一看法,事实上本书对动词重叠的研究是在李宇明(1998)等一系列有关"量范畴"研究的基础上进行的,主要是从体貌的角度获得对动词重叠的新的观察角度,而不是要取代现有的对动词重叠的"动量"研究。

带 po-的动词作为单独的一个情状,[①]但在语义特征的看法上与 Smith 是一致的。笔者认为,俄语带 po-的动词与汉语的动词重叠更接近。在情状特征方面,二者都缩小了动作持续的时间,具备[－Telic]或[ø 终结]的特征,都与完整体有着密切的联系。在句法方面,二者略有不同。汉语动词重叠要表示完整体可另加"了",而俄语的这个前缀本身就同时表示该动词是完整体。汉语动词重叠之后不能带时间短语,但在动词之前可以有表时段的时间短语,表示的虽然是动作发生的时段,但也蕴涵了动作持续的时段,只是持续的端点不如俄语动词后的时间短语那样明确。如果俄语的 po-可以表示"定时动作"的话,那么汉语的动词重叠只能表示"限时动作"。如:

(16)中午一点到两点,你可以休息休息。

(17)这个假期,我要好好地看看书。

2.3 动词重叠在汉语体貌系统中的地位

2.3.1 动词重叠与汉语的体貌系统

2.3.1.1 近期中文文献的主要观点

李宇明(1998)指出,"动词重叠本身就是一种体,因此排斥其他体范畴标记。动词重叠是一种什么体?历来说法不一,有'短时'、'少量'、'不定量'、'轻微'、'尝试'等种种主张。"李如龙(1996)把动词重叠等语法意义归入"貌"范畴,而把完成、进行、持续、经历等归入体范畴。戴耀晶(1997)把现代汉语里的体分为完整体和非完整体两大类。完整

[①] Stoll(1988)所用的术语是 delimitativity,意指有限的动作延续。

体包含"了、过"和动词重叠所表现实体、经历体、短时体,非完整体包含"着、起来、下去"所表持续体、起始体、继续体。戴著的观点在文献中得到了广泛的引用。

2.3.1.2 Smith 的体貌理论

Smith(1991)认为,在她所认为的"普遍语法"中体貌由两部分组成。第一部分是由词汇手段表现的情状类型或情状体(situation aspect),基本的情状类型分为五类(见表2-1),即状态、活动、结束、达成和一次性情状(如咳嗽、跳、敲等)。五类基本情状类型之上还有两类有标记的情状,即转化(shifted)的情状和衍生(derived)的情状。前者指"他们开始了阅读"之类,着重强调基本情状的某一部分;后者指"他每天下一盘棋"之类,这类情状的内部结构中包含了另一种情状类型(该例句属习惯性状态情状,其中"下一盘棋"属结束情状)。

第二部分是由语法手段表现的视点或视点体(viewpoint aspect),如完整体(perfective viewpoint)、未完整体(imperfective viewpoint)、中性体(neutral viewpoint)等。完整体是把一个情状当作一个封闭的整体来表述,它的观察视野包括情状的起点和终点。未完整体只是观察和表述情状的一部分,不涉及情状的终点。中性体是指句子有时不加体标记,对其体意义可以有不同的理解。

视点体与情状体这两个部分是相互独立的。虽然同一个情状体可以用不同的视点体来观察(具体的选择限制在不同语言中有不同的表现),但是它们之间还是存在着某种自然的或典型的对应关系,这体现为语言的常规用法。人们也可以打破常规,选择特殊的视点来表述,使之具有特殊的含义,这体现了语言中灵活与变异的用法(Smith 1983,1991)。

表 2-1　Smith(1991)与陈平(1988)的情状分类比较

	状态 State	活动 Activity	结束 Accomplishment	复变	单变	Achievement (达成)	Semelfactive (一次性)
静态/Stative	+	—	—	—	—	—	—
持续/Durative	(+)	+	+	+	—	—	—
完成/Telic	(—)	—	+	+	—	+	—
例证	是、爱	吃、吃饭	看一本书	展宽	打破	打破	咳嗽

注：中文为陈平(1988)的分类术语，英文为 Smith(1991)的术语，括注为笔者所加。

如前所述，Smith(1991)认为汉语的动词重叠兼备情状类型和视点体的特征，是一种有标记的活动情状，但没有指出到底属于哪一类有标记的情状。她还认为汉语的某些动词的补语成分，如"起来、下去"等也具有双重角色，既表示情状，又表示视点，属于转化的情状。不过，她还是把这些具有双重角色的东西作为有标记的情状并归入五类基本的情状类型，以符合她的双部理论(two-component theory)。

2.3.1.3　汉语的四层级体貌系统的构拟

笔者认为，为了进一步明确显示动词重叠及其"起来、下去"等语法手段在情状与视点两方面的双重属性和过渡性质，不妨把 Smith 的双部理论在汉语中改造为三层级或四层级的系统。底层为基本的情状类型，仍称为情状体，其语言形式为谓词及其论元等词汇成分。中层为阶段体，[1]包括动词重叠所表示的"短时体"，"起来、下去"所分别表示的起始体和延续体，等等。上层为视点体，视点体根据 Dahl(2000b)进一步分为边缘视点体与核心视点体。边缘视点体是指语法化程度相对较低的视点体，包括完成体和进行体。核心视点体是指语法化程度相对

---

[1]　这里的阶段体在陈前瑞(2001a)中称为情状/视点复合体。

较高的视点体,包括完整体和未完整体两类。为称说方便,本书还把边缘视点体中的完成体与核心视点体中的完整体统称为外部视点体,把边缘视点体中的进行体与核心视点体中的未完整体统称为内部视点体。有关视点体的详细情况参见本书相关的章节。有关中性体的问题参见第3章的讨论,这里暂不涉及。

汉语体系统的四个层级之间有着复杂的内部关系。下面以动词重叠为切入点,予以简要说明。

2.3.2 从动词重叠看体貌系统各层级之间的关系

2.3.2.1 动词重叠对情状体的选择限制

Yang(1995:104)指出,动词重叠能自如地用于(good with)活动情状和一次性情状,却难以适用于(bad with)结束情状和达成情状。这句话的前半句完全正确,活动情状的动词在重叠的时候非常自由,如"看、写、读书、游泳"等。"咳嗽、跳、敲"等一次性情状只有转化为重复进行的动作,成为一种特殊的活动情状后才能重叠。这是因为重叠具有[＋动态]、[＋持续]、[－终结]或[ø终结]的特征,只有完全或部分具备这些特征的动词或动词结构才能重叠。这也就实际上给出了可重叠的动词的典型语义条件。①

Yang的后半句不完全正确,达成情状一般不能重叠,而结束情状则有两种不同的表现。结束情状中的"动词＋有定宾语"可以重叠,如"看看这两本书";而"动词＋无定有指的数量宾语"则不能重叠,如"*看看两本书"。这其中可能还受到别的因素制约(见李宇明1998,沈家煊1995)。

---

① 当然,[＋自主]也是动词重叠的一个典型条件,[－自主]的动词重叠时比较受限制,但自主不属于时间方面的语义特征(见朱景松1998)。

朱景松(1998)指出,"建立外交关系"与"建立友谊"中,前者是一个完结性动作,不能重叠;后者可以通过不断的努力来进行,表现为过程,所以能重叠。如果根据 Olsen 的理论,"建立"是达成情状,不具有[＋持续]的特征,但是它不一定就不能表示持续性的事件。在跟"友谊"搭配时,由于"友谊"是抽象名词,具有程度特征,因而可以持续"建立"并加深,并临时具有持续性,在这样的组合中,一般不能重叠的"建立"也就能重叠了。

再如"醒"作为达成情状的动词,不具有持续特征,在一般的陈述句中不能重叠,如不能说"他醒了醒就起来了";可是在祈使句中就可以说"你醒醒吧!"由于"醒"本身不具有持续特征,因此,从语义上看,"醒醒"也不具有[＋持续]的语义特征。可是从语用上看,说话人发出这一愿望时,是在听话人昏迷或昏睡的情况下,希望向好的方向发生转变,哪怕是一点点也好?因此字面形式上的"醒醒"就有了"哪怕是醒过来一会儿也好"的意思,表示一种较低水平的愿望,也具有一定的持续的意味。总之,持续动词可重叠是一种自然的现象,而不具有持续特征的达成情状的动词如果要重叠,需要有特定的条件。①

由于短时体具有一定的视点特征,说话人具有一定的选择余地,甚至可以从个人特有的角度去观察和表述,因而常规情况下不能重叠的状态情状([ø动态]、[ø完成]、[＋持续])也可以在特殊情况下重叠,并暂时具有动态、短暂持续的意味,例如:

(18) 我真想病一病,歇它个十天半月。
(19) 她不爱我,我就不能爱一爱她?
(20) ——我要是输了就不姓王。
　　——嘿!你就是跟我姓一姓张又有什么关系!

---

① "醒"的重叠用例是由匿名审稿专家指出的,此处的讨论也由该例引发。

可见,基于标记理论的情状理论有更强的解释力,不仅可以解释语言中的常规用法,而且还可以广泛地用于解释 Smith(1983,1991)所说的灵活与变异的用法。这些变异的用法一方面是基于视点体标记选择的主观性,另一方面也为情状体无标记特征的意义提供了变异的可能。任何一个实际的表达都是通过情状体与视点体相互作用、共同组合而成。

2.3.2.2 动词重叠对视点体的选择限制

由于动词重叠本身具有视点体的部分特征,语义上具有完整体的某些特点,因而在视点体的选择上受到了相当大的限制。短时体能够自然地与外部视点体配用,而不能与内部视点体搭配。具体而言,动词重叠表已然事件时可以加完整体标记"了",如例(22);也可以不加"了",如例(21)。但是,动词重叠表未然事件绝对不能加"了",如例(23),这表明时制的因素也对汉语体貌有制约作用。① 另外,动词重叠也可以与作为完成体标记的句尾"了"配用,如例(24)。

(21)妈妈说:"霞霞,饿了吧?"——改霞摇摇枕头上的头。

(22)"曹先生"——曹先生笑着点了点头。

(23)*他很愿意和老王谈了谈,可是没话可说。

(24)你可以去玩一玩了!

以上例证说明动词重叠与视点体存在着自然对应和主观选择的关系,是不在同一层次的体貌。从这个意义上看,戴耀晶(1997)把短时体与词尾"了"并列为完整体的两种会带来解释上的一些麻烦。

2.3.3 体貌表达的层级选择性

汉语体标记的使用在一定程度上是非强制性的,因而有人怀疑汉

---

① 参见李宇明(1998)、陈平(1988)。

语体貌范畴的存在。笔者认为对汉语的体貌应作较为宽泛的理解。体貌从本质上看是语义平面的概念,它是说话人对事件时间特征有选择的观察和表述。这种表述是有层次的,可以在情状体这一层面具体地表现,如"树叶<u>开始</u>发绿";也可以在阶段体这一层面以较抽象的方式来表现,如"树叶很快地绿<u>起来</u>";还可在视点体层面的方式以高度抽象化的方式来表现,如"树叶绿<u>了</u>"。其语法形式的选择也不是绝对强制性的,可以是动词、副词,也可以是更虚化的助词或词尾。具体的选择常常是语义、语法和语用相互作用的产物。吴福祥(2005)对此有详细而充分的讨论,可参见。

不同的语言可以选择不同的手段来表达类似的体貌意义。Smith(1991)把英语的动词 start(开始)、continue(继续)、stop(停止),汉语的趋向补语"起来、下去",俄语表短时的前缀 po-、表动作开始的前缀 za-等都称为超词语素(super-lexical morpheme),它们的功能主要是构成有标记的情状类型。笔者认为,这些超词语素的语法化程度很不一致,因此它们在各自语言的体貌系统中的地位也可以有所不同。比较而言,汉语中动词重叠以及趋向补语"起来、下去"不仅改变了事件的时间特征,而且有明显的视点特征,语法化程度高于动词"开始、继续",但又明显低于助词"了、着"。因此我们把它们单列为阶段体标记,以便更加客观地反映汉语体貌系统的语法化程度以及由此产生的体貌系统的内部结构。英语的动词 start、continue、stop 等虽然也表示动作的阶段,但在文献中一般称为体动词,而很少称为体标记或阶段体的标记。俄语表短时的前缀 po-、表动作开始的前缀 za-等在传统的体学(aspectology)中直接作为完整体的构成形式之一,但是笔者认为,它们首先是分别表示不同性质的阶段体,然后共同构成更为抽象的完整体范畴。

另外,根据表现手段把体貌简单地分为情状体与视点体或词汇体与语法体也不符合包括汉语在内的许多语言的实际情况。语法手段和词汇手段之间并没有一条清晰的界限。二分法只是一种理想化或简单化的处理。因此,本书把汉语体貌看作一个多层级的具有一定连续性的系统,反而符合多数语言的实际情况并具有一定的普遍性。

2.4 有界/无界与汉语体貌系统

沈家煊(1995)发现,"有界—无界"的对立在名词、动词和形容词上都有类似的体现。就动词而言,有界/无界在动词、动词性结构、句子和篇章层面都有体现,这与本书所提出的汉语体貌系统的四个层级都有联系。深入考察有界/无界与动词重叠的关系,也便于对汉语体貌系统获得深刻和一致的理解。[①]

沈家煊(1995)认为,在动词层面,动态动词是有界的,静态动词是无界的。在这一层面,有界/无界相当于[±动态](dynamic),这样就把状态情状和其他情状区别开来。因此,无界动词一般不能重叠,如"*我想想家"。有界动词有的能重叠,如"我来跑跑";有的不能重叠,如"*我赢一赢"。

在基本的句法结构层面,活动是无界的,与活动相对的事件[②]是有界的。两者的区别在于是否具有内在的终止点。在这一层面,有界/无界相当于[±终结](telic),把活动情状跟结束与达成情状区别开来。同样,无界的动作可以重叠,如"他读读书"。有界的事件有的能重叠,

---

[①] 在汉语重叠问题国际研讨会(2000年1月,武汉)上,邢欣等几位先生都提出了"有界"对动词重叠的制约问题,笔者在发言中认为,"有界"与"终结"的含义大致相同,因而对重叠也有类似的制约作用。在会后的讨论及文献阅读中,笔者感到,对"有界"存在着不同的理解,因而有必要在这方面稍加讨论。

[②] 沈家煊(1995)的"事件"范围最窄,不包括状态和活动情状。

如"你读读《红楼梦》";有的不能重叠,如"*他读读两本书"。

在复杂的句法结构层面,也就是本书所说的阶段体层面,动词重叠本身是"定时动作",有固定终止点,应该是有界的。本书第3章所说的"说来说去"之类的反复体是非限量重复,应该是无界的。起始体标记"起来"表示行为的开始或变化,其作用在有些情况下相当于句尾"了",应该是有界的。本书第4章讨论的由补语性成分表达的完结体和"到、见"类表动作有了结果的结果体一般来说也是有界的,而表状态持续的结果体"着"则是无界的。(详见第4章的讨论与第12章的总结)延续体标记"下来、下去"表示行为延续,没有固定终止点,应该是无界的。这样,在阶段体层面也区分出了有界/无界。需要指出的是,此处的固定终止点称为限定终止点似乎更为合适,比如"玩玩"的时间界限或长短是很不固定的。

在句子层面,也就是本书的视点体层面,沈家煊(1995:374)认为,"数量词和'了'有相同的作用,都能使无自然终止点的动作变为有自然终止点(如由'吃饭'变为'吃一碗饭'或'吃了饭')或使动作的自然终止点变为实际终止点(由'吃一碗饭'变为'吃了一碗饭',由'吃了饭'变为'吃了一碗饭'或'吃了一碗饭了')。"沈家煊(1995:375)还认为,"动词+着"为延续动作,没有任意终止点,如"架炮"有任意终点,"架着炮"反而没有任意终止点。

笔者认为,沈家煊(1995:374—375)的表述似有不妥之处:第一,自然的终止点是某些动词或句法组合表现的情状所固有的,如"吃"只有任意终止点,吃的动作可以随意延长和停止。而"吃一碗饭"的内在终止点即是一碗饭耗尽之时,是情状所固有的,不能随意延长和停止。因此,数量词可以使无自然终止点的动作变为有自然终止点,而"了"则不可以。"了"只能使动作的任意终止点变为实际终止点,如"吃"变为"吃了就走";或者使动作的自然终止点变为实际终止点,如"吃一碗饭"变为"吃了一碗饭"。① 第二,同样道理,视点体标记"着"也不能改变情状固有属性,不能使得有任意终止点的"架炮"变成没有任意终止点的"架着炮"。只有状态动词之类的无界动作才可以说没有起始点和终止点,或只有起始点没有终止点。因此,"着"的功能应该是与"了"对应,是使得有任意终止点(如"读书")或自然终止点的情状(如"读着一(那)本书")不具有实际终止点。

综上所述,在句子层面,未完整体不具有实际终止点,完整体有实际终止点,未完整体与完整体的对立也表现为无界与有界的对立。② 汉语四层级体貌系统与有界/无界及各类终止点的性质可综合成表2-2。

表 2-2 有界/无界与终止点的关系

体貌层级	终止点的类型	终止点的有无	
		无(无界)	有(有界)
情状体	任意终止点	状态(是、像)	活动(吃、跑)
	自然终止点	活动(吃、跑)	结束(吃一碗饭) 达成(死)
阶段体	限定终止点	延续体 (下来、下去) 反复体 (说来说去) 表状态持续的结果体 (着)	短时体(说说) 起始体(起来) 完结体(完) 表动作有了结果的结果体(到)
边缘视点体 核心视点体	实际终止点	进行体(在) 未完整体(着)	完成体(句尾"了") 完整体(词尾"了")

---

① "吃了一碗饭了"中的词尾"了"只是抽象地表示事件相对于参照时间具有实际终止点,而句尾"了"则是把说话时间与参照时间联系起来,表示现在、过去或将来完成。

② 沈家煊(1995)还在篇章层面区分了有界和无界,事件句有实际终止点,是有界的;非事件句如条件句、祈使句等没有实际终止点,是无界的。

2.4 有界/无界与汉语体貌系统

表2-2清楚地显示出,四层级汉语体貌系统的各个层级都表现出有界与无界的对立,可见有界与无界作为认知语法所提出的人类一般认知机制的一部分,的确具有很强的概括性与解释力。同时也必须指出,由于有界和无界是在一定范围内相对而言的,如"跑"跟"是"比较是有界的,跟"跑到"比较是无界的。如果要作为体貌系统句法语义的一个描写参数,有界和无界的作用是有限的。这一点从一些用该概念来研究汉语体貌的文献可以看出来。

Li & Thompson(1985)认为,在汉语的完整体中,有界(boundedness)的概念起着核心的作用。有界的事件主要有四类:1)定量的事件,2)有定或特定的事件,3)"死、忘"等动词本身内在的意义是有界的,4)连续序列中的第一个事件。Li & Thompson(1985)并没有用有界和无界来区分"跑"跟"是"之类的对立。

Zhang(1995:28)指出,Langacker根据是否变化把动词分为完整性(perfective)过程和未完整性(imperfective)过程两大类。尽管Langacker也引入时间界限(temporal bounding)的概念,比如"完整性过程"是"以谓词的范围为界限的"(is bounded with the scope of predication),但是他的有界的概念仍只包括单个情状的细节,并用来解释一般性的变化。这种定义尚不足以明确区分情状类型。Zhang(1995)引进Dowty(1979)和Talmy(1985)有关"有界"的概念(指限定的变化),用来区分"走"和"走了十分钟"或"走到学校"。根据Langacker(1982),"走"是有界的;而根据Zhang(1995)等,"走"是无界的,但"走了十分钟"或"走到学校"则是有界的。Zhang(1995)进而指出,概念的有界化(bounding)和无界化(unbounding)在语言形式上表现为完整体化和未完整体化,具体的语言形式可以是语法的,也可以是词汇的。因此基于有界/无界而产生的语义上的完整性和未完整性在各个语言里是普遍存在的。Zhang(1995)就是基于认知语言学的这种信念而比较汉语、德语和英语的体貌系统。

上述文献中有界/无界的对立均跨及动词、句法结构和语篇等多个层面。有很强的概括性。但是，如果系统中单个概念负载过重，同样会带来描写和理解的复杂化，而且"有界"这个看似平常的概念是如此广泛地被使用而且各自的定义又常常有所不同。

沈家煊(2004)针对"有界"与"无界"区分的问题作了进一步说明，强调区分动作的"有界"和"无界"必须在一定的"认知域"进行。脱离一定的认知域我们无法判断动词"吃"究竟是代表有界还是无界动作。而认知域是指人在确立一个概念时要凭借的涵盖这一概念的一个比较宽泛的概念领域。笔者理解，这里的认知域大致相当于本书所说的不同性质的终止点。比如，"是"与"跑"是在有无任意终止点这个认知域上的有界/无界的对立，而"跑"与"死"是在有无自然终止点这个认知域上的有界/无界的对立，其他可以类推。因此，我们认为，不同性质的终止点可以作为有界/无界这个更大领域的认知概念在体貌系统的"代言人"。终止点不仅在体貌系统各个层级上都有体现，而且表现出各自的区别性，因而可以用终止点这一概念把汉语体貌系统的四个层次贯穿起来，从而更深刻地理解汉语体貌系统的内部连续性和区别性，并获得对体貌的本质认识：体貌在表现事件时间结构的时候最为关注的还是事件的终止点。

张旺熹(2006:81)通过统计发现，动词重叠有三种分布状态：1)惯常性的，如"至于说其他爱好吗，就是<u>踢踢</u>球儿，<u>踢踢</u>足球儿"。这种分布占56%。2)未然性的，如"就是让你<u>换换</u>环境"。这种分布占37%。3)已然性的，如"后来他们就给<u>查了查</u>，就说，说这叫兴隆庄"。这种分布占7%。基于以上数据，作者认为，"我们把惯常性看作动词重叠的最基本的意义属性，是有充分依据的"，"我们有理由推论，动词重叠是表现无界小量的句法条件"。

张旺熹(2006)的上述结论初步看上去,与本书前文的观点是直接矛盾的,但仔细分析起来,却不尽然。首先,张著的统计是基于真实口语的语篇分析,这是张著的直接贡献,但这些只能说明动词重叠在实际使用中多用于惯常性的语境。这种语篇或语用属性是否能直接归于句法或语义属性还有待进一步厘清。正如张著的统计显示,在716词次的动词重叠中,明确出现泛时间性词语的句子有503句。可见,动词重叠的惯常性是由于其他时间因素所引起的整个句子的语义语用特征,由此带来的"无界"也是语篇或句子层次的,而不是句法层次上的。其次,这种语篇上的无界正是动词重叠句法语义上"有界"所造成的。比如张著所引的"抹点儿搽脸油呢,然后是,归置归置,擦擦地什么的,就把卫生,房间的卫生吧给搞搞"中,在特定的某一天内,只有"归置归置"是有界的才可以进而"擦擦地、搞搞卫生"。从特定的行为概括出非特定的行为,就产生了惯常的意义。因此,动词重叠只是表现"无界小量"或惯常的句法条件之一,而不是充分必要条件。第三,根据表2-2,说动词重叠是有界的、完整性的,这是就情状体或阶段体而言,是指限定终止点的"有",还没有进入外在的时间流程;说动词重叠多用于无界的、惯常性的语境,这是就视点体而言,是指实际终止点的"无",而惯常就是一种未完整体的意义。(另参见本书3.4.3)

2.5 小结

汉语的动词重叠表示的是一种封闭的情状,没有自然的终止点,具有[+动态]、[+持续]、[ø终结]的语义特征,语义上具有完整性,兼具情状体和视点体两方面的特点。动词重叠一般由持续动词构成,而少数由非持续动词构成的动词重叠形式,其持续特征并不显著。

本章基于缺值对立来理解持续和终结这两个语义特征。持续是有标记的特征,不能加"着"的不一定就是绝对的非持续;终结只需要情状有一个内在的终止点,而不必有一个向该终点逐步接近的过程。句法特征只是语义特征的表现,不能以单一的句法特征直接来限定语义特征。语义特征的定义的变化,会直接影响情状类型的分类。

汉语的体貌系统可以由四个层级组成:底层为基本的情状类型,可称为情状体。中层为阶段体,包括动词重叠所表示的短时体,"起来、下去"所表示的起始体和延续体等。上层为视点体,视点体根据 Dahl(2000b)进一步分为边缘视点体与核心视点体。这种分层结果,在某种程度上更真实地反映了汉语体貌系统的语法化程度,也可以增加观察问题的角度,但还需要有更多的研究来充实和评估。

本章还考察了有界/无界跟动词重叠及汉语体貌系统的关系,进而提出汉语体貌系统是由终止点的概念贯穿起来的,体貌在表现事件时间结构的时候最为关注的还是事件的终止点,不同层级的体貌关注不同性质的终止点。就动词重叠而言,它表示事件具有限定终止点,在句法与语义上是有界的,但在实际语篇中常用于无界的惯常事件。

第 3 章 汉语反复体研究[*]

3.1 引言

反复体是汉语体貌研究中比较有特色的一种现象。反复体及相近术语被用来指称不同的语言现象:有的指"看来看去"(吕叔湘 1942),有的还指"说说笑笑"、"吃了睡,睡了吃"等现象(李宇明 2000a),有的指"说着说着就到了"之类的现象(张双庆主编 1996),还有的指动词重叠式(刘丹青 1996b,钱乃荣 2000)。在现有的英文文献中,反复作为体貌范畴的一种现象也被广泛提及,但专门的讨论并不多见,主要集中于 Xrakovskij(1989/1997)的类型研究中,其中对汉语的描述非常简单。因此有必要对汉语反复体及相关的现象和理论问题作进一步的考察。

本章对反复体的考察遵循从意义到形式、形式和意义相结合的思路,把反复体这个语法范畴放在反复和重复这两个语义范畴里来考察。重复是指动作(包括状态、现象,下同)不止一次地发生。根据动作重复的量的限制,重复可分为限量重复和非限量重复。限量重复又可进一步分为精确量重复和非精确量重复。精确量重复明确表现了动作重复的次数,如"他咳了三声"。非精确量重复只是给出了动作重复的概数,如"他咳了几声"。非限量重复指动作不限次数的重复,本章把非限量

---

[*] 本章据《汉语反复体的考察》(原载《语法研究和探索》(十一),商务印书馆,2002 年)改写。

重复称为反复。汉语中反复的表现方式很多,下面略举几种:

(1)a. 他不断地咳嗽。

b. 他咳个不停。

c. 他一阵一阵地咳嗽。

d. 他常常咳嗽。

(2)a. 他在那儿一咳一咳的。

b. 他的病情反反复复。

c. 他在校园里走来走去。

d. 他一天到晚找这找那。

例(1)中反复的语义是由状语或补语成分表达的。例(2)中反复是由动词的各种形式的重复出现即复叠所表示的。本书把谓词的复叠式所表达的非限量重复称为反复体,其中反复是语义范畴的概念,复叠是语言形式的概念。反复和复叠是内容与形式的关系,两者的结合构成反复体。①

3.2 反复体的意义类型和形式类型

3.2.1 反复体的意义类型

反复体所表达的意义类型很多,根据动作之间的关系大致可以分出以下几类:

---

① 李宇明(2000a)把"复叠"(reduplication)定义为"使某语言形式重复出现的语言手段",并将复叠划分为叠合、重叠和重复三个子类。叠合指构词层面的复叠,包括音节叠合和语素叠合。重叠属于句法层面的复叠,并可以再分为词重叠和超词重叠。重复是句法和超句法层面的复叠,其基本特点是基式的重现次数在理论上不受限制。

（一）同一动作的反复。同一动作反复有的是动作的简单反复，如"忽闪忽闪、一闪一闪"等；有的是同一动作较为复杂的反复，比如在不同方位或带不同对象的反复，例如"走来走去、找这找那"等。

（二）不同动作的交替反复。根据动作之间的语义关系，可分为相近动作的反复和相对动作的反复。前者如"说东道西、东游西逛、说说笑笑"等；后者如"翻来覆去、走走停停、起起伏伏、输输赢赢"等。

（三）由不同主体交替进行的相对动作的反复。这类反复的典型例子有"一唱一和、一问一答"等。

（四）不同动作的同时反复。不同动作的同时反复一般是由多个个体同时进行的，如例（3）；也有由同一主体同时进行的，如例（5）：

（3）北京西站每天都有数以万计的旅客从这里进进出出。

（4）老伴去世后，他一个人进进出出，感到很孤单。

（5）他一走一探头，样子怪怪的。

例（3）和（4）的"进进出出"在不同的语境中分别表示多个主体不同动作的同时反复和同一主体不同动作的交替反复。

（五）不同动作的循环反复。循环反复比交替反复在意义和形式两方面都更加严格，动作之间有相对完整的循环结构，形式上则具备回文一样的镜像结构，如：

（6）下岗后，她的生活规律简直就是吃了睡，睡了吃。

刘丹青（1996b）把苏州方言的持续反复体分为短时反复、低频反复、中频反复、高频反复。这种对反复意义类型的分类角度很有启发性，但在普通话中，反复的频率的区分并不典型。

3.2.2 反复体的形式类型

反复体的表现形式为各种形式的复叠。李宇明（2000a）详细考察和界定了汉语复叠的类型，在此基础上，本章把反复体综合为以下几个主要的形式类型：

（一）加叠，即两个AA复叠式再迭结在一起的现象，可以记作"AA+BB"。如"打打骂骂、走走歇歇"等。

（二）对叠，即通过套接词语的作用将两项词语对举迭结起来、形成间接复叠或复叠加合的现象。前者如"闪来闪去、东走西逛"等；后者如"东瞧瞧，西看看"以及"望望这个，望望那个"等。其中动词的形式可以相同，也可以在形式上不同但在意义上相近或相对，从而构成对举结构。

（三）回叠，即利用顶真式的手段，形成回文一样的镜像结构。如"谈了打，打了谈"，"你看看我，我看看你"。

（四）某些形式的超词复叠——复叠基式为超词形式的复叠，如"一拐一拐"、"一跳一跳"、"数啊数啊"等。

（五）某些形式的完全复叠——将基式的所有成分都进行复叠的方式，汉语动词的完全复叠一般表示短时的持续或重复，但也有些可以用来表反复体。如"忽闪忽闪、忽悠忽悠"等，这些基式本身带有时间限定成分。

（六）某些形式的间接复叠——复叠成分之间嵌有其他成分的复叠方式，表达反复体意义的间接复叠主要有嵌"又"式、嵌"啊"式，如"背了又背"、"走啊走"等。

由此可以看出反复体的变化形式比较多，形式和意义之间的关系也比较复杂，不像其他体标记那样整齐。但有一点，形式上的复叠与意义上的反复有着明显的象似性。

3.3 反复体的情状特征及其与情状体的关系

3.3.1 反复体的情状特征

情状特征即动作在情状类型方面的语义特征,主要包括动态性、持续性和终结性(telicity)三组。本章有关情状的理论框架是 Smith(1991)和 Olsen(1997)。[①]

(一)反复体具有动态的情状特征。由动词的复叠构成的反复体自然具有动态性,某些由形容词的复叠构成的反复体也具有动态性,如"时冷时热"的动态是由于状态的不断转变而获得的。

(二)反复体具有持续的特征。具备持续特征的动词构成的反复体依然具有持续特征,不具有持续特征的动词构成的反复体也由于复叠结构的作用而具有持续特征。由于反复体是一种非限量重复,仅从意义上可以断定它是一种开放的情状,不具有限定的终止点(参见2.4)。

(三)Olsen(1997:21)认为,有标记的语义特征如[+终结]在构成反复的过程中性质不会发生变化,只是应该解释为反复性的[+终结];而无标记的语义特征则可能在具体的语境中转变为有标记的。因此,反复体有的具有终结特征,有的不具有终结特征,非终结的动词构成的反复体不具有终结特征。

3.3.2 反复体与情状体的关系

下面根据组成反复体的基础动作(指单个的动词所表达的动作,如

[①] 陈前瑞(2002a)分析反复体时,是依据 Yang(1995)的框架。

"说")和单元动作(指单个动作的某种变化,如"说说",区别于组合动作"说说"加"笑笑",以及全套动作"说说笑笑")的不同来说明反复体与情状体的关系。

（一）基础动作为状态情状。状态情状只具有持续的特征,构成反复体时,单元动作带有"时"、"忽"等,从而具有动态特征和限定终止点。组合动作由单元动作并置构成,最终使得全套动作具有动态特征但不具有限定终止点,如"时冷时热"等。"真真假假、高高低低"等可能有两种含义:有 A 有 B 或时 A 时 B,后者具有反复体的意义,但"真真"和"假假"等作为单元动作并不自足。①

（二）基础动作为一次性情状。一次性情状仅具有动态的特征(参见 Olsen 1997),单元动作多加上"一"后具有限定终止点,组合动作由单元动作并置构成,如"一闪一闪、一跳一跳"等。

（三）基础动作为活动情状。活动情状具有动态和持续特征,单元动作或经过一次复叠,或前加"东、西"等,或后加"来、去",或加上"啊、呀、的"等语气成分,或加"了"。这些附加成分均使得单元动作具有限定终止点。活动情状是动态的开放情状,因而变化的形式比较多。组合动作由单元动作并置构成。例如"说说笑笑、寻寻觅觅","东走西逛","东看看、西瞧瞧","谈来谈去、讨论来讨论去","盼呀盼的、想啊想（啊）","吃了玩,玩了吃"等。

（四）基础动作为结束情状。结束情状具有动态、持续、终结特征,构成反复体时多采取"AABB"的形式构成,作为单元动作的"AA"、"BB"并不自足,如"进进出出、上上下下"等。

（五）基础动作为达成情状。达成情状具有动态、终结的特征,构成

---

① 根据 Dik(1997),"有 A 有 B"这种现象类似于多个现象同时发生或存在(distributive aspect,分布体),"时 A 时 B"所体现的反复体是多个现象先后重复发生。

反复体的形式与结束情状的情况相仿,如"生生死死、分分合合、输输赢赢"等。

3.3.3 反复体的特点和时间图式

通过以上分析,可以得出以下几点对反复体的整体认识:

(一)反复体与各种基本情状类型都能兼容,也就是说情状本身无论是否具有持续的语义特征都可以构成反复体,因此,汉语反复体的构成与基础动作本身的持续与否没有必然关系。

(二)具有持续特征的基础动作构成反复体时必须采取某种形式使之具有限定终止点,再通过单元动作的并置形成不具有限定终止点的反复,因此,反复体的本质是有终止点的基础动作或单元动作的非限量重复。

(三)已经具有终结特征的基础动作构成反复体的形式手段严重受限,多采用AABB的形式。不具有终结特征的基础动作构成反复体时可选的形式手段比较丰富。

(四)具有相同情状特征的谓词能否构成反复体还在一定程度上受其语体特征、音节结构的制约,或选择相应的复叠形式,或不能构成反复体(参见卢卓群1982)。这说明反复体在汉语中不是一种高度抽象化的体貌范畴,还具有情状的某些性质。

基于以上认识,反复体的时间特征可以用以下时间图式来概括(i为一组动作的起点,f为一组动作的终点,下标表示反复的次数,F为整套动作的终点,F在括号内表示反复体本身不包含终点):

(7) i_1—$f_1 i_2$—$f_2 \cdots\cdots i_n$—$f_n \cdots\cdots$ (F)

3.4 反复体在汉语体貌系统的地位

3.4.1 汉语体貌系统的无标记现象

虽说汉语具有若干视点体标记,但仍然有一些句子没有视点体标记。本书把现实话语的句子中不带体标记的现象称为汉语体貌系统的无标记现象。中国古代先贤对"有""无"之间的功能转化早有非常深刻的认识,如"凿户牖以为室,当其无,有室之用。故有之以为利,无之为用。"[①]此类认识与现代标记论的思想也是一致的。对不带体标记现象的研究,必将深化我们对带体标记的现象以及体貌系统的本质认识。

自王力(1943)提出普通貌的概念以后,这方面比较重要的研究有Smith(1991,1994)、Olsen(1997)和郭锐(1997)。Smith(1994)对Smith(1991)的系统有所修改,她认为,"他很高兴、他通常喝酒"之类的状态句可以看作是带有一个零形式(记作 ø)的未完整体标记,而不是以前所说的中性体。非状态句不带体标记的现象包括三种情况:一是句子只能理解为完整体意义,如"小王因为有点胖,后来有位朋友教他太极拳,情形就完全不同了"中的"教"。二是句子只能理解为未完整体意义,如"桌子后头坐着一位头发灰白、戴眼镜穿西装的中年人"中的"戴"和"穿"。三是句子有不同的理解,如例(8)有 a、b 两种理解,其中 a 具有起始的意义,是封闭性的;b 是未完整体意义,是开放性的。这两种理解不同于标准的完整体与未完整体,因此是一种独立的视点体,即中性体。

---

① 引自李存山注释《老子》,中州古籍出版社,2004 年。

(8) 张三到家的时候,玛丽写工作报告。

    a. 张三到家的时候,玛丽开始写工作报告。

    b. 张三到家的时候,玛丽正在写工作报告。

笔者认为,例(8)不是一个非常自然的句子。其中 a 种理解非常不自然。即使勉强成立,其起始意义也只是一种变化的意义,如同状态句中的句尾"了"一样。这种意义与完整体意义有相通之处。因此,Smith(1994)虽然比以前更细致,但仍然不够理想。Olsen(1997)也认为中性体并不具有独立的语义,并且认为完整体与未完整体并非等值对立,而是两个独立的基于缺值对立的体。与之相对的是不加体标记、在体的意义方面没加特别限定、在语境中可有完整体或未完整体解释的无标记现象。这两个特征的组合可以预测不同语言中体标记的变异。(参见表 1-4)

基于以上研究,笔者认为,Comrie(1976)根据内部观察和外部观察所区分的完整体与未完整体从意义上看具有普遍性,这两种观察方式可分别称为内部视点和外部视点。不同的语言对这两类视点的标记是有选择性的。就汉语而言,汉语虽然有内部视点体标记"了、过"和外部视点体标记"在、着"等,但是它们都只是对外部视点和内部视点的不彻底或非强制性的标记,许多情况下这些标记可加可不加甚至加不进去。[①] 这样,我们对视点体的认识就会更加全面,也能更好地在汉语四层级体貌系统的理论框架中考察反复体的各种问题。在笔者看来,反复体是与短时体、起始体、延续体等相并列的一种阶段体。下面就四层级的汉语体貌系统的框架来考察反复体。

[①] 状态动词的意义与未完整体意义、终结性达成情状与完整体之间在语义上分别存在着自然的对应,笔者认为,这是造成汉语体标记可用可不用甚至不能用的主要原因。

3.4.2 反复体跟视点体的关系

(一)反复体对内部视点体的选择限制。反复体的前面可以加"在"或"正在",但更多的情况下,是不加"在",而用无标记的手段来表示进行体的意义。当进行体为无标记的时候,语境中就会有其他非典型的表现手段来帮助表达体的意义。如副词"还"、介词结构"当……的时候"或"在+名词短语"(例10—12)。反复体在表示进行体的时间关系时,一般表背景信息(如例9),很少表前景信息。反复体再加"着"虽不多见,但也非不可能,如例(13),这种现象进一步说明了视点体标记的使用具有相当的灵活性。

(9)当我们拔下插销将电视机往外搬运时;当我们往车上抬运洗衣机时;当我们进进出出……小女孩始终紧闭小嘴,用委屈、疑惧、怨恨的目光注视着突然发生的、难以理解和接受的这一切,偶或抬头仰视一下妈妈,并用小手替妈妈擦擦脸上流淌下来的泪水。

(10)池沿上也有十来个人,正在擦呀抹的。[①]

(11)至于不开放立体声设备、电影已开演观众们还进进出出,更是家常便饭了。

(12)如果不是两片眼镜片在蜡烛光下一闪一闪的话,当初真有些害怕自己的面前是不是有个鬼魂在与我们说话。

(13)这儿还有个小展览馆,四排平房围成个小方院,许多外地人、金发的外宾茫然地进进出出着。

(二)反复体对外部视点体的选择限制。反复体偶尔也可以加

[①] 例(10)引自刘叔新(1983),例(13)和(14)引自张谊生(2000b)。其他完整例句大多引自《北京日报》和《北京晚报》1997年全文数据光盘。部分复叠短语引自专题描写的文献。

"了",如例(14);更多的情况下是以无标记的形式表示外部视点,如例(15);也几乎没有发现反复体的后面直接加"过"的例子,不过,诸如"我从没有反反复复过"这样的句子也并非没有可能。只是具有动词词缀性质的"了、过",在与具有短语性质并有完整内部结构的反复体配合时难以协调,如在"背了又背"、"谈了打,打了谈"中,"了"本身是作为反复体的嵌套成分,这种情况下,显然很难再加外部视点体标记。

(14) 把我浑身上下捏捏捶捶了一大通,他总算松开了我,站了起来,长长地出了一口气。

(15) 车行不到两公里,车主便叫乘客全部买票,之后又一路走走停停,最后该车在塞满 20 多人的情况下,才算驶出市区。

3.4.3 反复体与惯常

惯常是指习惯性的行为,而习惯性的行为通常是非限量重复的。因此,反复体可以很自然地用来表示惯常。如:

(16) 说到自己清苦的日子,老人说:"挺好,一个人进进出出的,东西放哪儿也没有人动。"

(17) 小屋里常有老街坊进进出出,谁来了都禁不住要提起他给自家修理的门窗,补过的锅盆如何耐用。

需要指出的是,惯常既可以用反复体来表示,也可以用其他形式来表达,如"他抽烟"。通常表示惯常的句子是不带体标记的,但并非不能,如"他经常在思考"。因此,从 Comrie(1976)到 Smith(1994)都把惯常作为未完整体的一种意义类型。这种归类有形式上的标准,如法语是用未完整体标记来表示惯常;也有意义上的理据,比如在所有或一定的时段内,惯常性的行为具有同质性,如同性质和状态一般。同样,反复体既可以用来表示惯常,也可以用来表示特定的事件。因此,从意义上可以说,惯常是反复的一个次类,但从形式和意义相结合的角度看,惯常不是反复体的一个次类。反复体只是在基本的动作上增加了非限量重复的量的属性,仍然是指动作比较抽象的时间结构。而惯常则是在句子层面上的一种表述。具体而言,如果在语境中是表现特定场合的反复,那么就可能表示完整体或未完整体意义。如果反复体在语境中表示的是不确定的多个场合的反复,那么就是惯常的意义。因此,反复体所表示的实际意义可以进一步区分为惯常性反复和非惯常性反复。

笔者对反复与惯常的看法与文献中的一些观点有所不同。Bybee, Perkins & Pagliuca(1994)和Langacker(1997)所谓的反复(iterative或repetitive)实际上大致相当于本书所指的非惯常性反复。Langacker(1997:204)认为,反复与惯常反映人类不同的认知体验,前者是对事件现实的表征,后者是在对特定事件抽象的基础上形成的非现实的表征。他们所讨论的反复实际上是已经带有完整体或未完整体视点的反复。这些看法跟他们主要讨论的语言——英语的语言特点有关。英语中少有汉语这种由复叠形式构成的反复,而多是由瞬间动词的进行体等手段来表达的。因此,把反复体看作阶段体是根据汉语的突出特点提出的。[①]

3.4.4 从反复体看语言视点的特点

反复体可以有内部视点和外部视点这两种观察方式,但在反映这两种不同观察方式的时间图式的同时,仍可保留自己独有的时间图式。反复体带"了"以后(如例14),观察视野可以包括观察点以前的过程,

---

[①] 陆志韦(1956)指出:"并立四字格是汉语骈体性的一种特殊表现。"汉语反复体表现形式的能产性与其骈体性有着直接的联系。

3.4 反复体在汉语体貌系统的地位

整个动作的反复仍有可能继续,这样整个句子的时间图式可以表示为(虚线表示视点体的观察视野):

(18) $i_1 - f_1 i_2 - f_2 \cdots\cdots i_n - f_n \cdots\cdots (F)$

　　$\cdots\cdots\cdots\cdots\cdots\cdots\cdots$(了)

参照点

反复体前加进行体标记"在、正在"时(如例10),观察视野与单一动作进行体的点结构不同,它至少跨越动作反复的一组动作。整个句子的时间图式可以表示为:

(19) $i_1 - f_1 i_2 - f_2 \cdots\cdots i_n - f_n \cdots\cdots (F)$

　　$\cdots\cdots\cdots\cdots$

在

参照点

比较这两种图式,不难发现:视点体在观察反复体时,主观视点至少跨越动作反复的一组动作,从而具有一个有限的过程,而不仅仅是单一的观察点。[①] Langacker(1978)曾认为语言中的视点(speaker viewpoint)在语言学的传统中可以看作是时间流程中的单个的点。但Langacker(1982)认为,一个言语事件的时间(speech time)实际上不应是一个点,而是一个有界的过程(bounded process)。我们对汉语反复体的分析进一步支持了这种观点。下面的例句更直观地说明了这一点:

(20) 笔者就曾目睹了<u>一老年读者在三二〇路北图站下车后,走走停停,百般无奈地绕道过街天桥</u>的情景。

正确认识语言视点的特点,便于更好地解释某些语言事实。比如,张国宪(1999)曾认为,"了"是点结构的标记,"起来"等是续段结构的标

---

① 李宇明(2002)曾指出,反复体不仅可以完整地观察单个的动作,从而具有"完成性",而且可以观察整个动作,从而具有"持续性"。笔者认为,反复体的这种特点也说明其观察点本身并不是一个单一的点。

记,如果说它们可以在例(21)中并行不悖的话,那么在例(22)中由于点结构标记"突然间"的存在就构成了上述说法的反例,因而对言语中高度语法化的体标记的叠加现象难以解释。

(21)看着黑孩没反应,声音就<u>渐渐大了起来</u>。

(22)在短时间内大幅度升值的股票,确实使一批人<u>突然间富了起来</u>。

在笔者看来,这一现象与反复体跟完整体或进行体的叠用现象有很大的相似性,也是可以解释的。首先,"了"是点结构的标记,这一比喻性说法并不严格,应该是一个有界的过程。完整体是把情状看作一个单一的整体而不管其内在结构,情状内在的持续性特征只是在一定程度上受语言的主观视点控制,不会因为"突然间"和"了"之类的词语而改变动作固有的时间结构。其次,在笔者提出的四层级体貌系统中,不同层面的体貌标记互相配合使用是非常自然的现象,这是体貌意义的组合性所必需的,"起来"所标记的起始体是阶段体,它只有与视点体配合使用才可以不借助语境明确表达事件的时间参照关系。再者,"了"和"起来"等阶段体标记的语法化程度并不等同,而语法化程度不同的体标记的叠加现象也很常见。

如果把惯常、规律等无标记的情况考虑在内,笔者觉得语言中除了存在一个观察现实事件的常规视点外,还存在一个观察非现实事件的超视点。[①] 超视点实际上是对特定视点进行抽象的结果。超视点在汉语中通常用无标记的方式来表达,在英语中一般是用一般现在时来表达,其体貌意义常常被忽视,郭锐(1997)甚至认为这些不是体所研究的对象。在斯拉夫语中很自然地就会把惯常、反复看作未完整体的一部

---

① "超视点"是李宇明教授在同笔者谈话时提出的术语。常规视点同超视点的对立同认知语法中的现实平台(actual plane)与结构平台(structure plane)具有一定的对应性(Langacker 1997),两者是基于不同的知识平台来观察不同性质的事件。

分。笔者认为,超视点可以看作是一种特殊的内部视点。

3.4.5 反复体与其他阶段体的关系

(一)与短时体、延续体等强调一个情状的部分不同,反复体不仅涵盖了一两个情状(如"走走停停"中的"走"与"停"),而且通过情状的两次构成而强调全套动作的非限量重复,从而扩展了基本情状的时间结构。反复体与其他阶段体的共性也是明显的,都是对基本情状类型的时间结构从某种角度加以强调。

反复体与短时体在意义和形式上的联系更加密切。短时体包括动作的短暂持续或少量重复,因而也有研究者干脆把它们归为一类,如刘丹青(1996b)讨论苏州方言时就把它们统称为持续反复体。考虑到它们在限定终止点上的对立,以及限定终止点在汉语四层级体貌系统中的解释作用,还是区分开来比较好。

从意义和形式的内部区别来看,汉语的阶段体可以分为两个小类:基本阶段体和涉量阶段体。前者包括起始体、延续体、完结体和结果体,它们涵盖情状起始、持续、结束等基本阶段。后者包括短时体和反复体,它们都跟动作持续的量有关,都涉及动作的整体与部分的关系;其中短时体减少动作的量,而反复体加大动作的量(参见李宇明2000b)。

(二)反复体标记形式的语法化程度明显低于视点体的标记助词"着、了、过",而与动词重叠、虚化的"起来、下去"等相近。从标记形式的语法化程度来看,把反复体作为语法化程度居中的阶段体也比较合适。

(三)反复体除了有时包含了短时体以外,一般不能与"起来、下去"等其他阶段体标记配合使用。

本章把反复体看作阶段体,只是汉语体貌系统构建模式的一种。

本书没有像 Dik(1997)一样把反复等作为独立的动量体(参见1.2.1.4),主要是避免系统的过度复杂。本书的这种看法并不排斥其他的定位。关键是每一种理论定位都能发现或解释一些新的语言事实。

3.5 小 结

本章所谓的反复体是指谓词的复叠所表达的非限量重复。反复体所表达的意义与形式都比较复杂,两者之间有着明显的象似性。

反复体具有[＋动态]、[＋持续]的特征,不具有限定终止点。汉语的反复体的构成与基础动作的持续与否没有直接关系,其本质特定是有终止点的基础动作或单元动作的非限量重复。

反复体在汉语四层级的体貌系统中属于阶段体,跟短时体一起构成涉量阶段体。它可以由不同情状体构成,也可以用来表示不同的视点。但是,它对视点体的典型标记有一定的选择限制。

本章不赞成 Smith(1991,1994)所设置的中性体和零形式,而采取标记理论,把不带体标记的现象都看作是无标记的,它们在不同的语境中可能有内部视点与外部视点两种不同的理解。笔者认为这种处理方式比较简洁,而且能够与情状体的分析保持一致。

本章对反复体及相关现象的考察还是初步的。许多问题仍需继续研究,如反复体和反复的所有表达形式,汉语反复体在语言类型学中的地位,等等。

第4章 汉语完结体与结果体研究*

4.1 引言

  阶段(phase)通常指情状的某一特定阶段,①一个完整的动作一般包括开始、继续和结束三个基本阶段。汉语里动作的开始和继续分别是由"起来"和"下去、下来"标记并很早就被命名为起始体、延续体或类似的名字。相比而言,动作的结束却没有一个明显突出的标记。②在汉语体貌的研究文献中,动作的结束、完成或结果的表达大都归之于动词后的结果补语,并把一部分比较虚化的结果补语称为动相补语(phase complement,本书通称阶段补语)。本章试图把动词后的补语"完、好、过"等表示的体貌意义称为完结体,而把动词后的补语"着、到、见"等表示的体貌意义称为结果体,两者都属于基本阶段体。

---

  * 本章主要内容曾在第十二届国际中国语言学学会年会(2004 年 6 月,南开大学)上宣读,得到与会者的指正,在此一并致谢。
  ① 在汉语的语法文献中,phase 一般翻译为"相",参见郭锐(1997)的注 32。笔者认为"阶段"更能直接地反映其内在含义。
  ② 在第 8 届当代语言学研讨会(2000 年 10 月,广州)和北京语言大学对外汉语研究中心的报告会(2002 年 9 月)上,张伯江教授和崔希亮教授都指出了笔者相关论文中反映的类似问题。他们的意见促使笔者从系统建构的角度对这一问题进行了反复的思考和权衡,最终促成了本章的产生。在此谨表谢意。

4.2 阶段、阶段补语与阶段体

4.2.1 阶段的不同含义

Comrie(1976:48—49)在正文中指出,"阶段"(phase)这一术语用来指情状在其持续过程中的任何一点的状况。[①] 比如动词"知道"表示状态,而动词"跑步"表示动态情状。就"知道"而言,在"约翰知道我住在哪儿"这一情状中,无论我们选择任何一个时间点,约翰的知识在每一个阶段上都是同质和一致的。就"跑步"而言,如果我们说"约翰在跑步",那么在约翰跑步的过程中,每一个阶段都不一样:在某一时刻是左脚着地,在另一时刻是右脚着地。Comrie还在定义的附注中明确指出,在词典中阶段(phase)通常用来严格地指出不同时间点的一种变化或发展过程。他在文中的用法是对常规用法的扩展。Comrie的阶段能指任意时点,反而失去了重要的理论意义。

阶段这一概念在Binnick(1991)中占有重要地位。通过对众多文献的分析,他认为,动作方式表现的是情状的各个具体阶段以及每个阶段的次阶段。这里所说的阶段(phase)是指情状发展过程中的一个片段。具体阶段在意义上包括展望(prospective,例如"天马上就要下雨了")、始前(onset,例如"正在试图打开盒子")、起始(inceptive)、持续(durative)、停止(terminative,包括暂停)、结束(coda,专指全部完成而结束)、回顾(retrospective,例如"我以前去过那个地方")等。动作方式或用前缀、后缀等派生性的形态符号标记,如俄语、德语;或用开始、继

[①] 原文为:The term "phase" will be used to refer a situation at any given point of time in its duration.

续或停止等动词迂回表达,如英语。本书用阶段体取代动作方式直接受到 Binnick(1991)的启发。

郑良伟(1988:443)指出,阶段(phase)指的是一项动作进展的程度。阶段可分为"开始"(-起来)、"完成"(-完,-见,-成)和"完成而又不可补救"(-掉)等类。这些阶段补语构成情景(situation)的一种。汉语表达情境的词语是动词及其后面的补语(含阶段、结果、程度、方位)、宾语和动量。郑良伟(1992)把阶段(原文称"时段")详尽地区分为:反复(V 来 V 去)、时做时停(VV 停停)、开始(起来)、继续(下去)、完了(完、了)、完成(了)、无法追回(掉)、穷尽(完)、经验(过)等九种。比较而言,郑良伟(1992)这种划分过于琐细,且过分扩大了阶段的意义范围,以至于把各种体貌标记都归于阶段标记。

崔希亮(2003)认为,事件的过程通常可以分为三个连续的阶段:开始、持续、完成,实际上还可以加上两个阶段:开始前(将要开始)、完成后(结果和影响),这样就构成一个五个阶段的序列。开始前的情态用"将、要、将要、马上"这些词汇手段表达,时间参照点为说话时刻,它们的分布位置在动词性成分之前。开始情态用"动词+起来/了"表达,持续情态用"动词+着/呢"表达,完成情态用"动词+了"表达,完成后情态用"小句+了"表达。完成后情态以后又是一个新的事件的开始,所以"小句+了"似乎也可以表达开始前的情态。该文还进一步指出,事件内部时间参照分为开始、持续、完成和结果,分别由"-了/-起来、-呢/-着、-过/-完/-好及趋向动词、形容词"表示。就本章讨论的问题而言,崔希亮(2003)的突出之处是区别了完成和结果,把结果作为事件的过程或阶段之一。本书区分完结体与结果体这两种阶段体,受到了崔希亮(2003)的影响。

如果说,上述文献对阶段的论述大多还是零星的,那么,Plungian(1999)则是从类型学和体学(aspectology)的高度来论述阶段。作者认为,尽管在斯拉夫语传统的体学研究中,是对体与动作方式作二元对立式的区分,但在现代的类型学和体学研究中,基本上是对体貌作广义的理解,并普遍认为:凡是跟情状的内在时间结构相关的价值都属于体貌的范畴。对阶段的传统理解也是情状的某一特定阶段。从这个意义上讲,体貌的含义和阶段的含义应该是一致的。① 可是,研究体貌的学者或者把阶段排斥在体貌之外,或把阶段作为体貌语义范畴的边缘成分。还有的学者虽然把阶段看作体貌,但把进行体、完成体的意义合并到阶段中来(参见 Dik 1997 及本书 1.2.1.4)。

Plungian 认为,之所以有学者不把阶段看作体貌,是因为传统上对阶段的定义是有问题的,从而掩盖了动作阶段的真正的性质。Plungian 依据逻辑语义学对阶段谓词"开始"的描写,即(1),认为,"开始"并不表示情状的内在时间结构,而是表示情状在特定时刻的发生。相应的"继续"表示情状在此前的时刻发生,而在当前的时刻仍然存在。因此,阶段事实上表示的是相对于其他时刻,情状在某一时刻存在还是不存在。

(1) X 在时间点 T_j 开始 = X 在时间点 T_i 不存在,且 X 在时间点 T_j 存在,且 T_j 在 T_i 之后。

根据上述看法,用参照时刻(t_0)和参照时刻之前的时刻(t_i)以及情状的存在(+)与否(−)这两对参数,得到了以下四种逻辑组合:

(2) t_i t_0

(ⅰ)   −   +   开始

(ⅱ)   +   −   结束

(ⅲ)   +   +   继续

(ⅳ)   −   −   没开始

---

① 体的定义中的"内在时间结构"的主要含义是要与时所表示的外在的、指示性的时间关系区别开来,跟阶段所表示的事件本身的"内部过程"还是有很大区别的。

上述四种组合很早就出现在逻辑学和哲学的文献中,第四种情况都被认为在自然语言中是并不存在的。不过,Plungian 认为,英语的 not yet 表示的就是这种意思。基于以上分析,作者认为,阶段所表示的价值属于体貌范畴的边缘范围。这也是以往研究忽视或不合适地处理阶段的原因。笔者认为,Plungian 的"结束"在汉语中是由完结和结果这两个阶段共同表示的,而英语 not yet 在汉语中是通过副词"尚未、还没"来表示的。因此,汉语动作的基本阶段体可以有不同的概括,不一定要与语义分析完全一致。

比较各家对阶段的分析,Binnick(1991)指出了阶段在表达形式上的共同点,Plungian(1999)则从逻辑语义的角度把阶段和体貌的传统意义连接起来:一方面动作阶段的发生意义与视点体所表现的实现意义比较接近,另一方面动作阶段和视点体的时间参照关系也有相近之处。这些都值得我们在分析汉语阶段时加以借鉴。

4.2.2 汉语的阶段补语与阶段体

赵元任先生区分了 aspect 与 phase complement。Chao(1968:446)指出"there are a few complements which express the phase of an action in the first verbs rather than some result in the action or goal"。这些 phase complement 包括"猫逮着(了)个耗子"的"着"、"我碰到(了)一件怪事"的"到"、"看见、遇见"中的"见"、"我吃过了饭就走"中的"过";不包括"做完了事"中的"完"、"吃好仔饭"中的"好"、"做得了一件衣裳"中的"得"、"办了了差事"的"了"(liǎo)。

在中文文献中 phase complement 有几种不同的译名,如在赵元任(1979)中译为"动相补语",在赵元任(1980)中译为"状态补语"。笔者认为,这两种译名分别反映了 phase complement 的两个不同侧面。吕叔湘先生把 phase 翻译为"动相",反映了他对汉语体貌的总体认识,如吕叔湘

(1942)认为,动相指的是"一个动作过程的各个阶段",动相补语表现了这几个词所体现的动相这个概念的共性,表示的是动作的某一阶段。丁邦新先生把 phase 翻译为"状态",更多地体现了这几个词所表现的动作的个性或特定阶段,即动作带来的状态或结果,如"着"所表示的"接触到"或"尝试成功","见"所带来的感知结果和心理认识的状态。

由于赵先生对 phase complement 没有展开论述,且叙述中有一些不甚明确的地方,因而容易让人产生一些不同的理解。比如,如赵元任指出,"完,好(吴语),得(北京),了(liǎo)"表示一般的完成的意思。这些补语总是不轻声,总是带"了"尾,所以他们还是普通的补语,不是动相补语。① 可是,梅祖麟(1994)、郭锐(1997)在引用赵元任的观点时都把"完"或"好"作为动相补语,一些近代汉语语法研究的文献也都有类似的理解,如吴福祥(1998)、蒋绍愚(2001)。

吴福祥(1998)还对动相补语与结果补语、完成体助词做了迄今最为详尽的区分。动相补语与结果补语的区别是:动相补语虽然有时兼有"结果"的附加语义,但基本功能是表示动作的完成,动相补语不具有表述功能,语义只能指向动词。而结果补语表具体的结果,语义可以指向主语或宾语,可以有以下转换:"小王喝醉了酒——小王醉了。"从上面的分析看出,动相补语与结果补语的区别还是比较清楚的,文献中的看法比较一致。吴福祥先生认为唐五代时期瞬间动词、状态动词、形容词以及动补结构后面的"了"表完成或实现,均属于动相补语。吴福祥(2001)对动相补语下了一个比较明确的定义:动相补语是表示动作(或状态)已实现或有结果的补语性成分。

蒋绍愚(2001)认为,动相补语可以分为两种:(A)表示完结。前面

---

① Chao(1968:449)的原文(1970 第二次印刷)是:Since these are always stressed and take the suffix-*le*, they are still ordinary complements rather than phase complements.

是持续动词,如"官军食了"中的"了"。(B)表示完成。前面是非持续动词,如"父已死了"中的"了"。笔者认为,这里的完结与本章的完结体意义相当,属于阶段体,而这里的完成相当于本书的完成体而不是完整体,属于视点体。"了"及"已"、"竟"、"讫"、"毕"等的语法化过程都可以区分出这两个阶段。

高名凯(1948:194)把"着、到、见、得、住"等补语成分称为结果体(resultative),并指出,"完成了的动作或历程只表示历程之终了,然而不见得有结果。反之结果体则表示动作或历程之有所获得。"[①]高先生结果体的范围与赵先生的 phase complement 比较接近,只是略有扩大,并在内涵方面有了进一步的界定。

基于以上分析,笔者认为,应对赵元任的 phase complement 作广义的理解,如果把 phase 理解为阶段的话,阶段补语应该是指汉语动词后面表示动作各种阶段的补语。如果汉语动作的基本阶段可以包括开始、继续、完结、结果的话,阶段补语除了"着、到、见、过"和"完、好、了、得"之外,也应该包括"起来、下去、下来"等表示起始和延续的补语。既然已经把"起来"、"下去、下来"分别称为起始体和延续体,那么也必须给"着、到、见、过"和"完、好、了、得"以相应的阶段体的名目。可以秉承赵元任先生对"完、好、了、得"与"着、到、见、过"所作的区分的精神实质,但又不能完全根据轻声的标准把"过"与"着、到、见"归为一类,而应该根据所表达的阶段的不同来区分。

---

① 雅洪托夫(1959)把汉语的动补复合词统称为结果动词,并把它们所表示的体的意义叫做结果体;其他的动词的体称为普通体或一般体。本书仅把比较抽象的补语成分称为完结体或结果体,比较具体的补语成分仍看作情状体中的达成情状。达成情状一般不具备有标记的持续特征,而根据 Olsen(1997),动补复合词中的动词所固有的持续特征不会消失。因此,如果要贯彻 Olsen(1997)基于缺值对立的情状分类,就需要采取其他补救性措施,如把一般的动补复合词看成一个词,不做进一步分析。总之,动补结构是连接情状体、阶段体和视点体的纽带,充分体现了汉语四层级体貌系统的连续性。

从这些成分所表示的事件的具体阶段来看,"完、好、过"等主要表示动作的完毕或结束,可以称为完结体;"着、到、见"等所表示的动作有结果及结果状态,可以称为结果体。这样,动作的四个基本阶段在汉语里都具备语法化程度相近的标记。这无论是从体貌系统的描写和建构,还是从体貌标记的语法化研究来说,都是必要的,并有明显的好处。

需要指出的是,这里的完结体与结果体的分类仅就现代汉语普通话而言,方言中类似成分的分类还要进行具体的考察。比如,苏州话中的"好"用法多样(详见刘丹青 1996a),不仅可以表示完成,还可以表示持续,似应归入结果体,以便更好地解释其共时的变异和历时的发展。

4.3 汉语完结体与结果体的共时关系

4.3.1 完结体、结果体的形式与意义

汉语典型的完结体标记包括"完、好、过",它们表示动作的结束或完成,可以用于结束情状和活动情状。用于结束情状表示完成,即抵达情状内在的自然终止点。如:打完了世界杯、写好了一封信[①]、我吃过了一碗饭。用于活动情状表示结束,即情状实现其任意终止点。如:唱完歌了、写好信了、我吃过饭就走。这里的唱歌、写信、吃饭都是单纯的动作,因而可以任意终止。

汉语的典型的结果体标记包括"着、到、见",它们除了表示动作的完成和结束以外,还表示动作获得了结果。结果体标记多用于结束情状。如:猫逮着了耗子、碰到了一件怪事、遇见一个熟人。[②] 结果体可

[①] "写了一封信"并不必然表示完结,因为可以说"上午写了一封信,可是没写完"。因此不能简单地说:"了"用于结束情状,表示动作实现其内在终止点。参见陈前瑞(2001b)。

[②] 这几个例子都引自 Chao(1968)。

用于状态情状,一般不能用于活动情状,如:*唱着歌就跳舞、*睡到觉就读书。一般说来,结果也都隐含着动作的结束或完成。[①] 可见,结果体标记的语义内容要相对丰富。

印欧语言中有一种称为结果体的结构(resultative constuction),通常由助动词加过去分词构成,结果体的定义为:结果体表示由过去动作所带来的状态。结果体与完成体近似。在英语中,两者的区别是由结构中的助动词 be 与 have 来区别的。英语中类似于结果体的意义由 be+-ed 构成,如 He is gone,表示状态还存在(他此刻不在这里),因此不能说 He is gone and come back already;而完成体由 have+-ed 构成,如 He has gone,仅表示过去行为具有现时相关性(可能去过又回来了),可以说 He has gone and come back already。(Bybee, Perkins & Pagliuca 1994:63)

Nedjalkov(1988)对结果体进行了类型比较研究,并区分了狭义的结果体和广义的结果体。Nedjalkov & Jaxontov(1988:7)指出,广义的结果体包括状态体(stative),状态体是指用来表示状态(states)的形式,包括语法性质的动词形式和派生的动词。狭义的结果体则不包含状态体,仅指表示一个结果状态的形式,而且该结果状态蕴含一个造成该结果的动作。Jaxontov(1988)还把汉语普通话表持续而不是表进行的"着"看成是状态体的标记。其中,类似于"他坐着"中的"坐着"表示的是施事的状态,称为主语型结果体;类似于"门开着"中的"开着"表示的是受事的状态,称为宾语型结果体;类似于"他戴着帽子"中的"戴着"的宾语"帽子"是主语的所有物,称为领有型结果体。这些句子中的谓语的结果体大部分时候表示的是一种状态,这种状态很自然的是作为

[①] 梅祖麟(1981)最早提出类似观点,吴福祥(1998:456)进一步指出:结果补语隐含"实现/完成"的语义特征。

施事动作的结果而出现的,但并不强调该动作的发生;而且有的状态与之前的动作完全无关,如"细细的枝条上挂着绿色的柿子"、"一棵树下面蹲着一头白石大狮子"。因此,把这一类传统上表持续的"着"看成状态体或广义结果体的标记是有道理的。①

木村英树(1983)曾指出,表持续的"着"在意义和功能上接近结果补语,所表示的意义属于完成体的意义范畴,可称为结果性补语词尾。如"桌上摆着碟碗",可以说成"桌上没摆着碟碗、他向桌上摆着的碗碟看了一眼",其中"着"的句法表现与结果补语"好"表现一致。② 郭锐(1997)也认为表持续的"着"不是过程标记而是跟"起来、下去"等一样,是表"相"的。笔者认为,所谓表持续的"着"所表示的"相"就是阶段体中的结果体,其状态意义相对突出。

如果把表持续的"着"与"猫逮着了耗子"中的"着"相比较,差别也是明显的。后者相当于"到"义,而前者相当于"在"义,可以变换为"绿色的柿子挂在细细的枝条上"。在近代汉语研究中,已经把"着"的"在"义概括为静态义,而把"着"的"到"义概括为动态义。如果可以把表持续的"着"看成广义的结果体的话,那么也可以把"猫逮着了耗子"中的"着"以及类似的"到、见"看成狭义的结果体。因为"猫逮着了耗子"中的"逮着"不仅具有明显的完成性质和动作意义,而且还表示"耗子"所处的"被逮住"的状态。这种意义明显不同于完结体的完结意义。

---

① 有关广义结果体或状态体在汉语的语法化过程可参见陈前瑞(2008)。
② 袁毓林(1993:61—62)不同意这一观点,也不同意将"着"分为两个,并将"着"的意义区别归结于"着"前动词的义位区别。笔者认为,这两种处理方式各有长短。在动词分类的基础上,将两个"着"处理为一个,在共时上显得简明;在动词分类的基础上将"着"分为两个,在共时上显得复杂,但在历时上显得清楚,便于解释动词类别与体标记相互作用关系以及体标记的语法化过程。木村英树(1983)所谓的结果性补语词尾,应该是介于结果补语和典型体标记之间的语法成分,类似于动相补语或本书的阶段体。袁毓林(1993)的论证似乎主要是把"着"与真正的结果补语进行比较分析。

由此可见，汉语的结果体比较复杂，一类结果体的状态持续义突出，而另一类结果体表示动作有了结果，动作完成义明显。而其中的"着"兼具以上两种用法，这不仅使得其共时的用法非常复杂，也使得其在语法化过程中形成了特殊的路径。

汉语中还有一些类似的成分，如："了(liǎo)、掉、成、得"等，意义也比较虚，但由于使用范围比较窄，还带有比较专门的词汇意义，所以本书不把它们列入完结体或结果体的标记，而作为一般的结果补语，但从意义上来讲是相通的，也是表完结或结果阶段。至于它们之间细致的区分还有待于进一步的研究。

4.3.2 完结体、结果体与情状体的关系

Smith(1990)认为，汉语动结式与名词的组合表示的是一个持续性的情状：是一个带有结果的过程，应是结束情状。He(1992)认为动结式的核心是结果性成分，动结式表示状态的变化，而状态的变化是在瞬间发生的，因此，汉语的动结式是达成情状。Kang(1999)进一步为Smith作了论证，指出，"昨天张三写完了一封信"不仅可以说成"张三写一封信写了X个小时"，而且可以衍推出"昨天的某个时候张三在写信"。[①]

笔者认为，这种争论之所以出现，是因为完结体标记"完"可能不是构成情状的基本成分（如动词和名词性、副词性词语），而是加在不同情状类型上的标记性成分，比如可以说"唱完歌、洗完澡、看完书"，我们不会因为有了"完"而否定这些活动情状的持续特征，也不能因为"写完了一封信"而否定"写一封信"所固有的内部时间。

同样道理，Smith(1991：387)曾认为"起来"加在活动情状后，如

---

① 衍推(entail)，表示前一命题必然蕴含后一命题。沈家煊(1999)译为"衍推"，台北心理出版社2000年出版的翻译著作《语意学新论》(Lyons 1995)译为"必涵"。

"他说起来",会根据人们对"说"的起始部分是瞬间的还是持续性的这样两种理解,而可能形成结束情状或达成情状。笔者认为,如果说"起来"能够把清楚的情状类型变得模糊不清,以至于无法区分基本的情状类型,那么会有两种可能:要么情状体的理论基础和区分方法是有问题的,要么把"起来"作为情状体的一部分是有问题的。

比较而言,本书把"完、好、过"以及"着、到、住"与"起来、下去"等都不看作是情状体的构成成分,而看作是情状体之上的阶段体的标记,就会很好地解决这一问题。因为阶段体标记可以作用于不同的情状体,这两个层级之间也存在着选择关系。

4.3.3 完结体、结果体与视点体的关系

完结体和结果体已经明显地表示情状的结束,因而只能与表示外部观察的体标记配合使用,而不能与"在、呢、着"等表示内部观察的体标记合用。

赵元任先生特别指出,"完,好(吴语),得(北京),了(liǎo)"是 always stressed and take the suffix-*le*(Chao 1968:449)。吕叔湘译为:这些补语总是不轻声,<u>总是带"了"尾</u>。丁邦新译为:这些都有重音,又<u>可加词尾"了"</u>。为了验证上述不同的说法,根据最小对比原则,笔者进一步考察以下几个条件同时具备时,"完"后面用不用"了"的情况:[①]

A. 现实句:现实句中多用"了",非现实句很少用"了"。
B. 已然句:已然句多用"了",未然的很少用"了"。
C. 简单谓语句:连动结构或其他复杂句的前项很少用"了"。

---

① 现有的研究中,杨惠芬(1984)、李兴亚(1989)研究了词尾"了"的使用情况。李兴亚(1989)特别指出,动词后面有结果意义的补语时,"了"可自由隐现。张旺熹(1998)专门以统计的方式分析"了"与动补结构组合的制约因素。上述研究是本书进一步作最小差异对比研究的基础。

4.3 汉语完结体与结果体的共时关系

D. 带有宾语的句子：不带宾语的"V 完"多带"了"，带有宾语的较少带"了"。这样也排除了句尾"了"的情况。

E. 独立的小句：独立小句多带"了"，内嵌的小句少带"了"。

F. "V 完"作谓语的小句：定语位置中的"V 完"多不带"了"，而谓语位置的多带"了"。

笔者检索了《红楼梦》《儿女英雄传》《四世同堂》和王朔小说中现实的、已然的、简单句的、独立的、带宾语的、肯定性的小句中，补语性的"完"带"了"和不带"了"的情况。王朔小说的典型例句见例(3)和(4)，统计结果见表 4-1。

(3) 买完白纱裙，石静又把我拉到西服柜台，点了一套最高级的西服。

(4) 我喝完了一瓶汽水，玩着麦管。

从表 4-1 看出，在前文限定的条件下，补语"完"在《红楼梦》时期绝大部分都带"了"，带"了"的用例占 83%；可是到了当代，大部分都不带"了"，带"了"的仅占 22%，呈现出符合语言演变规律的发展趋势。这似乎说明，作为完结体标记的"完"也一直在虚化，意义越来越接近于"了"，因此，就越来越少用"了"。通过上述统计，我们大致能理解为什么赵元任说"完"等 always stressed and take the suffix -le，吕叔湘先生理解为"总是带'了'尾"，而丁邦新先生理解为"可加词尾'了'"。或许，除了对英文字面意义的不同理解外，由于语言的变化带来的不同年代的语感也是一个重要的原因。

表 4-1 文献中补语"完"带(＋)与不带(－)"了"的情况

	红楼梦	儿女英雄传	四世同堂	王朔小说
完＋了	10	39	27	12
完－了	2	10	25	42
比例	5∶1	3.9∶1	1.1∶1	1∶3.5

4.4 汉语完结体与结果体的历时关系

4.4.1 完结体语法化的路径

本章提出的完结体与 Bybee, Perkins & Pagliuca(1994)所说的 completive 含义相当,表示"彻底、穷尽地完成或结束某件事情"。[①] 在 Bybee 等所构拟的完整体或过去时标记的语法化道路中,完结体占有十分重要的地位,是许多时体标记语法化的源头:

(5)阶段一:完结体(completive)

阶段二:新完成体(young anterior)

阶段三:老完成体(old anterior)

阶段四:完整体(perfective)

阶段五:过去时(simple past)

汉语词尾"了"的语法化过程也基本印证了上述发展路径。现有的研究已经基本证明,汉语的词尾"了"来自于表动作完结的补语"了",补语"了"又来自于动词"了"。表动作完结的补语"了",即这里所说的完结体,这种用法在唐代就有(梅祖麟 1981,1994)。该意义在现代汉语中已经不常用,并且已经被"完、好"所替代。石毓智(2000)进一步证明,晚唐五代,句尾"了"已经产生,词尾"了"还未出现。虽然在开始阶段,句尾"了"还不成熟,并常与"了也"连用。吴福祥(1998)认为晚唐五代时期瞬间动词、状态动词、形容词以及动补结构后面的"了"表完成或实现,但仍称为动相补语。而笔者认为上述情况下的"了"是句尾"了",具

[①] Bybee, Perkins & Pagliuca(1994:54)的英文原文为"to do something thoroughly and to completion"。

备完成体的性质。蒋绍愚(2005)在综述中也肯定了句尾"了"先于词尾"了"的看法。

潘维桂、杨天戈(1980)通过对《敦煌变文集》和《景德传灯录》的研究,认为现代汉语中"了"字表示假设或将来完成的用法在唐、五代口语中还没有出现。潘、杨的这种看法可能有误。笔者在吴福祥(1996)和石毓智(2000)所举的《敦煌变文集》和《祖堂集》的例子中,就发现了若干个表示过去假设的例证:①

(6)王陵只是不知,或若王陵知了,星夜倍程入楚,救其慈母。(《敦煌变文集》,45页)

(7)若是文殊、普贤,昨夜三更各打二十棒,趁出院了也。(《祖堂集》卷十六)

(8)一人死了,何时再生?(《敦煌变文集》,80页)

(9)伤嗟世上人男女,成长了不能返思虑。(《敦煌变文集》,672页)

例(6)可以理解为假设性的现在或过去完成体,例(7)则为假设性的过去完成体。另外还有些例句,叙述的对象或为泛指的个人,如例(8),或为泛指的群体,如例(9),这种叙述都是某种普遍性的、规律性的论述,不受时间的限制。可见,在晚唐五代时期,句尾"了"的用法开始多样化,虽然用例不多,但开始由新完成体标记向老完成体标记发展。本书的第 7 章专门讨论汉语句尾"了"在南宋时期已经具备过去完成、将来完成、即将完成等多种用法,而这些用法都是老完成体(old anterior)的典型用法。

与此同时,虽然在中晚唐、五代的文献中也发现了 11 例"了"用在动宾之间的例子,但是吴福祥(1998)指出,这些零星的用例没有一个是

---

① 例(7)引自石毓智(2000),例(6)(8)(9)引自吴福祥(1996)。

用在动补和宾语之间的,因而不能确定它们一定是完整体性质的词尾"了"。

现有研究已经确认,完整体性质的词尾"了"是"最终在宋代完成语法化的过程","至迟不晚于 11 世纪末"(吴福祥 1998:459)。语法化的方式是已经虚化的"动+了"格式后带上宾语。① 吴福祥(1998)举出的最有说服力的例子是:

(10)恰则心头托托地,放下了日多萦系。(毛滂《惜纷飞》,《全宋词》,667 页)

经过北宋的进一步发展,到了南宋出现了两个"了"同现的例证,此时现代汉语的两个"了"分立的格局基本形成。

上述论述不仅廓清了汉语词尾"了"的发展过程,而且也支持了 Bybee, Perkins & Pagliuca(1994)提出的完整体语法化基本路径的前四个阶段。

4.4.2　结果体语法化的双路径

4.4.2.1　现有文献对"着"类结果体的研究

在宋元白话语料中,"着"不仅像普通话一样表示持续,而且还可以像词尾"了"一样表示动作的完成或实现。② 例如:

(11)若不实说,便杀著你。(《三国志平话》卷中)

(12)见一人托定金凤盘内放著六般物件。(《三国志平话》卷上)③

对于词尾"着"这两种功能的发展过程,学者们一直颇为关注。词

---

① 吴福祥在蒋冀骋、吴福祥(1997)提出这种设想,并在吴福祥(1998)中展开论述。
② 王力《汉语史稿》(中册)最早指出了这一现象(第 311 页),科学出版社 1958 年版。
③ 例(11)(12)转引自梅祖麟(1988)。

尾"着"来源于"附着"义的动词"着",①赵金铭(1979)明确指出,表持续的"着"萌芽于介词"着"。梅祖麟(1988)进而指出,六朝文献中"着"兼有"在"、"到"两个意义,具有静态意义的动词后面的"着"相当于"在"(如例13),是表持续的"着"的来源,具有动态意义的动词后面的"着"相当于"到"(如例14),是表完成的"着"的来源。赵金铭(1995)指出,北京话口语中补语位置上的"在"和"到"在口语中都可以念为轻声的de。袁毓林(2002)倾向于认为,北京话中的这个 de 就是所谓的中古及近代的方位介词"着"的遗留。笔者认为这反过来帮助我们理解六朝时期动词后的"着"的不同意义和补语性质。正是这种补语性质而不是介词性质,才是现代汉语词尾助词的语法化来源。

(13)坐著膝前。(《世说新语·德行》)

(14)负米一斗,送著寺中。(《大藏经·六度集经》)

孙朝奋(1997)认为,"着"在中古时期除了表处所外,还可能表趋向和结果,如例(15)、(16):

(15)井中水满钱尽,遣我出著。(《敦煌变文集·舜子变》)

(16)黄鹤青云当一举,明珠吐著报君恩。(《全唐诗》,王昌龄)

而且唐五代时期"着"的某些用法到底是持续还是完成有时难以明确判断,似乎可以作出"持续"和"完成"两种理解,如例(17):

(17)说著来由愁煞人。(《敦煌变文集·捉季布》)

孙朝奋(1997)还把"着"的语法化路径表示为(18),②认为,汉语中的相关体助词的语义单位是没有一个很清楚的界限的,汉语"着"语法化路径对 Bybee 等构拟的完整体与未完整体具有显然不同的语法化路径的假说构成了反例。

---

① 参见王力《汉语史稿》(中册),王力先生的看法又来自吕叔湘(1941)。
② 本书对孙朝奋(1997)图中的术语根据 Sun(1998)以及本书通用的术语作了更改。原文把 perfect 翻译为完结体,把 perfective 翻译为完成体,把 imperfective 翻译为非完成体。

(18)

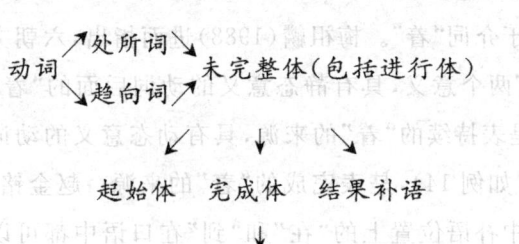

吴福祥(2001,2002)指出，历史材料和方言材料中，有几个词，如"着、得、取、来、将"以及长沙话的"起"等不仅可以用作完成体助词，而且还可以用作持续体标记，并由完成体助词用法进一步发展出状态补语的用法(如：写得非常好)。"得"的语法化过程可以概括为：

(19)

"获得"义动词→动相补语→完成体助词→状态补语标记
　　　　　　　　　　　　　　　　↘持续体标记

吴福祥(2004)进一步把"着"的语法化过程概括为：

(20)

主要动词＞连动式中的后向动词＞趋向补语＞动相补语→完成体助词
　　　　　　　　　　　　　　　　　　　　　　　　↘持续体标记

笔者认为，吴福祥(2004)勾画出的"着"类词的语法化路径在孙朝奋(1997)的基础上有所改进。完成体助词和持续体助词都是从表完成或结果的动相补语发展出来的，而不是说完成体意义是从持续体的意义发展出来的。吴福祥(1996)在敦煌变文中已经发现了一批词语同时具有完成和持续的用法，很难区分前后。而且理论上也无法解释已经具有明确语法意义的标记会直接发展出明确的对立意义来。由于吴福祥(2001,2002)重在说明状态补语的语法化，因而并没有详细讨论动相补语如何同时分化出完成和持续的意义，而这正是本章共时描写和历时考察的主要目的。

4.4.2.2 "着"类结果体语法化双路径的解释

根据本书的共时框架,补语性的"着"属于结果体,其意义有时表示行为有了结果,蕴涵完成意义,属于狭义结果体;有时表示状态持续,属于广义结果体,所以很有可能在不同的句法环境下分别表示状态持续和完成的意义,甚至在某些情况下还容易作出误判。由于汉语的词尾体貌标记直到宋代才完全确立,我们推测,在唐五代时期,整个汉语的词尾体貌标记还没有完全形成。吴福祥(1996)所描写的敦煌变文中的一批词语,如"着、却、将、得、取、来"等都属于动相补语或本章的结果体,它们也是在不同的句法环境下分别表示持续和完成的意义。比如:

(21)净能都不忙惧,收甑盖着女子尸,钉之内四角,血从甑下交流。(《敦煌变文·叶净能诗》,P219①)

吴福祥(1996:306)认为例(21)中的"盖着"表持续状态,而蒋绍愚(1994:171)指出,如果说"甑盖着女子尸"或"死女子尸以甑盖着",这个"盖"表状态的持续,所以"着"就是持续貌词尾。但这里"盖"的主语是叶净能,也就是说"盖"是叶净能施行的行为,而不是动作所造成的状态,所以"盖着"的"着"只能是完成貌词尾。蒋先生还指出,例中的"盖着"也许还不是完成貌。蒋先生还指出了动作的结果与其所造成的状态是有联系的,因而"完成和持续也不是完全没有联系"。

又如,吴福祥(1996)指出,敦煌变文的下列用例中的"着、得、却、取、将"等都表示持续,笔者认为,这些词绝大部分能换成"住"或"好",

---

① 此处及以下敦煌变文的用例均引自吴福祥(1996)。下文仅标页码。版本为《敦煌变文集》,人民文学出版社1957年版。"着"在原始文献中有不同的写法,这里遵照引用文献的写法。

这样,"持续状态"的意义就不明显,而"结果"的意义就明显多了:①

(22)见他宅舍鲜净,便兀自占着。(P235)

(23)后母一女把着阿爷:"杀却前家哥子,交与甚处坎(头)。"(P132)

(24)为未得方便,却还分付与阿婆藏着。(P883)

(25)仙人抱得太子,悲泣流泪。(P290)

(26)画舸信从流水去,白醪携得满杯斟。(P553)

(27)把却官道,水切(泄)不通,陵当有其一计,必合过得。(P39)

(28)略与光严说少许,君须一一记持将。(P618)

(29)将取金瓶归下界,捻取金瓶孙宾(膑)傍。(P213)

通过上面的变换,一方面证明敦煌变文中所谓的持续体还仍然是结果体,另一方面也从历时的角度证明了木村英树(1983)认为表持续的"着"是结果性补语词尾的观点。

当然,敦煌变文中的"着"虽然主要还是结果体,但也在开始向语法化程度更高的进行体和完成体演化。进行体用法在唐五代、北宋时期还只有零星用例,②直到南宋中期以后得到较大的发展,

---

① 卢烈红(1998:209)指出,学者一向认为,《祖堂集》下例中的"着"是典型的动态助词,可是在《景德传灯录》中改成了"住",这说明当时的"着"是"住"的意思,表动作的结果。这一典型的互换也进一步支持了本书的观点:

师云:"陛下见空中一片云不?"皇帝曰:"见。"师云:"钉钉著?悬挂著?"(《祖堂集》卷三,慧忠国师 58)

师云:"汝道空中一片云?为复钉钉住?为复藤缆著?"(《景德传灯录》卷八,池州南泉普愿禅师 121)

② 俞光中、植田均(1999)指出,表进行的"着"唐五代极少见,《祖堂集》、《敦煌变文集》均未发现。但在同期其他作品中找到 2 例:

看着他风前双袘拥,贺明君。(《敦煌歌辞总编·浣溪沙》)

状元出行致词,退著行,各拜。(《唐摭言》卷三)

另据卢烈红(1998),在《古尊宿语要》中没有发现"着"表动作进行的用例。

并在《朱子语类》中出现较多的用例。"着"的未完整体的用法是指"着"除了用于动态进行之外,还用于典型的状态情状,如"标志着、有着、存在着",这又是意义更加宽泛、语法化程度更高、发展阶段更晚的用法。这种用法在当代使用的特点,参见方梅(2000)及本书的第 10 章。

据卢烈红(1998),"着"的持续与完成用例之比在《祖堂集》中为 8∶22,在《景德传灯录》中为 9∶20,在宋本《古尊宿语要》中为 7∶10。可见,"着"表完成的用法相对减少,即使是在宋本《古尊宿语要》中,"着"表完成的用例也大多有明显的结果意义:

(30)进云:"如何是大隋水?"师云:"苦涩难下咽。"进云"还吃得否?"师云:"吃著便死。"(大隋 4)

(31)上堂:"……举起一足,乾坤一时振动,行著一步,海水尽皆波涛汹涌。……"(洞山 9)

(32)问:"不断佛种,请师一言。"师云:"犯著太白星。"(洞山 14)

例(30)中的"着"似应作"下"解,例(31)中的"着"与"起"对举,例(32)中的"着"可直接理解为表结果的"着"。

表完成意义的"着"也只有在南宋的《朱子语类》中才出现了语法化程度更高的用法:①

(33)忽然死着,思量来这是甚则剧,恁地悠悠过了。(卷 121)

(34)且放下着许多说话,只将这四句平看,便自见。(卷 79)

(35)《孟子》辩《告子》,皆是辩倒着《告子》便休,不曾说尽道理。(卷 59)

例(33)是典型的完成体的用法,相当于句尾"了"。例(34)(35)的

---

① 这 3 例引自曹广顺(1995:35)。

"着"在动补结构"放下、辩倒"之后,且例(34)是一种假设的条件,是更成熟的完整体用法,相当于词尾"了"。可见,"着"的语法化的双路径大致到南宋才彻底完成,可能略晚于词尾"了"。至于准确的时间还有待进一步的考证。

"着"的语法化双路径可作如下标示:

(36)

"附着"义动词→结果补语→结果体〈 动作有结果→完成体→完整体
状态持续→进行体→未完整体

(36)与(20)有以下几点不同:

第一,将(20)中的"主要动词>连动式中的后向动词"合并为(36)中的"附着"义动词,这是要简化早期的路线图。

第二,将趋向补语改为结果补语,结果补语是趋向补语的上位概念。这一方面是使其具有广泛适应性,因为苏州话的"好"、近代汉语的"得"的趋向意义不明显;另一方面即使是"到"义的"着、到"等,在"V+X+O"中主要是表示终结意义,并没有一般的趋向动词所具有的伴随位移的含义。[①] 另外,结果补语的意义与后续发展阶段在意义上更具有相承性。[②]

第三,这里把"动相补语"改为"结果体",并用虚线表示结果体在不同的情状下凸现不同的意义。在根本思想上与吴福祥(2004)是一致

[①] 方经民教授指出此处用趋向补语不妥,建议笔者把趋向补语改为结果补语,刘丹青教授也认为方经民教授的意见值得重视。不久之后,惊闻方经民教授不幸遇难,谨此表示沉痛哀悼。

[②] 有关"着"的语法化过程,审稿专家认为,"着"从附着义动词到完成体和进行体标记,中间还可能有方位介词一个阶段、一个分支或途径之一。(详见袁毓林 2002)笔者认为,这期间确有方位介词一个分支,但这仅指"着+处所名词+动词"格式中的"着",如"低头著门出"(王梵志诗),这种用法很少,如袁毓林(2002)所言;本书根据吴福祥(2004)把"动词+着+处所名词"中的"着"看作补语性成分,但将吴文所谓的"趋向补语"改为结果补语。关于"着"的语法化笔者另有专题论文。

的,只是稍显细致。因为,即使是吴福祥先生所理解的动相补语也不是都有语法化的双路径,如"完、了";而只有本文所谓的结果体标记才有语法化的双路径。就"着"而言,其状态持续义最初是由"着"与"着"前的带有状态义的动词共同显现的,如初唐王梵志诗中的"留着匪裹重"、"有酒深藏着";而其动作有结果义最初是由"着"与"着"前具有遇逢义的动词共同显现的,如王梵志诗中的"逢着好饮食"、"逢着光火贼"。至于"着"动作有结果义与状态持续义哪一个更早,哪一个更为基本,还有待于进一步的专题研究。①

第四,传统的完成体助词略显笼统,蒋绍愚(2001)已经提出区分完结与完成,还有必要进一步区分完成体与完整体。本书的 4.4.1 已经论述了这种区分及其语法化的类型意义。

第五,传统的持续体助词同样过于笼统。吴福祥(2004)已经把"挂着、藏着"划归为动相补语即本文的结果体,仅把"看着、想着、播着"等单纯表示动作并可持续的称为持续体,而这一部分正是(36)中的进行体。刘丹青(1996b)曾把这"醒着、活着、存在着、红着"等称为纯粹的持续体,而这部分正好就是(36)中的未完整体(imperfective)。吴福祥(2004)指出,典型的持续体(进行体)要到北宋时期才可以见到。而曹广顺(1995)指出,到南宋"着"可以和形容词共现。本书 10.3.2 也初步证实"着"与典型的状态动词("有着"等)的共现出现在现代。而进行体与未完整体的区别就在于能否与状态动词同现(Smith 1991)。进行体向未完整体的语法化就表现为所共现的动词由动态动词向状态动词蔓延(Bybee,Perkins & Pagliuca 1994)。

---

① 笔者另有专题论文即陈前瑞(2007)(《论汉语"着"兼表持续与完成》,提交第四届汉语语法化问题国际学术讨论会论文,2007 年 8 月,北京语言大学),可参见。

4.5 汉语完结体与结果体的类型比较

4.5.1 汉语完结体、结果体词汇来源的类型比较

根据 Bybee, Perkins & Pagliuca(1994:58)的表 3.2,其样本中具有完结体标记的语言有 35 种,其中来源于完成或结束义动词的有 12 种,来源于位移或趋向义动词的有 5 种,来源于位移和位移方向复合意义(move into)的有 3 种,来源于消失等意义的有 5 种,另外还有 10 种来源不明。而结果体的词汇来源主要来自静态动词,如 have、be 之类的助动词。

汉语普通话的完结体和结果体主要来自于完成或结束义动词,如"完、好、得"等。"过、到"来源于位移或趋向义动词,"着"来源于附着义。可见汉语完结体和结果体的表现形式数量多,来源广。这一点从类型学的角度来看,是非常突出的。Bybee(1997:32)特别指出,分析型语言缺乏高度语法化的语法手段。就体貌意义而言,分析型语言更可能拥有像完结体或完成体这样一些语法化程度较低的语法形式,而较少拥有像完整体或过去时这样一些语法化程度更高的语法形式。就包括方言在内的整个汉语而言,像词尾"了"这样的语法手段显然是后起的并且分布并不普遍,而完结体的形式不仅数量多而且分布也很广。这一特点是与汉语整体形态不发达的特点直接相关的。

4.5.2 汉语结果体语法化路径的类型意义

Bybee, Perkins & Pagliuca(1994:105)指出,完成体的语法化来源有两个:一个是完结体,另一个是结果体。只是由于结果体的用法比较多,大多同时兼有完成体、完整体和过去时的用法,无法清楚地确定

其语法化的水平,因而没有把结果体列入(5)所概括的完整体或过去时语法化的五个阶段之中。另外,未完整体标记的词汇来源为方位性成分、助动词加动词的非限定形式、位移性成分、词语复叠等,并经由进行体发展成未完整体。

如前所述,汉语普通话的"了"分别经历了完整体的语法化过程的前四个阶段,又由于汉语具有比较丰富的历时语料,经过长期的研究积累了丰富的成果,因而可以成为完结体语法化的一个经典例证。汉语结果体标记"着"的语法化的双路径则较为特殊,需要从类型学的角度加以研究。

Bybee, Perkins & Pagliuca(1994:172)也在附注中指出,复叠形式一般向未完整体发展,但是在希腊语和其他印欧语中,复叠形式有一些表示完成体或完整体意义的奇怪用法。Bybee 等设想这些用法是由表被动的过去分词形式发展而来的。Drinka(1998)通过深入研究指出,复叠形式的完整体意义不是来自过去分词形式,而是从复叠形式的状态意义发展出结果意义,并进而发展出完整体意义。因此,状态范畴可能是完整体意义和未完整体意义这两条语法化路径之间的一条联系通道。不过,希腊语等的复叠形式还不属于一种语法形式在同一种语言的内部同时发展出完整体和未完整体两种不同意义的现象。

木村英树(1983)指出,日语有一种助动词-iru 既表示动作在进行,又表示动作后果状态在持续。能带-iru 表示动作后果状态在持续的动词不限于[＋附着]的动词。[－附着]的动词也可以表示动作后果状态在持续。如(37)表示"摘帽子"后的状态"光着头"在持续。

(37) boshi   o   nuide-iru
      名词   宾格助词   动词 助动词
      帽子   摘

Kiryu(1999)进一步指出日语的-te iru 结构(主动词的动形词形式加存在义动词的现在时)除了表结果体(即结果状态意义,如例 38b)、进行体意义(例 38a)之外,还可以表示完成体意义(例 38c)。韩语的-ko issta(部分格标记加存在义动词的现在时)也能表示未完整体、进行体(例 39a)和完成体(例 39b),但不能表示结果体意义,而结果体是由另一个结构-e issta(目标格标记加存在义动词的现在时)来表示(例 39c)。另外,Newari 的动词 cwan-e(表示"停留、坐或仍然存在"等词汇意义)也能用来表示进行体和结果体。①

(38) a. Taroo   ga   hon   o   yon-de   iru.
  人名   主格   书   宾格   读动形词   是-现在时
  Taroo 正在读一本书   (进行体)

b. Kabin   ga   ware-te   iru.
  花瓶   主格   破动形词   是-现在时
  花瓶破了   (结果体)

c. Moo   sono   hon   wa   yon-de
  已经   那本   书   话题   读动形词
  iru   kara   hituyoo   nai
  是-现在时   因为   必要   无
  因为我已经读了那本书,我不需要他了。(完成体)

(39) a. Chelsoo - ka   chayk-ul   ilk-ko   issta.
  人名 主格   书 宾格   读 部分格   是-现在时
  Chelsoo 正在读一本书   (进行体)

b. Yangswu-nun   cey-ga   wa-ss-ul-tay   chayk-ul
  人名 话题   我-主格   来-过去时-时候   书-宾格

---

① Newari 是尼泊尔的一种语言。

4.5 汉语完结体与结果体的类型比较

    pelsse ta   ilk-ko   iss-essta
    已经 全部 读-部分格 是-过去时
  我进来的时候,Yangswu 已经全部读完了那本书
  （完成体）
 c. Kay-ka cuk-e issta.
  狗 主格 死 目标格 是-现在时
  狗死了   （结果体）

  Shirai (1998:681)曾经对日语和韩国语的结果体做过研究,指出"坐"类、"挂"类、"穿"类动词的特殊作用,认为:结果体事实上是进行体与完成体之间的桥梁,并通过前两者的各自延伸,将其桥梁作用延伸至未完整体与完整体之间。(Resultative is in fact a bridge between progressive and perfect, and by extension, between imperfective and perfective.)[①]

  把汉语与日、韩等语言相比,共性是非常显著的。第一,结果意义与完成体、进行体可以用同一个形式或近似的形式来表示。第二,结果意义成分进一步演化为完成体,这已经被众多印欧语言所印证;而结果意义成分与进行体、未完整体意义之间的演化关系也已经被汉语的"着"类结果体成分所印证。第三,"坐、挂、穿"等放置类动词对结果体向未完整体的发展起着引导性作用。因此,可以进一步推测,结果意义成分可以同时向完整体与未完整体标记发展,这种语法化的双路径在

[①] 此段转引自柯理思《方向词的范畴化、"V 在 L"句式和结果句式》,"中研院"语言学研究所系列演讲:汉语方言对建构"语法化"、"范畴化"理论的贡献,2004 年 5 月 8 日,台北。翻译为笔者所加。柯理思还指出,如果吴福祥(2004)的分析是对的话,那么"着"所走过来的路径(有界>无界)和吴语的体标记"仔"、"得"所走的路径相似,给这种体类型转变创造条件的是"放置类动词",也就是在现代汉语中可以进入"V 在 L"格式里表示静态位置的动词。另可参阅 Christine Lammae"状態变化、構文、そして言語干渉:中國語の「V＋在＋場所」構文のケース",《开篇》22,144—172。

一些亚洲语言中应该具有一定的普遍性,其语义基础是:结果意义一方面联系着动作完成的意义,另一方面联系着状态持续的意义,这使得语法化的双路径成为可能。①

4.6 小结

本章根据动作发展基本阶段的理论和汉语语法的实际情况,把动结式中的"完、好、过"等分析为完结体,把"着、到、见"等分析为结果体,从而使汉语普通话的起始体、延续体、完结体、结果体构成了一个子系统。

完结体与结果体在形式和意义上有明显的区别。完结体能用于活动情状和结束情状,而结果体不能用于活动情状,可用于状态情状。

本章重点考察完结体在汉语共时体貌系统中的关系,分析了现实的、已然的、简单句的、独立的、带宾语的、肯定性的小句中,补语性的"完"带"了"和不带"了"的情况。研究发现,从《红楼梦》到王朔小说,"完"由绝大部分都带"了"发展成大部分都不带"了"。这说明作为完结体标记的"完"也一直在虚化,意义越来越接近于"了"。

本章初步勾画了汉语普通话中的"了"与"着"的语法化过程,从而支持并补充了 Bybee, Perkins & Pagliuca (1994) 所构拟的完整体和未完整体的语法化路径;明确地解释了汉语中"着"类结果体所表现出的语法化双路径现象的语义基础,认为结果体一方面表示行为有了结果,另一方面表示状态持续,这是构成语法化双路径的关键。进一步探

---

① Ebert (1995)专门讨论了不同语言中进行体与完成体的模糊现象(ambiguous prefect-progressive),说明该问题具有相当的普遍性,值得继续研究。

讨语法化的双路径在亚洲语言和印欧语言中的表现形式,具有重要的类型学意义。

第 5 章 复合趋向补语中的"来"*

5.1 引言

动词后宾语与复合趋向补语共现时有多种语序,迄今所见较为详尽的讨论有范继淹(1963)和张伯江(1991a)。范文侧重结构分析,张文侧重语用分析。张文的做法是,假定句子的其他因素为定值,专门研究宾语在不同位置的信息地位。其结论是:在(1)所列的 4 种语序中,除 C 式多用于祈使句以外,过去一般认为没有强制性限制似乎可以通说的 A、B、D 几种格式,在实际运用中是有明显差别的。A 式倾向用于引入新信息的场合,其中的 O 倾向于采用不定指形式;D 式倾向用于引入旧的信息,其中的 O 倾向于采用定指形式;B 式介于两者之间,略近于 A 式,同时 O 为无指成分时倾向于采用 B 式。这个结果正是功能句法学者"从旧到新原则"(即越靠近句末,信息内容就越新)在现代汉语里的具体体现。

(1) A. VC_1C_2O 拿出来一本书

  B. $VC_1O\,C_2$ 拿出一本书来

  C. $VO\,C_1C_2$ 拿一本书出来

  D. 把 $O\,VC_1C_2$ 把书拿出来

---

* 本章主要内容以"现时相关性与复合趋向补语中的'来'"为题载于吴福祥、洪波主编《语法化与语法研究》(一)(商务印书馆,2003),并得到张伯江教授的指教,谨此致谢。

张文也提及趋向词语意义虚化对语序的影响,如趋向词语的意义越虚,其语序就越固定。但是张文只限于对词汇语义历时变化的局部解释,未能对这种影响作系统性的考察。本章采取与张文不同的角度,侧重于考察趋向词语对动词乃至全句体貌方面的作用。

5.2　与"来"的位置相关的几项考察

本章选取张文结论中没有明显表意功能差异的一类句式进行最小差异的对比分析,即宾语同为不定指成分时的 A 式和 B 式,把它们放到更大的语言环境中考察其表意功能的区别。本章主要考察 A 式和 B 式所带的后续句数量的区别、后续句主语种类的区别和后续句语义种类的区别。

5.2.1　后续句数量的区别

先看两组例句:

(2)"你这是怎么了,老妹子! 到了我这儿啦,还没个车钱吗! 老妹子! 坐上啦!"她到这时候,才<u>摸出来一毛钱</u>。祥子看得清清楚楚,递过那一毛钱的时候,太太的手有点哆嗦。

(3)太太叫张妈去拿点开水,等张妈出了屋门,她<u>拿出一毛钱来</u>:"拿去,别拿眼紧扫搭着我!"

祥子的脸忽然紫了,挺了挺腰,好像头要顶住房梁,一把抓起那张毛票,摔在太太的胖脸上:"给我四天的工钱。"

(4)我也给他写了好多信,可惜出狱时全部销毁,不让<u>带出来一个纸片</u>,全烧啦。

(5)四大娘猛地<u>抽出一条桑梗来</u>,似乎要打那多嘴的小宝了;但终于只在地上鞭了一下,随手把桑梗折断,别转脸去对了灶门,不说话。

例(2)和例(3)引自张伯江(1991a),画线部分分属 A 式和 B 式,其中的"一毛钱"都属于张文所谓引出新信息的情况。但是,例(2)的 A 式用来结句,例(3)的 B 式引出的是伴随动作的话语。例(4)和例(5)的画线部分分属 A 式和 B 式,宾语"一条桑梗"和"一个纸片"也都是新信息,A 式后接 1 个小句,B 式后接 5 个小句。这两组例句的差别实际上反映出:A 式和 B 式的后续句的数量有所不同,而且这种区别在我们统计的语料中具有普遍意义。

表 5-1 后续分句数量和宾语音节数量的分组统计

	句式	频次	平均数	标准差
后续分句数量	A	41	1.5610	0.6726
	B	43	2.0930	1.2113
宾语音节数量	A	41	4.6098	2.0109
	B	43	4.4884	1.7508

我们统计的语料来自北京大学中文系开发的北大汉语语料库(BDCC)中现代和当代子目录。本研究提取和选定的语料全部都是"来"作复合趋向补语且宾语在 10 个音节以下的句子,宾语全部带有不定成分"一",如"摸出一毛钱来"。B 式中的"来"全部都是与"出"组合。此类例句数量很多,只需按检索结果的输出顺序(按表达式右边的字的音序排列)挑选。A 式中的"来"与"出"共现的句子数量不足,加进了与"起、进、回、过、上、下"等组合的句子。如果 A 式和 B 式所在分句的标点是句号、问号、冒号、感叹号等,它们的后续句子的数量则不好控制和统计。因此这里只统计 A 式和 B 式直接构成小句且小句标点为逗号的情况下,A 式和 B 式所带的后续小句的数量,后续小句计算到下一个句末点号为止。统计结果见表 5-1。

通过对 84 例带逗号的例句的统计分析,在两个句式所带宾语的音节数量没有显著性差异的情况下(经两独立样本的检验,t(82)=-2.952,双侧 p=.768),B式所带的分句数(2.093)跟 A 式(1.561)具有显著性差异(经两独立样本的检验,t(82)=-2.472,双侧 p=.016)。统计宾语的音节数量,是因为张伯江(1991a)发现,A 式有带多宾语的强烈倾向,同时强烈排斥较短宾语。

B式带的后续小句多,这意味着 B 式有较 A 式更强的话题启后性。这种话题启后性可能是"来"字的不同位置带来的一种选择,并需要进一步考察后续句主语类型的差别。

5.2.2 后续句主语类型的区别

先看例句:

(6)这时那个男人端上来一碗面条,上面浮着两个鸡蛋。接生婆确实饿了,她就将面条吃了下去,她感到面条鲜美无比。

(7)她从柴草中抓出一把雪亮的刀来,半张不理的,递给我,斜睨着狡猾的眼睛,命令道:"试试看,哪,你砍这棵树!"

(8)查票的人来了,建从洋服的小袋里掏出了四张来回票,同时还带出一张小纸头来,我捡起来,看见上面写着:"到杭州:第一大吃而特吃,大玩而特玩……"

例(6)中 A 式的后续句"上面浮着两个鸡蛋"的主语"上面"实际上是"这碗面条的上面",后续句主语的指称对象可以看作是与前句的宾语相同。例(7)中 B 式的后续句"半张不理的"的主语实际上是"她",后续句的省略主语可以看作是与前句的主语相同。例(8)中 B 式的后续句"我捡起来"的主语"我"既不同于前句的主语"建",也不同于前句的宾语"小纸头",属于不同于前两类的第三类"其他"。A 式和 B 式的后续句在这三类主语的分布上存在着明显的差异。表 5-2 是本项考察的统计结果。

表 5-2　句式与后续句主语类型(三分)的分布表

句式	后续句的主语类型			合计
	与前句主语相同	与前句宾语相同	其他	
A	32	15	21	68
B	63	8	15	86
合计	95	23	36	154

通过对 154 例的分析,A 式和 B 式的后续句的主语种类有非常明显的差别(Pearson 卡方检验,双侧 p=.004)。后续句的主语与前句主语相同的例句,B 式多于 A 式(分别占各自句式总数的 73% 和 47%)。如果把后续句的主语类型分为与前句主语相同和与前句主语不同,那么单侧检验 p=.001,足以证明 B 式后续句中与前句主语相同的情况明显高于 A 式(见表 5-3)。① 这反映出 B 式更多地用来引进对同一陈述对象的连续性陈述。后续句主语跟前句宾语相同的例句,A 式多于 B 式(分别占各自句式总数的 22% 和 9%),说明 A 式更多地用来引进新信息,后续句较多地用来对新信息加以陈述。这一结果支持张文的结论,并进一步说明了 A 式引进新信息的方式以及后续句说明新信息的方式。如果说,B 式有较强的话题启后性,倾向于延展同一话题;那么 A 式就有比较明显的话题转折性,倾向于引入新的话题。

表 5-3　句式与后续句主语类型(二分)的分布表

句式	后续句的主语类型		合计
	与前句主语相同	与前句主语不同	
A	32	36	68
B	63	23	86
合计	95	59	154

---

① 在判断两个样本是否存在显著性差异时,一般只需要考察双侧的概率值;如果要确定甲样本明显高于或低于乙样本时,则需要考察单侧的概率值。

5.2.3 后续句语义类型的区别

先看 B 式的例句:

(9) 第二日,我便要他捕鸟。他说:"这不能。须大雪下了才好。我们沙地上,下了雪,我<u>扫出一块空地来</u>,用短棒支起一个大竹匾,撒下秕谷,看鸟雀来吃时,我远远地将缚在棒上的绳子只一拉,那鸟雀就罩在竹匾下了……"

(10) 队长从军衣口袋里<u>掏出一支香烟来</u>,烟已经揉曲了,队长慢慢地把它弄直,吸着了,喷了一口,就对那"值日官"说道:"咱们破了这案子,您想来该得多少奖赏?"

(11) "这么着,"那人<u>掏出一块钱来</u>。"你自己爱买什么买什么,这块钱是你的!"

(12) 喝汤的声音,在他看来,是越响越好;顶好是<u>喝出一头汗来</u>,才算作脸。

(13) 她伸手去摸布囊的时候,小女儿<u>从囊中取出一条布带来</u>,如像漆黑了的一条革带。她把布囊套在颈上的时候,小女儿把布带投在路心去了。

例(9)中 B 式后接一连串的后续动作。例(10)中紧接 B 式的小句是描写句"烟已经揉曲了",但整个句子或小句复合体是以后续动作和言语动作为主,相对而言,第一个描写句只是一个穿插成分。例(11)的 B 式后面是伴随动作的言语行为。这三种情况这里都概括为后续句的语义类型为关联动作。例(12)和例(13)中 B 式后续句的语义分别为相关的说明和描写。语料显示:B 式后续句的语义类型以关联动作为主,也有的情况是非关联动作。

再看 A 式的例句:

(14) "同路同路。我们也到成都。"戴遮阳帽的生意人说。随即就递过来一支烟。长把儿的,黑暗中看不清牌子,抽起来有一股中药味儿,挺适口。

(15)有个黑脸膛的伯伯已经钓上来一条鲫瓜儿,正搁在他那个小铁桶里游呢……

(16)"老先生"不敢再问,而悟出来一点道理,偷偷地告诉了太太:"认命吧,谁叫咱们打不出日本人去呢?"

例(14)中A式的后续句为连续的描写句,例(15)中A式的后续句是对"鲫瓜儿"的说明,例(16)中A式的后续句则是关联的动作行为和言语行为。语料显示:A式后续句的语义类型以非关联动作为主,也有的情况是关联动作。请看表5-4的统计结果:

表5-4 句式与后续句语义类型的分布表

句式	后续句的语义类型		合计
	关联动作	非关联动作	
A	26	42	68
B	49	37	86
合计	75	79	154

通过对154例的分析,A式和B式后续句的语义种类有显著性差别(Pearson卡方检验,单侧 $p=.016$)。后续句为关联动作的句子,B式显著多于A式(分别占各自句式总数的57%和38%)。这说明B式多用来引发后文的关联动作,A式多用来引发后文的描写和说明。由于两者的区别只是倾向性的,所以该结果支持Kimura(1984)的部分观点,即"V-O-来/去"侧重点在于一个事件的进行过程上,"V来/去-O"适合于描绘动作完成后所带来的某种静止状态。该结果不支持Kimura(1984)的另一观点,即"V-O-来/去"所表示的行为是在说话环境本身内部完成的,"V来/去-O"所体现的行为是在说话环境形成之前完成的。实际语料也不支持把A式与B式分别命名为动作貌和

结果貌,因为如此命名无法解释两者交叉的部分语料,两者在时间指称方面的差别并不是十分明显。

5.3　现时相关性与"来"的位置

5.3.1　汉语体标记的两种位置及其功能区别

语言学界普遍认为,观察体貌的表现形式,可以从三个方面入手,一是形态变化,二是词汇形式,三是方位结构(Payne 1997)。如果以这样广泛的视角看待体貌的话,我们则既应关注"了"这样的词尾形式、"正在、已经、曾经"这样的时间副词形式,[①]也应关注趋向动词形式。

进一步的问题是,体貌标记是否仅限于动词后的附着形式呢? Li, Thompson & Thompson (1982)回答了这个问题。文章指出,乍一看,"体"一般在语法上被看成"动词"的范畴,这看起来无法把句尾"了"作为一种体标记,因为句尾"了"很清楚是一个句末的助词,而不是动词的助词。另一方面,如果我们对体这种功能范畴的普遍性采取一种"丛"(cluster)的观点,把句尾"了"当作"完成体"(perfect)的体现成分就有了充分的理由。根据普遍语法中语法范畴"丛"的概念,在跨语言的范围内,一个范畴的语法表现不需要任何单纯的一套语义参数,相反,要确定某一个语言中的一个结构或语素是否是某一语法范畴的表现形式时,起决定作用的是某些"核心"意义的表现方式,这些核心意义是这一语法范畴的典型的"语义参数"。文章认为,汉语句尾"了"的基本交际功能就是表达一种现时相关状态(currently relevant state,CRS),即

[①] "正在、已经、曾经"这三个时间副词显然具有体貌表达功能。在本书提出的四层级系统及相关章节中,已经把"正在"及同一位置上的"在、正"作为进行体的标记,而没有把"已经、曾经"列为完成体的标记,这是因为词尾"过"和句尾"了"具有更强的代表性。

表明一个情状跟某个特定的"参照时间"在当前具有特定的联系。这里的"当前"或"现时"一般指言语情景。如果在会话中出现了除言语时间以外的另一个"参照时间",那么带有"了"的句子所作的陈述就是跟这个特定的参照时间相关。"相关"表明句子所表达的某种情状,对说者和听者来说是"相关的",而且说话者假设听者能够从语境中推断出这种相关的方式;在叙述文中"了"的使用完全类似会话中的使用,"了"是把情状带进叙述正在发生的时间里,区别只在于参照点是叙述时间而不是言谈时间,比如,"那时,我正怀着老二已经八个月了。"

刘勋宁(1985,1988,1990)通过对汉语词尾"了"和句尾"了"的深入研究在相当程度上解释了句尾"了"为什么具有 Li, Thompson & Thompson (1982)所说的"现时相关状态"。刘勋宁(1990)提出,现代汉语句尾语气词"了"来源于近代汉语的句尾"了也"。"也"作为语气词,在近代白话中出现范围相当广,在叙述句中传达"申明"的语气。两个"了"虽然都与"事实"有关,但词尾"了"只在句子结构内部起作用,它表明谓词本身的一种情状。而句尾"了"不同,它加在整个谓语上面,表明一个事件所处的状态。另外,作为语气词,它联系着交际双方的关系,表明对听话人来说,这是一个新的信息、新的情况。

综合 Li, Thompson & Thompson (1982)和刘勋宁的系列研究,可以得出一个结论:作用于小句核心动词的体标记倾向于表达事件本身的客观的时体意义,作用于全句的体标记倾向于表达说话人的主观态度。由这个认识,笔者得出一个推论:本章考察的 A 式和 B 式中的"来"也具有某种不同的时体意义,A 式中的"来"(以下简称"来$_1$")位于小句核心动词之后,倾向于表达事件客观的结果意义;B 式中的"来"(以下简称"来$_2$")位于小句之后,倾向于表达说话人的主观态度。这种主观态度就是 Li, Thompson & Thompson (1982)所说的"现时相关状态",当然,B 式中的"来"所表现的现时相关状态与句尾"了"有所不同。

5.3.2 后续句三种区别的意义

回过头来再看本章第二部分的考察结果。

A 式和 B 式后续分句数量的区别说明：A 式后续句数量少，多用于陈述事件客观的结果。B 式后续句多，说明 B 式所陈述的事件在当时的言语环境中对听话人和上下文具有较强的相关性，从而引起相应的连锁反应。这使得 B 式具有较强的话题启后性，并在形式上由"来$_2$"来表现和强化。"来$_2$"与连接行为和行为目的的结构助词"来"应该具有内在联系，都具有明显的"承上启下"的关联作用。比如"来"在例（17a）中为结构助词，但在例（17b）中则成了 B 式的"来$_2$"。

(17) a. 我记得在这回北平沦陷期间，日本人及其同侪曾再三提出火烧圆明园这一案，来唤起我们对大英帝国的敌忾。

b. 我记得在这回北平沦陷期间，日本人及其同侪曾再三提出火烧圆明园这一案来，唤起我们对大英帝国的敌忾。

A 式和 B 式后续句主语类型的区别说明：A 式的后续句较多地转换叙述的主语或话题，说明该句式本身具有比较强的终结性和自足性。① B 式的后续句较多地维持与前句相同的主语或话题，说明该句式本身具有相对较弱的终结性和自足性，与后续句保持比较紧密的联系。统计显示，B 式中还有 27% 与后续主语不同，如何解释这种例外呢？我们知道，在一个现实的以叙述为主的语篇中，有的句子反映事件的序列和进程，有的则是反映事件对相关人物的影响。后续句主语类型的一致性较多地反映了 B 式或"来$_2$"与事件进程的密切联系，如例（9）。后续主语的不一致则较多地体现为该句式所表现的事件对其言

---

① 此处终结性的观点是张旺熹教授在同笔者的讨论中提出的。

语情境中其他人的影响,如例(18)中"他"的一个不经意的动作却引起了"我"的一阵悲惨。

(18)他一边看着我,一边从袋里<u>摸出一盒"大长城"来</u>。不知道为什么我觉得一阵悲惨。

A式和B式后续句语义类型的区别说明:A式的后续句较多的是非关联动作,反过来说明A式本身所反映的多是具有终结性的事件,后续句多是对这一事件作补充性的说明与描写。B式的后续句多为关联动作,说明B式本身多表现的是一系列连贯动作的起始部分,后续句为紧接而来的后续动作或由此引起的相关动作。连贯动作之间的相关性客观上通常高于动作与说明之间的相关性。例(10)和(14)典型地反映了这种区别,读者可以回过头去体会。同样道理,B式后续句也有一部分(43%)标注为非关联动作,它们同样表现出具有明显主观性的相关。比如下列例句(19—21)中,B式后续句都是直接对前一分句进行评述或解释。

(19)这么一想,他心中给自己另<u>画出一条路来</u>,在这条路上的祥子,与以前他所希望的完全不同了。

(20)小崔的绿脸上<u>泛出一点活气儿来</u>,几乎可以当作笑意;头微微地点着,又要往横下里摇着;很想同情于老五,而决不肯这么轻易地失去自己的圆滑。

(21)在和她玩的时候,他不能不偶尔<u>拿出一点热情来</u>,他不能像握着块木头似的去握她的手,也不能像喝茶时候拿嘴唇碰茶杯似的去吻她。不,他总得把这些作得像个样子。

可见,现时相关状态不仅可以较好地解释上述三项考察中符合倾向性规律的现象,而且还可以在一定程度上解释那些不符合倾向性规律的现象。上述符合倾向性的用法是句式B的无标记用法,不符合倾向性的用法则是有标记的用法。可以推测,句式B的有标记用法是其无标记用法的引申和发展。比较而言,有标记的用法更加灵活,更接近完成体的常规用法。Givón(2001:330)就指出,英语的完成体跟一般过去时相比,是用来表示事件进程之外的内容(off-sequence)而不是事件本身的进程(in-sequence),是表现事件跟言语行为之间的相关(speech-anchored)而不是事件跟事件之间的相关(event-anchored)。

5.3.3 现时相关性与汉语完成体的语法化

Li,Thompson & Thompson(1982)所说的"现时相关状态"与时体研究的文献中广泛讨论的现时相关性(current relevance,CR)相似,有必要稍加梳理。

Dahl & Hedin(2000:391)指出:现时相关性的概念常常是在讨论完成体(perfect)的意义时被涉及,时常被定义为"一件过去发生的事件持续到现在"。但是,现在一般认为,如果只是基于这一狭义的含义,就无法对完成体进行普遍性的描写。Dahl & Hedin(2000)还认为,如果我们把现实相关性看作一个等级化的概念,比如结果的持续性标准只是若干定义中最强的一个,那么就可以对整个时体范畴和时间指称获得更好的理解。进而言之,完成体的进一步语法化的过程就可以部分地看作是对现时相关性的要求逐渐淡化的结果。此前,Bybee,Perkins & Pagliuca(1994)考察了 76 种不同类型的语言时体标记的词汇来源,构拟了一条从词汇成分到屈折或派生词缀的语法化路径。他们发现,"是、有"之类的助动词,表示结束或方向移动含义的动词,它们构成了表结果或表完结的成分的主要词汇来源。表结果或表完结的成分又进一步发展成为表完成体。后者再进一步发展成完整体(perfective)标记或过去时标记。Lindstedt(2000:379)通过对欧洲语言完成体范畴语法化路径的考察,得到了一个更为明确的结论:现时相关性不仅仅是一个功能范畴,而且也是一个交叉点(junction):具有不同源头的语法化路径,如结果性成分、完结性成分在此汇聚,然后从这里又进一步通向经历体(不定过去时)、完整体的过去时、一般过去时,乃至于间接传信成分(indirective)。每一个特定的语法形式都只是这一交叉点的一个过客,或在结果性成分中留下它的遗迹,或继续获取新的体貌、时制或传信方面的意义。

Dahl & Hedin(2000)在文章中承认,他们对现时相关性的理解与Li, Thompson & Thompson (1982)所说的"现时相关状态"相近。因此,本书也采用"现时相关性"的术语,并把现时相关性看作一个连续性的概念。本章的研究表明,不独句尾"了"具有该属性,汉语中类似于完成体的其他形式如"来$_2$"也具有不同性质或程度的现时相关性。现时相关性本质上是人们在反映客观的时间指称的同时附加的主观信息。可以说,这种主观性(subjectivity)是决定不同语言体貌表现手段差异性的原因之一,也正是这种主观性决定了体貌问题以及现时相关性本身的研究难度。

基于以上认识,本章的考察支持Bybee等关于完成体(perfect)语法化的研究成果,同时也支持Kimura关于"词序的变化在汉语中构成一种区别不同体貌的重要装置"的观点。汉语的许多完成体形式来源于表完结意义或结果意义的词,完结与结果意义跟完成体意义的主要区别就在于是否具有明显的现时相关性。就汉语而言,宾语后面或句子末尾通常是语气词所在的位置。语气词的使用关涉到对话双方的关系和说话人对所涉及事物的主观态度(刘勋宁 1990),因此,句尾位置上的某些虚化成分具有较高的现时相关性就显得非常自然。更有意味的是,许多完成体标记,如"了",从句尾位置发展到句中动词后的位置上的时候,现时相关性就减弱了。只有到这一步,"了"才被看作真正的完整体(perfective)标记。汉语"了"的位置变化和体貌地位的变化已经成为体貌类型研究和语法化研究的一个经典例证。在笔者看来,如

果从"来"的不同意义在共时系统中的分布来看,"来"的演变过程更为精美:①

第一步:"来"作为实义动词,具有内在的终结点,行为的方向朝向参照点,动作有内在的过程,属于结束情状(accomplishment)。例如:他正在来北京的路上。

第二步:"来"作为简单趋向补语,表结果意义,使得整个动补结构具有达成情状(achievement)的特征,动作的结果被显现,动作的过程被淡化。例如:他买来了水果。

第三步:"来"作为复合趋向补语的第二成分,位于宾语之前。结果意义主要由第一成分承担,"来"的结果意义淡化,方向意义增强。例如:他买回来一些水果|他买回去一些水果|他买回一些水果。

第四步:"来"作为复合趋向补语的第二成分,位于宾语之后。结果意义主要由第一成分承担,"来"所表现的现时相关性增强,具备完成体的部分功能。例如:她拿出一份文件来,叫他签字。

第五步:"来"独居句尾,表示某种过去发生的,但与现在具有某种联系的事件。例如:这话我多会儿说来?

第六步:"来"再次出现在动词后面,现时相关性减弱,性质接近完整体。例如:师曰:有来多少时?(《祖堂集·卷四·招提和尚》)

只要排除术语的迷惑,上述步骤就不仅可以从汉语历时研究中找到比较明确的印证,而且还可能解决历时研究中的一个困惑。如蒋冀骋、吴福祥(1997)指出,句尾的事态助词"来"产生于唐代前期,如例(22);大约是在中晚唐,"来"由表示动作实现并有结果最终虚化为表示

---

① 动词前的"来"也同样有一个虚化的过程。"你来看我"和"我来回答这个问题"两例中,前者的"来"具有位移性,后者的"来"不具有位移性,仅仅反映说话人的主观意志和愿望(辛承姬 2000),有点类似英语的 be going to 结构(张伯江 2000)。可见,动词前后的"来"具有不同的演变方向。

动作实现或完成的动态助词。如例(23)至(26)。然而,蒋冀骋、吴福祥(1997:545)指出,事态助词"来"的产生过程,目前还无法作出圆满的解释。不过,我们猜测,它的来源可能与动态助词"来"有关。当表示完成或实现的"来"(动态助词)用于"曾然"的语境,并居于句尾时,它就变成了"曾然"态的时态助词。

在笔者看来,汉语的历时语言材料恰恰说明了动态助词"来"(即完整体,perfective)来源于事态助词"来"(即完成体,perfect),并与其他语言体范畴的语法化道路基本一致。而且在唐代的语料中,即使是在句中的一些"来"也还不一定就是完整体的"来"而是完结体的"来",如例(23)的"赋来"、"老去"相对,例(24)的"抛来"和"忘却"相对,意义还比较实在。① 比较而言,《敦煌变文集》的两例,特别是例(26)中"已早死来三年"中的"来"的功能非常接近词尾"了",是比较成熟的完整体标记。

(22)无风自偃君知否,西子裙裾曾拂来。(刘禹锡《忆春草》,《全唐诗》4003页)

(23)赋来诗句无闲语,老去官班未在朝。(张籍《赠王秘书》,《全唐诗》4334页)

(24)生计抛来诗是业,家园忘却酒为乡。(白居易《送萧处士游黔南》,《全唐诗》4921页)

(25)还讲道来数朝,施利若无大段。(《敦煌变文集》670页)

(26)村人曰:"其女适与刘元祥为妻,已早死来三年。"(同上,876页)

在"来"的语法化过程中现时相关性由弱至强,再由强至弱,由此带来的主观化(subjectivisation)的非单向性的问题,在其他语言中也有

---

① 完结体的讨论详见第4章,吴福祥(1998)称为"动相补语"。

少数例证,并都出现在语法化的晚期(Traugott 1995)。

上述语法化步骤即便是到了第五步、第六步,也还有更加丰富多彩的变化,在这一连续性的变化过程中还可以勾画出一些更为精细的发展阶段(参见刘丹青 1996a)。一个好的汉语共时体貌系统也应该能精确地反映体貌成分历时的变化。从这个意义上讲,本章对不同位置"来"的微观研究应该有助于汉语体貌系统的构建和完善。

5.4 小结

本章在前贤的研究基础上,运用语料库和统计分析,发现汉语复合趋向补语中的"来"与宾语的不同位置关系还表现出现时相关性的不同。跟宾语前的"来"相比,宾语后的"来"具有明显的话题启后性,其后续句在小句数量、主语类型和语义类型方面有显著性不同。与此同时,语序的前后变化也反映了"来"的性质的变化,由作用小句核心动词的体貌成分发展成为作用于全句的体貌成分,由侧重表达事件客观意义变为侧重表达说话人的主观态度,由表结果的成分发展成为具有部分完成体意义和功能的成分。①

本章在运用现时相关性来解释复合趋向补语中"来"的不同位置时,也对现时相关性这一概念本身有所发展。首先在汉语研究中,不再把现时相关性作为句尾"了"专有的功能,而是作为完成体的一个语义参项,并注意考察不同的完成体标记所具有的不同性质的现时相关性。

---

① 匿名专家意见认为,"拿出一毛钱来"中的"来"根本不是完成体,也不存在现时相关性。且"拿酒来"可以用于祈使句。笔者的本意是,"拿出一毛钱来"较"拿出来一毛钱"有所不同,这种不同是与现时相关性有关的,正如文中的三项统计所显示的那样,更接近于完成体的用法。完成体的另一个要素是表示过去时间,本章没有进行这方面的定量统计,但可以肯定实际用例绝大部分是表示过去时间的,因此说,这种用法的"来"具备部分完成体的功能是可以成立的。而"拿酒来"与本文讨论的"拿出一毛钱来"还是有区别的,因此本书的结论仅限于复合趋向补语带数量宾语的用例。

就本章的"来₂"而言,是以表现事件之间的相关为主,以表现事件跟言语行为之间的相关为辅,其现时相关性的程度相对来说比较低,主观性也很低,因而比较隐晦。

第 6 章 "来着"的发展与主观化 *

6.1 引言

"来着"是北京话中很有特点的一个助词,①宋玉柱(1981)、张谊生(2000a)把"来着"分为两个:"来着₁"和"来着₂"。"来着₁"是时间助词或时制助词,表过去时间,如例(1)。"来着₂"表过去时间的作用不明显,是语气词,表委婉语气,如例(2)。

(1) 他刚才还在这儿来着,怎么一转眼就不见了。(转引自宋玉柱 1981)

(2) 今儿个是什么日子来着?(同上)

"来着"一词很早就引起了人们的关注,并取得了较为丰富的研究成果。根据笔者掌握的文献来看,现有的研究还存在以下几个方面的问题:

第一,对"来着"的时体性质表述不一。赵元任(1926)曾把"来着"分为两种:一个是"近延长",有点像英文的"have been ... ing",或"was ... ing",如"你干吗来着?—— 我睡觉来着。"一个是"近过去",这种口气在

---

* 本章 6.1—6.4 的主要内容以"'来着'的发展与主观化"为题发表于《中国语文》2005 年第 4 期。6.5 的主要内容以"'来着'补论"为题发表于《汉语学习》2006 年第 1 期。

① 周一民(1998)指出,在北京话里,"来着"有两个变体"来的、依的"。笔者询问多位北京人,均不知道有"依的"一说。

英文里就用简单的过去,如"我昨日出城来着。"太田辰夫(1947b)认为,"来着"的根本功能是表说话时间以前的持续。Iljic(1983)认为,"来着"表已然的未完整体,特别表示事件与说话时间的间断。宋玉柱(1981)、张谊生(2000a)把"来着$_1$"看作时(tense)的标记。朱德熙(1982:209)把"来着"看作是表时态的语气词。而更多的学者倾向把它看作体的标记。王力(1957)称之为"近过去貌"(recent aspect)。龚千炎(1995:87)称之为"近经历时态"。He(1998)认为,"来着"标记最近的过去时间里进行的动作,像是近过去的进行体的标记。He 根据 Comrie(1976)把"来着"定性为"Perfect Imperfective of Recent Past"。Wu(2000)认为,句尾"了"、"来/来着"、词尾"过"都可以称为"完成体"(perfect)标记,但是它们的功能仍有差别。"来/来着"表示情状在说话时间的非连续性,强调过去的特定动作。即使称之为完成体的学者,对北京话这一特有标记的时间指称性质仍缺乏细致而系统的研究。

第二,对"来着"的语用功能语焉不详。Sun(1995)指出,"来着"是一个现时相关状态(currently relevant state)的标记,He(1998)指出,"来着"也像"过"一样,用来询问或提供解释。张谊生(2000a)指出,"来着"强调过去的情况对现在的影响。但是到底"来着"表示怎样的现时相关性(current relevance),对此却缺乏更深入的分析。

第三,现有研究对"来着"的句法分布进行了比较多的研究。太田辰夫(1947b)提出"来着$_2$"的意义跟谓词的状态性质有关。吕叔湘主编(1980)认为有"来着"的句子不能带"了、过"。Iljic(1983)的调查发现有"来着"的句子可以带"过",并对"来着"没有否定形式的现象从话语功能的角度进行了解释。

现有研究对"来着"句法规则的描写虽然相当细致,但仍然存在许多例外。比如,在清代的材料中,"来着"可以带"了",可以有否定形式。这些例外都还需要从发展的角度作出合理的解释。

第四,对"来着"的语法化过程缺乏清楚的认识。Sun(1995)探讨了"来着"的起源,发现"来"和"着"在《老乞大谚解》中首次并列使用,仅出现在祈使句中;不过,这里的"来"仍为趋向动词或趋向补语,"着"为现时相关状态的标记。如例(3):

(3)大片儿切着,炒将来着。(《老乞大谚解》)

Sun 认为,"来"与"着"的同现使得早期官话的说话人有可能把表趋向的"来"重新分析为唐宋以来表过去经历的"来"。笔者认为,如果"来着"是汉语"来"加"着"自身语法化的结果,那么,在其后数百年内,应该留下明显的痕迹。而事实上,我们在明末清初的许多文献里难以找到它的发展脉络。祖生利(2000)还指出,古本《老乞大》中所有句尾的"着"均为"者"。这一证据令人更加怀疑 Sun(1995)的观点。由于缺乏直接证据,目前从汉语内部很难对"来着"的起源作出有说服力的分析。

现有文献对"来着$_1$"和"来着$_2$"的发展顺序也缺乏一致的看法。比如,到底是"来着$_2$"因为"来着$_1$"在使用过程中搭配领域逐渐扩大、时间因素逐渐淡化而分化的呢?还是"来着"形成之初本来就可以表示语气的,只是在此后的发展中时制用法逐渐占了优势,使得一般人都认为"来着"是一个时制助词的"来着$_1$"呢?张谊生(2000a:67)指出,"根据后一种假设可能更接近于语言事实",并指出,《金瓶梅》中的"来着"不表过去时间。如例(4):

(4)月娘道:"你到明日请他来走走。"王姑子道:"我知道。等我替你老人家讨了这符药来着。止是这一件儿难寻,这里没寻处。怎般如此,你不如把前头这孩子的房儿,借情跑出来使了罢。"(《金瓶梅》40回)

仔细分析,发现其中"来着"中的"来"仍是趋向补语,"着"的意义相当于"再说",该意义仍有保留,但跟现代的"来着"不是同一性质的语言单位。①

基于以上考虑,本章在检索大量明清小说的基础上,重点比较《红楼梦》、《儿女英雄传》以及北大汉语语料库(BDCC)现代语料和当代语料中"来着"的全部用例,考察"来着"时间指称意义的发展、现时相关性的发展,试图从语法化和主观化的角度对"来着"的历时变化和共时变异作出解释。之所以考察"来着"小句的时间指称和现时相关性,是因为孤立地判断单个虚词的时间指称有相当的不确定性;而且我们相信,判断某个词语的语义或语用功能,最好的办法是考察其实际用法和使用环境。在类型学研究中,情状发生在参照点之前与具有现时相关性是完成体范畴基本的意义要素(Bybee, Perkins & Pagliuca 1994),因此本文从这两个角度分析"来着"的发展过程,也有利于从微观上深入认识完成体乃至整个时体范畴的语法化过程。本章还根据满汉对照的文献探讨满语对"来着"的影响。有关语法化②和主观化的论述参阅 Hopper & Traugott(1993)、Stein & Wright (1995)及沈家煊(1994, 2001)。

6.2 "来着"时间指称意义的发展

6.2.1 时间指称意义的考察内容

对"来着"时间指称意义的考察主要关注如下几个方面:

(一)"来着"所在分句所表示的情状是发生在过去、现在还是将来?

---

① 参见杨永龙(2002)。
② 语法化是指词或短语由于在某些受到高度限制的语境中频繁使用而被重新分析为具备句法和形态功能的成分,以及已经语法化的成分继续发展出新的语法功能的过程(Traugott 1995:32)。本书所讨论的"来着"不表过去时间用法的发展是后一种意义上的语法化。

这是根据情状发生时间与叙述该事件的说话时间之间的相对关系来确定的。比如:例(5)中,"来着"所在小句都是引述发生在假设的将来时间的话语,但情状本身仍发生在说这些话语之前,仍视为发生在过去时间。

(5)今天早去,看他还叨唠什么! 喝! 已经十点了,快走吧! 等等,移两盆花,搬到铺子去,多好! 他要是说我晚了,我有的说,我移花儿<u>来着</u>。(现代语料)

这里的现在时间除了特定的现在时间之外,还包括具有泛时性的一般现在时间。例如,"你老家是什么地方来着?"句中动词为典型的状态情状,其基本属性不随时间的改变而改变。

由于汉语的时制没有明显的形态标记,有些例句时间指称的确定有些困难。例如:

(6)太太听了骂道:"这小蹄子! 偏说我今儿肯花钱,我哪天不肯花钱<u>来着</u>?"(《曹雪芹》,引自宋玉柱1981)

(7)"你忙什么! 你睁着眼看,见姑娘洗脸,你不出去伺候着,先说话来。二奶奶跟前你也这么没眼色<u>来着</u>? ……"(《红楼梦》55回)

宋玉柱(1981)认为,例(6)中的"来着"表过去时间的作用不明显。笔者认为,该例中"哪天"与"今天"对举,还是可以表过去时间。只是在该例中"哪天"用在反问句中,实际上是起泛指作用,因而也可以有一般现在时的理解。又如例(7)中的"二奶奶跟前你也这么没眼色"实际上表述的是惯常性的行为,具有不受特定时间制约的属性。对此类情状Smith(1991)也视为一种特殊的状态情状。由此可见,事件的状态属性以及汉语时制表达的非形态化是决定该类事件时间指称难以断定的原因。为方便起见,这里把此类现象的时间指称标注为"过去现在两可"。

(二)事件是发生在过去的特定事件还是非特定的事件? 根据 Wu(2000),特定事件是涉及特定的指称对象的情景,而排除类指的对象和重复的动作。

(三)事件是发生在最近的过去还是非最近的过去？这主要根据"刚才、昨天、前日、方才/刚才"等时间词语来确定。

6.2.2 《红楼梦》中"来着"的时间指称

《红楼梦》中检索到24例有效的"来着"用例。① 在24例中有22例是明确地表示过去发生的已然事件，只有2例为"过去现在两可"。后者既可以理解为过去时间，可以加上表过去的时间词语"此前"等，也可以理解为现在时间。其中例(8)可以是特定的现在时间，而例(9)可以是不确定的现在时间，类似于一般现在时间，表示的是非特定的事件。没有一例是完全不能按过去时间理解的。

(8)凤姐道："好的时候好像空中有人说了几句话似的，却不记得说什么<u>来着</u>。"(81回)

(9)贾母道："就忙到这一时，等他家去，你问多少问不得？那(哪)一遭儿你这么小心<u>来着</u>！……"(47回)

在22例表过去时间的用例中表非特定事件的只有2例，即例(10)(11)，其余全部都是特定事件。这22例中带有过去时间词语的有14例，其中包含"刚才、前儿、昨日、这两日"等表示最近时间的7例，"刚才"只有1例，即例(12)。

(10)话说金桂听了，……拍着掌冷笑道："菱角花谁闻见香<u>来着</u>？若说菱角香了，正经那些香花放在那里？可是不通之极！"

---

① 北大语料库的《红楼梦》是依照多个版本录入的,本章例句均参校人民文学出版社1996年的版本。根据北大语料库,《红楼梦》前80回仅检得6例"来着",后40回却检得18例"来着"。这种反常比例有两点可能:1)曹雪芹生于南京,14岁或15岁回北京(见人民文学出版社1996年的《前言》),其语言受南方官话影响,故少用"来着"。2)高鹗,汉军镶黄旗人,续写《红楼梦》的年代要比原作晚40年左右,可能较少受到南方官话的影响,故多用"来着"。

(80回)

(11)凤姐道:"好的时候好像空中有人说了几句话似的,却不记得说什么<u>来着</u>。"(81回)

(12)贾母道:"我刚才听见你叔叔说你对的好对子,师父夸你<u>来着</u>。"(88回)

6.2.3 《儿女英雄传》中"来着"的时间指称

从《儿女英雄传》中检索到39个"来着"的用例,①其中只能按过去时间理解的有38例,另有1例为"过去现在两可",见例(13),该例一般理解为非特定事件。没有一例是必须按现在时间理解的。39例中共有7例表示的是非特定事件,例(14)是过去时间的非特定事件。表最近过去时间的有8例,其中"方才"3例,如例(15)。

(13)张金凤笑道:"我到你家你怎么服侍我<u>来着</u>呢?"(25回)

(14)这公婆自然就同父母一样,你见谁提起爸爸、奶奶来也害羞<u>来着</u>?(14回)

(15)你方才怎么劝我<u>来着</u>?(18回)

6.2.4 现代语料中"来着"的时间指称

从现代语料中检索到110例"来着"的例证,其中必须按过去时间理解的有89例。另有21例中的11例为"过去现在两可",如例(16);10例完全不能按过去时间理解,只能按现在时间理解,如例(17)。这21例中表非特定事件的有17例,下面两个例句都是表非特定事件:

(16)我对谁都想对得起,可是谁又对得起我<u>来着</u>!我并不想

---

① 《儿女英雄传》中"来着"例句的检索参照了龚千炎先生所编《儿女英雄传虚词例汇》(语文出版社,1994年),并参校人民文学出版社1983年出版的松颐校注本。

唠里唠叨地发牢骚,不过我愿把事情都摆平了,谁是谁非,让大家看。

(17)你的朋友叫什么来着?

在89例专表过去时间的用例中,带时间词语的36例,其中表最近过去的有13例,带"刚才"的3例。89例中,表非特定事件的有13例。例证从略。

6.2.5 当代语料中"来着"的时间指称

从当代语料中检索到105例"来着",其中只能按过去时间理解的有80例。"过去现在两可"的只有3例,如例(18)。只能按现在时间理解的有22例,如例(19)。

(18)"对这种人咱们一般怎么处理来着?"我指着董延平问小齐。"看瓜呀。"小齐一声喊,一帮人蜂拥而上,把董延平七手八脚按在地上。

(19)李缅宁……偏过头斜眼问:"你是哪厂的来着?""麻纺厂。""噢,织麻袋的。"

在80例表过去时间的用例中表非特定事件的有17例,其余全部都是特定事件。在另外25例表现在时间或有过去或现在两可理解的句子中,21例是非特定事件。例证从略。

在80例表过去时间的用例中带有过去时间词语的有42例,包含"刚才、昨日、这两天"等表示最近时间的25例,其中"刚才"就有13例。

6.2.6 "来着"时间指称的发展与主观化

以上考察可以归总为表6-1至表6-3。从表1可以看出,从《红楼梦》到当代,"来着"用于过去时间的比例相对减少并接近显著水平(从92%到76%,p=.074,p值小于0.05为差异显著,p值小于0.01为非常显著,下同;为方便比较,本章 p 值均为单侧值),用于现在时间的从无到有。这一变化的桥梁是某些用例可以有过去和现在两种理解。这一现象符合语法化的一般通例。

表 6-1 不同时期"来着"的时间指称

历时语料	过去时间		过去现在两可		现在时间		合计
	频次	百分比	频次	百分比	频次	百分比	
红楼梦	22	92%	2	8%			24
儿女英雄传	38	97%	1	3%			39
现代语料	89	81%	12	11%	9	8%	110
当代语料	80	76%	3	3%	22	21%	105

注:百分比为频次与同一时期用例总数之比,下同。

据表 6-2,从《红楼梦》到当代,"来着"表非特定事件的用例逐渐增多,而且从比例上看,超过同期表现在时间与过去现在两可时间所占比例之和。①仔细分析后发现,表非特定事件的用法很可能是"来着"两可时间或现在时间用法的先兆。在现在之前多次或常常发生的事件作为一种惯常行为很可能延伸到现在或将来,从而成为一种一般的状态。随着"来着"的适用对象从过去特定事件扩展到非特定事件和惯常性事件,最后延展到典型的状态,"来着"自身的时间指称性质也逐渐发生了重要的变化。

---

① He(1998:104)认为,"来着"不能与表不确定时段的时间词语"曾经、以前、从前、过去"同现。其实也不是绝对不能。而且与这些词语共现时,"来着"很难理解为近过去的进行体。例如:

就拿唱大鼓的宝庆和他闺女那档子事来说,陶副官当初还真是想帮忙来着。不是吗,都是北方人,乡里乡亲的,总得拉上一把。不过,在见王太太以前,他并没有给宝庆和秀莲出过主意,教他们怎样避祸。(现代语料)

可有的时候,又一反常态,唱起来干巴巴,像鹦鹉学舌,毫无感情,记得她早先就是这么唱来着。她为什么这么反复无常?像鹦鹉学舌的时候,准保是跟情人吵了架了。(现代语料)

表 6-2 不同时期"来着"所表示的非特定事件

历时语料	过去时间		现在及过去现在两可		合计	
	频次	百分比	频次	百分比	频次	百分比
红楼梦	2	8%	2	8%	4	16%
儿女英雄传	6	15%	1	3%	7	18%
现代	13	12%	17	15%	30	27%
当代	17	16%	21	20%	38	36%

据表 6-3,从现代到当代,最近过去时间的用例增加 1 倍(从 12%到 24%,p=.016,接近于非常显著),尤其是"刚才"的用例更是猛增 3 倍(从 3%到 12%,p=.004,非常显著)。不过,四种语料中,《红楼梦》中近过去的比例最高,《儿女英雄传》也高于现代语料的比例,从而造成两头大中间小的不理想格局。① 造成这种格局的原因可能有二:一是由于现代与当代语料中分别增加了 8%与 21%的现在时间用例(见表 6-1),从而导致最近过去的用例在总用例中的比例下降;第二,本文对语料的统计采用百分数,若进行差异显著性检验,《红楼梦》中的 29%与《儿女英雄传》中的 21%并不存在差异显著性(p=.313)。

表 6-3 不同时期"来着"所表示的最近过去时间

历时语料	最近过去时间		刚才/方才	
	频次	百分比	频次	百分比
红楼梦	7	29%	1	4%
儿女英雄传	8	21%	3	8%
现代	13	12%	3	3%
当代	25	24%	13	12%

---

① 这一点是本章发表时由《中国语文》编辑部的审稿意见指出的,随后的论证由此引发。

为了进一步探讨"来着"最近过去时间用法的发展,笔者统计了《清文启蒙》第二卷《兼满汉语满洲套话》(1730)中的 23 例"来着"用例,① 仅发现 1 例最近过去时间的用法(例 20),占 4%,明显低于该用法在《红楼梦》中 29%的比例(p=.028)。

(20) 昨日你往那(哪)里去来着,我使了人去请你,你的家人说没在家往别处去了。(5a)②

该例中的时间词语是"昨日",而不是"方才/刚才",而一般认为带有"方才/刚才"的小句才是比较典型的最近过去的用法。总的看来,"来着"表最近过去时间的用法在清代逐渐发展,并在当代得到了进一步的凸显。

从历时的角度来看,主观化是一种语义—语用的演变,即"意义变得越来越依赖于说话人对命题内容的主观信念和态度"。(Traugott 1995:31)"来着"小句时间指称的发展有两点与主观化相关:

第一,"来着"小句由表过去时间到不表过去时间,这说明"来着"的时间指称功能在减弱。不指称过去时间的"来着"因获得比较专门的语用功能而被称为语气词。太田辰夫(1947,1958)认为,这一发展过程是从叙实功能"退化"为非叙实功能,柯理思(2003)进一步将其概括为[时间范畴>情态范畴]的语法化模式,并伴随着主观化的过程。

第二,"来着"小句在指称过去时间方面,越来越突出最近的过去,"刚才/方才"与"来着"的配用已经成为"来着"的典型用法之一。上述最近过去的确定是根据相对客观的时间标准。也有学者认为最近过去的确定完全基于说话人的主观认识,可见"来着"即使在表示客观的时间方面也越来越主观化。王力(1943)曾明确地指出,"所谓的'近',是

---

① 笔者翻检的《清文启蒙》为北京大学图书馆所藏的咸丰年间的四卷本。
② 数字表示页码,a 和 b 分别表示正反页。

什么时候才算近呢？这完全是凭说话人的心理而定的。""甚至很远的事情也可以说'来着'，只要说话人觉得近就行了。"不过，在"当初你父亲是怎么教训你来着？"之类的例句中，说话人恰恰是要把过去的教训与眼前的不良行为构成鲜明的对比，从而产生一种历历在目的效果。这种语用效果正是下文讨论的各种现时相关性的一种表现。因此，用"近过去"来概括"来着"的所有用法也失之偏颇。

6.3 "来着"现时相关性的发展

6.3.1 "来着"现时相关性的类型

现时相关性，也叫现时相关状态，是表明一个情状跟某个特定的"参照时间"在当前具有特定的联系。这里的"当前"或"现时"一般指言语情景。"相关"表明句子所表达的某种情状，对说者和听者来说是"相关的"，而且说话者假设听者能够从语境中推断出这种相关的方式。(Li，Thompson & Thompson 1982)Sun(1995)已经指出，"来着"表示与现在的情况相关。为了弄清"来着"到底表示什么样的现时相关性，笔者对不同时期的全部用例做了10多项的语用标注，最后把这些语用标注归结为以下6类。有些用例可以同时具备两种以上标注。这六项不包括一般的问句和答句。He(1998)指出，"来着"也像"过"一样，用来询问或提供解释。

A. 涉及原因或结果。"来着"分句在例(21)中是表示结果，在例(22)中是追究原因，在例(23)中是解释原因。比较而言，涉及原因的例句是涉及结果的例句的两倍多。

(21)"你们这帮孩子平时都聊些什么？净些什么乌七八糟的想法。""大家都挺关心你的，觉得你有点怪，于是就分析你来着。"

(22)"我怎么就没见着过？他平白无故拉你去干坏事？他何苦来着！""这是他们的本性……"我硬着头皮说。

(23)"这裙子再好，你也别又拉又拽的嘛，金秀她……""小王，"金秀忙截过张全义的话头，"我昨儿头晕来着，全义是怕咱俩闹过了，摔着。"

B. 前后或正反对比。① 例(24)是前后对比，例(25)是正反对比。统计显示，前后对比的情况是正反对比的两倍多。

(24)老太太说朝阳是吵百日的孩子，这种孩子要哭到一百天才不哭。只有贴"天皇皇"才有点效果。他们几曾相信过封建迷信老太太来着？没治了。宁可信其有吧。

(25)"你当时是抱着什么动机参加义和团的？""我本意没想参加义和团，想到绿营当兵来着。"

C. 引出后面的话语。在例(26)中"来着"分句是以问句的方式提起话题，然后叙述具体内容；在例(27)中，"来着"分句先概括性陈述一件事情，然后叙述事件的细节。以问句的方式引出话语的情况比以概括性陈述的方式要多。

(26)"唉，你们猜，我家老头子在枕头边跟我说什么来着？他说悳女们的话应给我们启发，今后工作上的事过得去就行。还说……"

(27)"我听见张主任跟他在西屋嚷嚷来着，什么'搅了安生日子'啦，'成全你们'啦，然后就……就走啦。他刚走，金大夫又回西屋跟张主任接着吵……"

D. 以反问的方式指责。"来着"分句有一半是出现在疑问句中，这其中又有六分之一左右是反问句，表示责问的语气。

---

① 张谊生(2000a:64)已经指出，某些事后回忆的用例往往隐含着同现在对比的意味。

(28)"你看这一下午,你们金家谁对这孩子说个'不'字来着?怎么就你这么磨不开?有什么事,你明说嘛!"

(29)大立压着火:"看金枝?你早干什么来着!晚啦……她不会见你。告诉你吧,金枝病得不轻,发高烧,刚才还说胡话呢,你这会儿去,只能添乱。"

E. 想不起来或提醒。例(30)是表示说话人当时想不起来,说话人的后续话语"对,名称权"很自然地证明了这一点。例(31)是说话人有意提醒别人。例句中绝大多数情况是说话人当时想不起来自己曾经知道的内容。

(30)戈:要这么说,大众生活并没给你们盖章。你们也用了他们的名义,这叫侵犯……什么来着?余:名称权。戈:对,名称权。你们这怎么解释?

(31)"营长说什么来着?"指导员知道连长受了伤的脑子不好使唤,说着说着就说到岔道儿上去,所以这么提醒一声。连长把在营部的那一场学说了一遍,说……

F. 报道新情况。① 例(32)中消息的内容兼有解释的功能。例(33)中从说话人说话前的动作神情足以反映出消息的重要性,说话人的话语依次报告该消息的进展。例(34)中尽管说话人尽力掩饰,但"来着"分句的内容却仍然具有强烈的效应。

(32)有的时候,他的和邻居的狗都拼命地叫,叫得使人心里发颤。第二天,有人告诉他:夜里又过兵来着!什么兵?是我们的,还是敌人的?没人知道。

(33)回到家,一进院门,杨妈就迎过来,把金枝拉到她住的东厢房去了。杨妈告诉金枝,老爷子审金秀来着,把金枝的事全问出来了。

---

① 有关"报道新情况"的详细情况可参见本书8.2.3。

(34)范大妈说得那样轻描淡写,"昨晚上我在票房里见她<u>来着</u>——"阿宝紧紧抓住范大妈的茶壶水碗篮子:"人呢?""我把她扭到车站派出所,交给警察了!"

6.3.2 "来着"现时相关性的发展与主观化

四种语料中"来着"的各类现时相关性的比例和频次总结为表6-4。由表6-4可知,A. 涉及原因或结果,B. 前后或正反对比,C. 引出后面的话语,D. 以反问的方式指责,这四项在四种材料中都已出现。E. 想不起来或提醒,F. 报道新情况,这两项是"来着"从清末到现代发展出来的新的现时相关性,且E类早于F类。

为了进一步追踪A至D发展的先后顺序,[①]笔者对《清文启蒙》第二卷《兼满汉语满洲套话》的23例"来着"用例进行了语用标注。其中,A类11例,B类9例,而且B类都是明显的时间上的前后对比,而没有明显的正反对比,可见B类现时相关性在当时发展还不充分。另有3例用于一般性问答。A类与B类各占语用标注的55%与45%,两者在百分数上略有差距但不显著($p=.655$),没有发现C类和D类。

需要进一步分析的是C类与D类的先后顺序。C类在《红楼梦》与《儿女英雄传》的比例为25%与10%($p=.159$);D类在这两种材料中的比例为12%与25%($p=.249$)。随着时间的推移,C类有所减少而D类有所增加,但均不显著,而且在《儿女英雄传》中还新出现了一定数量的E类(8%)。在现代和当代语料中,两者呈现不同方向的消长(C类从18%到19%;D类从10%到7%),但幅度极小。而且由于E

[①] 本章对"来着"现时相关性中A到D的发展顺序和主观性的进一步论证吸收了《中国语文》匿名审稿人的意见。

类与 F 类的大量加入,使得 C 类与 D 类的比例降低而难以将四种语料进行纵向比较。

表 6-4 "来着"现时相关性的发展

历时语料	A. 涉及原因或结果		B. 前后或正反对比		C. 引出后面的话语		D. 以反问的方式指责		E. 想不起来或提醒		F. 报道新情况		合计
	频次	比例	频次	比例	频次	比例	频次	比例	频次	比例	频次	比例	
红楼梦	7	44%	3	19	4	25%	2	12%	0		0		16
儿女英雄传	15	31%	12	25	5	10%	12	25%	4	8%	0		48
现代语料	31	28%	27	25	20	18%	11	10%	18	17%	2	2%	109
当代语料	37	29%	19	15	24	19%	9	7%	33	26%	5	4%	127

注:合计为语用标注的总数,与用例总数不一致。比例为频次与总标注之比。

至此,根据各类现时相关性所出现的历时顺序以及同时出现的现时相关性的相对频率,可以把"来着"现时相关性的历时发展概括为:A、B>C、D>E>F。其中历时材料出现的顺序决定发展的阶段,并以">"区隔;不具有显著性差异的相对频率决定同一阶段内部的相对顺序,故用"、"区隔。

Traugott(1995)认为语法化中的主观化表现为互相联系的多个方面:由命题功能变为言谈功能,由客观意义变为主观意义,由非认识情态变为认识情态,由非句子主语变为句子主语,由句子主语变为言者主语,由自由形式变为黏着形式。[①] 因此,"来着"现时相关性的发展也可以从主观化的角度予以解释。

A 类现时相关性中事件之间的因果关系是命题之间的逻辑关系,

[①] 术语的中文解释和例证见沈家煊(2001)。

体现的是命题功能,相对而言客观性稍强,尽管对因果关系的解释和联系仍有主观性的成分。B类的前后对比主要还是通过客观的时间关系体现隐性的主观的对比意愿,而正反对比则是更为直接地反映说话人的对比意图。C类引出后面的话语体现的是言谈功能,其目的在于组织话语,以达到最好的言谈效果。D类通过反问直接而强烈地反映说话人的主观态度。因此我们有理由根据语法化和主观化的一般规律——由命题功能变为言谈功能或人际功能——推断,A-D类在时间上的发展序列也是其主观性与主观化的序列,即在 A、B>C、D 中,C、D 的主观性明显高于 A、B,B 略高于 A,D 略高于 C。

E类"想不起来或提醒"在发展时间上明显滞后,这种现象也能从主观化的角度得到很好的解释。其中"想不起来"表现明显的主观意义,而且反映的是言者主语而不是句子主语的认识情态。比如,在"你叫什么来着?"这句话中,虽然句子主语是"你",但句子语用意义涉及说话人,反映的是说话人主观上对客观命题"你叫什么"的认识状态——"我(刚刚/以前/本来)知道你的名字,但现在我想不起来"。黄国营(1994)曾认为此类"来着"隐含了一个行为提示成分,如"你姓什么来着?"应理解为"你刚才说你姓什么来着?"其实,更多的情况可能不是某一具体的行为提示成分,而是更为宽泛的认识状态,如说话人可能从其他渠道对对方的姓氏有所知或知而不详。"来着"所涉及的内容从命题层面到话语层面,再到认识层面,这是一种主观化的过程。"提醒"与"想不起来"有相通之处,如例(31)中"营长说什么来着?"的言外之意是"我提醒你别忘了营长(不久前)说的话"。

更有意味的是,"来着"小句在表示过去时间时所体现的事件时间参照的前后关系在"想不起来或提醒"的现时相关性中体现为说话人主观认识中的两种状态之间的前后关系,而且这两种状态在时间上大多接近,部分保留着"最近过去的痕迹"。下面这段文字准确地反映了说话人主观认识

中两种状态之间的"最近"的关系,其中的"突然"则是"点睛"之处:

(35)我冲售货员说:"请帮我拿一筒牙膏。"

"要哪种?"她问。

"嗯,就要那种——几面针<u>来着</u>?"

售货员说:"两面针。"

"我还要一包洗衣粉,要那种——活力多少<u>来着</u>?"

售货员说:"活力二八。"然后就笑了起来。我也笑了起来。

生活中的很多事,我都会**突然**忘掉。但那小学教师送给我的"不卑不亢",我却记忆犹新。(陈染《陈染文集》,江苏文艺出版社 1996 年版 7—8 页)

这种由指时间指称方面的"近"衍生出认识情态方面的"近",体现了语法化过程中语用和语义关系的另一个方面,即语义的语用化,而且语义的结构相应地投射在语用意义中。

F 类的发展滞后看起来有些费解,似乎报道新情况并没有明显主观性和现时相关性。这种情况与英语完成体(perfect)向完整体(perfective)用法的发展有类似之处,英语完成体的各种用法中报道新情况(hot news)的用法也出现得较晚。Traugott(1995:45)甚至认为这是主观化单向性的一个反例,尽管并非是完全的逆主观化(desubjectification)。但是,Carey(1995:100)在研究英语完成体与主观化的关系时指出,在报道新情况的用法中,相关性的联系变得更加隐蔽,更加依赖主观的识解:因为注意力更多地关注在过去的情状而不是该情状对现在的影响,因而相关性完全是暗含的,完全是反映说话人就情状对当前的意义的主观断定。报道新情况的用法某种意义上也是认识情态意义的一种类推。因此,报道新情况的用法的发展仍然符合主观化的一般规律,虽然其主观性的高低从不同角度可以有不同的判断。

因此,"来着"现时相关性从 A 到 F 的变异从共时上看,大致反映了主观性的高低;从历时上看,"来着"从 A 到 F 六类现时相关性的发展阶段与顺序也可能是语言的主观化的结果,其主观性随着语法化的过程逐渐增强。

6.4 "来着"的分化

6.4.1 "来着$_2$"的界定

宋玉柱(1981)认为,"来着$_2$"表示过去时的作用不明显,即使去掉,也不会改变句意,只是影响句子的语气。① 张谊生(2000a)认为,"来着$_2$"不表示过去,谓语动词指称的动作不一定是在说话以前发生的,当然也不存在完成不完成。He(1998)认为,这种"来着"只用于问句,不表过去存在的状态,而是表示问话人思想中的状态,是一种特殊的礼貌用法,诸如"我以前知道你的名字,可是现在想不起来";句中的动词只能是状态动词,如"叫、姓、是"等。②

这里对"来着$_2$"的认定是以不指称过去时间为准,范围比宋玉柱(1981)、张谊生(2000a)稍窄,但比 He(1998)略宽。比如,例(6)的"我哪天不肯花钱来着?"宋玉柱(1981)认为是"来着$_2$"。笔者认为,这些小句表惯常性事件,可以有过去和现在两种理解,不能算"来着$_2$"。又如,例(36)和(37)中的"写、说"本身虽然不是状态动词,但是"公德两个字怎么写"和"怎么说"表示的一般性的知识,也属状态情状(参见 Smith 1991)。指出这一点,也是对 He(1998)相关观点的补充,该文认为,

---

① Iljic(1983)指出:"来着$_1$"所在句子中的"来着"很多情况下也可以省去而不改变意义。

② 太田辰夫(1947b)最早提出"来着$_2$"的意义跟谓词的状态性质有关。

"来着$_2$"中的动词只能是状态动词。

(36) 他自己问自己。"公德两个字怎么写<u>来着</u>?"……"又忘了!"……"想起来了!"……"哼,又忘了!"

(37) 莫非她在这儿,怎么说<u>来着</u>?啊,体验生活哪?

6.4.2 "来着"分化的过程

为了进一步考察"来着"的发展过程,这里根据是否可以表过去时间和是否具有表想不起来的现时相关性,把"来着"分为两大类四小类(见表6-5),"来着$_{11}$"与"来着$_{12}$"是"来着$_1$"的次类,"来着$_{21}$"与"来着$_{22}$"是"来着$_2$"的次类。这里的"想不起来"的用法不包括 E 类现时相关性中"提醒"的用法。对"想不起来"也应做适当宽泛的理解,有时候也包括"知而不详"的意思。

根据不同类型的"来着"在语料中出现的自然顺序,可以把"来着"的发展过程细分为:

(38) 来着$_{11}$→来着$_{12}$→来着$_{21}$→来着$_{22}$

表6-5 "来着"的分化

	来着$_{11}$	来着$_{12}$	来着$_{21}$	来着$_{22}$
可表过去时间	＋	＋	—	—
表想不起来	—	＋	＋	—
出现的语料	红楼梦	儿女英雄传	现代	当代
例句	师父夸你来着。	我叫谁来着?	你的朋友叫什么名字来着?	我带着地图来着。

"来着$_{11}$"可表过去时间,但没有"想不起来"的语用功能。《红楼梦》的例句均属此类,都表示过去发生的特定事件和非特定事件。这其中也包括例(7)、例(9)中的"二奶奶跟前你也这么没眼色来着?"和"哪一遭儿你这么小心来着!",它们也可以表示过去的惯常性事件。

6.4 "来着"的分化

"来着$_{12}$"是"来着$_{11}$"和"来着$_2$"的中间站,也是"来着$_2$"产生的前兆。它首先出现在清代后期的《儿女英雄传》中,不过只找到一个例句——例(39)。用例的少见也表明该用法可能是新起的用法。该例中事件发生在过去的"梦中",这是非常明确的。说话人想不起的是梦中的话语,甚至不敢肯定自己是否真的说过什么,这也是非常自然的,而主语又正好是第一人称。因此,"想不起来"的现时相关性正可能产生于这一特定语境的语用推理:

(39)公子道:"你这话那里说起?"他道:"那里说起?就从昨日夜里说起。你如果没这心事,昨夜怎么好端端的说梦话,会叫起人家来了?真个的,这么大人咧,还赖说是睡婆婆叫的不成?"

张姑娘这句话,公子倒有些自己犹疑。何也呢?一个人要吃多了,咬牙、放屁、说梦话,这三桩事可保不齐没有,还带着自己真会连影儿不知道。他便心想:"或者偶然睡里模模糊糊梦见当日能仁寺的情由,叫出口来,也定不得。"便连忙问了一句,说:"<u>我叫谁来着</u>?"

张姑娘道:"你叫的是何姑娘,叫的还是'我那有情有义的十三妹姐姐'呢!"

笔者从《小额》(1908年刊行)中检索到6例"来着",[①]其中有一例对上述发展阶段形成了有力的支持。例(40)中,"刚才老仙爷说甚麽来着?"是王香头与老张合伙装神弄鬼之后故意问的,其语用含义是:我只是代老仙爷说话,但我并没记住老仙爷说的内容:

(40)老张说:"老仙爷您说药味吧。"於是王香头又说了些个药味。王香头随说,转心张随写……说完了药味,又唱了会子,拿绢

[①] 《小额》的原本在我国失传,《中国近代文学研究》(第一辑)(广东人民出版社,1983年)根据日本横滨市立大学波多野太郎赠给中山大学中文系王起教授的影印本重新刊出,并加以标点。

子一掯鼻子,又闻了俩嚏吩,打了俩哈欠,就把眼睛闭上啦。老张说:"老爷子要走啦!"额大奶奶又给磕了三个头。待了一会儿,王香头把眼睛一睁,说:"好乏好乏,刚才老仙爷说甚麽来着?"(别闹假着子啦 说甚麽你还不知道是怎麽着)老张说:"老仙爷说不碍的,他(音贪)管给治好啦!"王香头说:"我弥陀佛,他(音贪)管给治就得。"於是把钱粮烧啦。

跟例(39)相比,例(40)有三点值得注意:第一,事件仍然发生在过去;第二,"想不起来"在前者是真的,而后者确是有意为之,装神弄鬼,故作不知;第三,前者的小句主语是第一人称,而后者是第三人称;后者真正"想不起来"的是说话人而不是句子的主语。后两点都表现出语法化和主观化程度的发展,与第一点相比,明显显示语用意义的发展先于语义(时间指称)的发展。

有了"来着$_{11}$"表惯常性事件、"来着$_{12}$"表"想不起来"这两方面的基础,"来着$_2$"的出现应该是水到渠成。为了进一步考察"来着$_{21}$"产生的准确年代,笔者检索了中国古典小说光盘中的明清小说,在《小五义》检得一个"来着$_{21}$"的例子:

(41)邓九如过来说:"若非是二位到来搭救,我们两个早死多时。活命之恩,应当请上受我一拜。"艾虎一怔,挽住说:"你不是我韩二叔的义子吗?姓什么来着?"邓九如一笑说:"艾大哥,你是贵人多忘事,我叫邓九如。"(77回)

《小五义》是晚清侠义公案小说《忠烈侠义传》的第二部,光绪十六年(1890年)五月刊行,作者石玉崑。《忠烈侠义传》的第一部《三侠五义》基本上是以北京话为基础的(太田辰夫 1988:213),所以《小五义》所反映的语言及"来着"的新用法也是可信的。"来着"从十八世纪初出现在文献中,[①]专

---

① 参见 6.5。

表过去时间,到十九世纪末发展出不表过去时间的用法,历经了近二百年,这也大致符合语言发展的一般规律和节奏。①

下面是几个当代语料中"来着$_{22}$"的例句:

(42)起明:怎么啦。我在美国还不能抽根美国烟。

郭燕:你看看,你看看那墙上写着什么来着。

(43)"爹,你回吧。"我说,"我认识路,我带着地图来着。到了那儿,找到了工作,就给您邮钱回来。"

(44)"金枝!"金秀不让她再说下去,"这事不怨你姐夫。谁也没逼我,主意都是我自己拿的,我连他也瞒着来着……"

例句显示,"来着$_{22}$"除了具有"来着$_2$"定义中规定的不指称过去时间、不表"想不起来"的语用功能之外,还有以下特点:

(一)小句直接或间接地表示状态。例(42)"那墙上写着什么"表示一种状态。例(43)的动词"带"本身兼具动作和状态两种属性,Li(1998)称之为"mixed telic-stative verb",该例中加"着"后表现出明显的状态性质。例(44)的"瞒着"是动词加未完整体标记"着",表示一种动作所保持的持续状态。从上下文来看,例(42)和(43)"V着"的参照时间均为说话人的说话时间,可以认为其状态延续到"现在",因此,它们都不表过去时间。从这一点看,"来着$_{22}$"与"来着$_{21}$"的典型的状态情状既有明显的联系,又有发展而来的区别性。

(二)它们的现时相关性或涉及因果关系,如例(43)、(44);或具有明显的提醒作用,如例(42)。这些语用关系都是"来着$_{11}$"的典型功能。由此可以看出,"来着$_2$"不表过去时间的功能,开始脱离"想不起来"的语用功能的束缚,向其他典型的语用功能渗透和类推。由此看来,"来

---

① 根据笔者对《语言自迩集》初步调查,50 多例"来着"中没有一个是"来着$_2$"。这说明"来着"的新用法在 19 世纪中期还没有产生或盛行。

着$_{22}$"只在当代语料中出现便不难理解。

"来着"的发展顺序,符合语法化过程中经常发生的语用含义语义化的一般规律。也可以看出语用推理和类推机制在这一发展过程中的作用。

有关"来着$_2$"的产生,太田辰夫(1947b)指出,"来着$_2$"意义与动词的状态类型有关,柯理思(2003)讨论了谓词的类型和语法化的关系。这些都是很有见识的。同时我们还应注意到"来着$_1$"句中的谓词也并非像 He(1998)所说的那样,只能是动作情状。实际语料中"来着$_1$"句中的谓词也可以是状态动词,如"原先**是**九个来着"。同样,"来着$_2$"句中的动词也不仅仅限于状态动词。可见,在"来着"的语法化过程中,动词的动态性语义特征只是提供了变化的基础,起主导作用的还是语用因素。

6.5 "来着"补论

6.5.1 补论的缘起

北京话的"来着"似乎对研究者有着特别的吸引力。从赵元任(1926)、王力(1943)到朱德熙(1982)等都有所论述。专题的研究更有太田辰夫(1947b)、宋玉柱(1981)、Iljic(1983)、Sun(1995)、He(1998)、张谊生(2000a)、余志鸿(2002)。自陈前瑞《"来着"的发展与主观化》(2002b)之后,学界对"来着"的理论兴趣似乎又进了一层。熊仲儒(2003)、宋文辉(2004)针对陈前瑞(2002b)中发掘的"来着"与其他体标记零星配用的事实分别从形式语言学与功能语言学的角度再次论证"来着"的词汇特征与表达功能,两者均有很强的理论意识,给人以多方面的启发。熊文认为,"来着"是语气词,本身没有时间意义,只是在语义上选择"近过去"或相似的特征。宋文对熊文的分析方法与有限的事实提出质疑,并认为,"来着"是语气词,不是时体标记,但也表示时体意义;"来着"的原始意义是表示对事实存在的确证性肯定。

在陈前瑞(2002b)基础上,作者又进行了多次修改,特别是吸收柯理思的意见(私人通讯),把"来着"与其他体标记的关系等论述删除了,其主体部分则成为陈前瑞(2003b)第六章的一部分,经再次修改后成为陈前瑞(2005)。陈前瑞(2005)(主要内容见本章 6.1—6.4)限于篇幅,没有对熊仲儒(2003)、宋文辉(2004)作出任何回应。本节则以"补论"的方式讨论熊仲儒(2003)、宋文辉(2004)关注的"来着"与其他体标记的关系,补充《满汉字清文启蒙》(1730)中"来着"与其他体标记配用等特殊现象,进而追寻"来着"与满语时体标记的关系,从语言接触与语言发展的角度分析"来着"的语法性质的变化过程。

6.5.2 《清文启蒙》中"来着"的特殊用法

一般认为,现代意义的"来着"见于《红楼梦》,是北京话的显著标志之一(太田辰夫 1950)。落合守和(1989)把东洋文库所藏乾隆二十六年刻本《清文启蒙》第二卷《兼满汉语满洲套话》整理发表,落合守和(1992)从中发现 21 例"来着"。余志鸿(2002)认为"来着"是北方汉语阿尔泰化的产物之一,是由元代汉语"了着"演变而来。余先生初步分析了《兼满汉语满洲套话》中"来着"的用例,认为"来着"叙述的是未完成的事件。余先生所依据的《清文启蒙》是日本东洋文库所藏的清乾隆二十六年刻本。实际上《清文启蒙》的序言落款时间为雍正八年(1730),由三槐堂印行,年代不详,其作者为舞格。另外,笔者从《满汉成语对待》中也翻检到 20 来例"来着"的用例。据太田辰夫(1950),《满汉成语对待》的初刻本为康熙四十一年(1702)金陵听松楼刊行,作者刘顺。① 果如此,《满汉成语对待》当为目前为止所发现的出现"来着"最早的文献。《满汉成语对待》中"来着"的使用特点与《清文启蒙》基本相同,只是《满汉成语对待》的文本以词语解释和简短例句为主,而《清文启蒙》第二卷《兼满汉语满洲套话》为对话语体,共 2 万余字,其中"来着"的上下文非常连贯。因此,本文仍然以《清文启蒙》中的例句作为分析对象,②并以此为线索考察满语对"来着"的影响。

《清文启蒙》的第二卷《兼满汉语满洲套话》的"来着",跟后期汉语文献中的"来着"相比,有以下几个特点:

(一)"来着"可以跟"了"连用,所表示的事件显然是已经完成了的。例如:

  (45)这个地你怎么不扫,桌子也不担,你白白的在家里作什么来着啊? 我早已扫了来着,风偺着刮,竟不住再房门上又没挂簾子,是这们脏了。(44b)③

  (46)那几年上,他把我们家的门坎子都踢破了来着。(53a)

"来着"与"了"连用的实例虽然只有 2 例,但在《清文启蒙》的第三卷《清文助语虚词》对某些助词的解释中,"来着"与"了"常常连用,如:"有了来着字。在了来着字。原曾字。乃追述往事,煞尾之语。"可见,在清朝初期,"来着"可以与"了"连用,这里连用的"了"可以看作是句尾"了"。在《红楼梦》和老舍作品中还各有 1 例"来着"与词尾"了"连用的

---

① 北京大学图书馆的清刊本《满汉成语对待》的具体刊印时间无法确定。太田辰夫(1950)在介绍满汉文献时可能依据的是于道泉编纂的《国立北京图书馆故宫博物院满文书籍联合目录》。

② 笔者首次翻检的《清文启蒙》为北京大学图书馆所藏的咸丰年间的四卷本,检得 23 例"来着",该版本与落合守和(1989)中乾隆二十六年的《清文启蒙》第二卷《兼满汉语满洲套话》有些微不同。有关《清文启蒙》的版本问题可参见落合守和(1989)。

③ 这里的数字表示页码,a 和 b 分别表示正反页,下同。

例子,①如例(47)(48)。而当代的语法著作一致认为,"来着"不能跟"了"合用(吕叔湘主编 1980,Iljic 1983)。

(47)宝玉……便道:"我倒见了好些册子来着。"(《红楼梦》第116回)

(48)小二德子:……昨天揍了几个来着?

王大栓:六个。(老舍《茶馆》)

例(45)—(48)中不同时期的"来着"始终可以与"了"配用,显然不支持余志鸿(2002)的观点:"来着"叙述的是未完成的事件;也不支持太田辰夫(1947b)所说的"来着""表说话时间以前的持续"以及 Iljic(1983)所谓的"来着""表已然的未完整体"等观点。宋文辉(2004:59)认为,例(48)若改成陈述句如"昨天揍了三个来着"则不成立;本文的例(45)—(47)不完全支持这一点。

(二)"来着"与"着、正、正要"配用,表示过去持续与进行的意义或表示过去正要做某事。

(49)我没睡死,朦胧着来着。(37b)

(50)阿哥我在家里独坐正狠闷的慌来着,尊驾来的正合了我的主意。(43b)

(51)我原正要来瞧阿哥来着,忽然被一件小事拉住了,故此没有来。(43a)

太田辰夫(1947b)、Iljic(1983)均认为"着"与"来着"并不矛盾。但类似于例(51)的例证还是比较少见,有的甚至不好理解。请看《七侠五义》中的例子:②

---

① 张谊生(2000a)指出,在《红楼梦》中"来着"可以与"了"连用,但所举的例子是"如此错开了来着,岂不天天有人来了?"该例中"来着"很可能还有实在的意义,并不典型。

② 本文所引《七侠五义》的例证是从中国古典文学光盘检索的,并曾参校宝文堂书店1980年出版的《七侠五义》和广东人民出版社 1980 年出版的《三侠五义》。

(52)说至此,包兴便问:"朝内老虎,没有什么动静吓?"伙伴答道:"可不是,他原参奏来着。上谕甚怒,将他儿子招供摔下来了。他瞧见,没有什么说的了,倒请了一回罪。皇上算是恩宽,也没有降不是。大约咱们老爷这个毒儿种得不小,将来总要提防便了。"(16回)

例(52)只有"原"没有"要","正要"或"准备"的意义可能部分是由"来着"来辅助表示的。这种用法明显不合现代汉语的习惯,容易理解为已然的行为。这类用法在《七侠五义》中比较突出,占全部12个用例的三分之一。与清代其他小说相比,有着明显的不同。比如它的续集《小五义》、《续小五义》中没有这种用法,在北京大学汉语语料库的现代和当代语料的子目录中也没有"原要"和"来着"同现的例子。

(三)"来着"用于否定句。例如:

(53)因为你们没有同他在一处来着,不知道他为人动作罢咧。(57b)

(54)若是没有好处来着,谁肯来理呢。(18a)

《清文启蒙》的第三卷《清文助语虚词》对某个助词的解释中,也有"不曾来着么? 没有来着么? 没在来着么?"的用语,这说明当时"来着"完全可以用于否定。这种状况与当代的情形明显不同,吕叔湘主编(1980)认为"来着"没有否定句,[①]Iljic(1983)认为"来着"与否定词共现的句子都是反问。而宋文辉(2004)所提出的"来着"的原始意义是表示对事实存在的确证性肯定的新观点也得不到"来着"的原始例句的支持:因为"来着"与否定的共现不是越来越强,而是越来越弱。

(四)"来着"用于假设过去发生的情况。例如:

[①] 据史有为先生介绍,他是《现代汉语八百词》"来着"词条的执笔者。之所以说"来着"不能用于否定,是因为卡片中没有发现否定的用例。

(55)我已是合他说了,他说的话,若是一个人的事,还容易来着。因是众人的事甚难,说慢慢的别急了。(6a)

(56)他说我说了,就算说了罢。或是当着谁的面前说来着,也要有一个对证罢咧。他若说我杀了人,就说我杀了人了么?(31b)

《清文启蒙》的第三卷《清文助语虚词》对某个助词的解释给出了三种用法:"有来着的时候字。在来着的时候字。倘若时候字。乃设言如此。"另一词的解释语是:"若有来着字。若在来着字。倘曾字。乃设言已前事务之词。"可见用于已然的或完成的假设是当时北京话"来着"的一个常规用法,而且也是满语对应的表过去时间的虚词的一个常规用法之一。现在这种用法很难见到。

(五)"来着"句中的谓词可以是状态动词或形容词。例如:

(57)阿哥你向日原是善饮的人来着啊,今日怎么了呢?(53a)

(58)先听见的话,还恍恍惚惚的来着,后头乱哄哄说的时候,我才信了。(17b)

这些例句中都有明显的过去时间词语,这类用法后来也不多见。He(1998)甚至认为,用于过去时间的"来着"句的动词只能是动态动词。

《清文启蒙》中的上述五种用法,在后期的汉语文献中虽有蛛丝马迹,但大都逐渐淹没。因此,对满汉文献中"来着"的上述用法最自然的解释是寻找满语的影响。

6.5.3 满语过去时的表达与满汉对译中的"来着"

根据爱新觉罗·乌拉熙春编著的《满语语法》(1983),满语动词陈述式的过去时,有四种形式:

(一)第一过去时 表示已经发生过的动作,构成形式是在动词词干后面根据元音和谐律分别附加词缀 ha、he、ho。季永海等编著《满语语法》(1986)指出，这种过去时所表示的动作行为在时间上虽然已经过去，但时间并不久远，该书还举了汉译为"刚到家"的例子。

（二）第二过去时　在动词词干后面附加词缀 mbihe 构成，可以用来表示过去时间正在发生的事情和过去的习惯行为。其中有 1 例的汉译出现了"来着"：

(59) bi　　jing　　age　　be　　tuwanjiki　　sembihe
　　 我　　正在　　阿哥　　宾格　　瞧　　第二过去
　　 时我原正要瞧阿哥来着

（三）第三过去时　在动词词干后面附加词缀 mbihebi 构成，表示过去时间内完成的动作和过去的惯常性动作。有 3 例的汉译出现了"来着"：

(60)　bimbihebi
　　　有/在(bimbi)第三过去时
　　　原有了来着/原在了来着

(61)　sembihebi
　　　说(semibi)　第三过去时
　　　曾说了来着

(62)　ombihebi
　　　可以(omibi)　第三过去时
　　　可以来着

（四）第四过去时　在动词词干后面根据元音和谐律分别附加词缀 bihe、biru 等，它所表示的是过去某一段时间内持续进行的动作。季永海等编著(1986:141)在这个意义之下举了对应于下面汉译的例子：

(63)常常这么办来着。

从上面的分类可以知道，满语不同的过去时形式不仅可以表示过去时,而且还可以有近过去和其他体的意义。其中后三种过去时都与未完整体的意义比较接近,而第三过去时还兼表完整体意义。有意思的是,四种过去时形式的后三种举了对应于"来着"的句子,只有第一种没举对应于"来着"的例子。因此"来着"能对应于满语过去时的大多数用法。仔细分析发现,例(59)中的"进行"在满语与汉语中是由对应于"正在、正要"的成分表示的;例(60)中,可以发现"完成"的意义在汉译中是由"了"承担的,"过去时间"是由时间名词"原"和助词"来着"共同承担的。例(61)第三过去时用汉语的"曾、了、来着"三个成分表示,值得深入思考。例(62)中"来着"独立承担"过去时间"以及"惯常"的意义。那么,在早期的满汉文献中"来着"除了过去时间的含义之外,还有别的含义没有?

爱新觉罗·赢生是爱新觉罗家族现存唯一的满语口语传人,国际知名的满语口语专家,[①]他在《满语杂识》(2004)中点评例(57)"阿哥你向日原是善饮的人来着啊"时指出,"来着"来自满语动词过去完成进行时态。(992页)。点评《红楼梦》的例句"何曾不是在房里来着"时,又详细指出:"来着"来自满语动词过去完成进行时态,表示动作已做过了,已经过去了,但其状态(结果)现仍存在。就是说,动作做过去了,但后果及于现在。它不同于"了","了"只表过去,不管其后果(状态)是否及于现在。现代北京话继承了清代北京话,过去时态与过去完成进行时态明显有别,前者用"了",后者用"来着"。北京话如此细致地表现时态,完全是满语语法的影响。(995页)

爱新觉罗·赢生(2004:98—99)在讲解满语动词陈述式过去时的四种构成时,与前面爱新觉罗·乌拉熙春编著的《满语语法》(1980)基本相同,只是特别强调第一过去时表示动作已经发生,而其他三种则与

[①] 见爱新觉罗·赢生(2004)的作者简介。

之不同。第二过去时可以说是过去进行时。第三过去时是过去完成时，其含义不仅是过去某时动作完了，而且包括已经存在，如同汉语所说"……来着"。第四种与第二过去时相似。可见，直接把"来着"的用法概括为"过去完成进行时态"缺乏更大的概括性，特别是不能包含一般的过去完成的用法，如例(45)"我早已扫了来着"。

综合爱新觉罗·瀛生与爱新觉罗·乌拉熙春的观点以及《清文启蒙》中汉语"来着"用法，我们有理由认为，汉语"来着"的用法可能源于满语过去时的用法，特别是第二、三、四过去时的用法，它可以和不同体的标记配合使用，并且有表示假设或虚拟假设的用法。因此，可以首先认为清初北京话的"来着"是一个不具有强制性的过去时的标记。[①] 正是因为"来着"的使用不具有强制性，因此，它一旦使用，一般都用在过去发生但"后果及于现在"的语境。陈前瑞(2005)的统计发现，《清文启蒙》第二卷中的"来着"除一般的问答外，全部用于因果关系与前后对比的语境之中。因此，可以进而断定，此时的"来着"是一个指称事件发生在过去并对现时语境有影响的标记，即完成体(perfect)标记。这样把"来着"描写为完成体，就比描写为过去时具有更强的解释力和普遍性。在类型学研究中，情状发生在参照点之前与具有现时相关性是完成体范畴基本的意义要素(Bybee, Perkins & Pagliuca 1994)。而且由于完成体不同于完整体(如词尾"了")，也不同于未完整体(如"着")、进行体(如"正在")。同样是完成体标记，句尾"了"、词尾"过"与"来着"也不尽相同。所以，"来着"才有可能与这些体标记在必要的时候配用(特别是在满汉文献中)，如同英语的"have + -ed"可以有进行体的形式一样。至于完成体本身属于语法上时的范畴还是体的范畴，学术界看法不一，

[①] 笔者所翻检的清咸丰年间的《清文启蒙》中有"来着"的例证"若是没有好处来着，谁肯来理呢。"但在落合守和(1989)整理的乾隆二十六年的刻本中，该句没有"来着"。由此可见"来着"的使用不具有强制性。同样，在英语中现在完成时的使用也不具有强制性。

形式主义的研究倾向于时范畴,而不屑于现时相关性的研究;类型学与语法化的研究倾向于体范畴,并侧重现时相关性在时体标记语法化中的作用。但典型的完成体表示过去时间是无可置疑的。

随着时间的推移,"来着"的现时相关性越来越复杂,到了19世纪末,"来着"又发展出不表过去时间的用法(如"你的朋友叫什么来着?"),这是从体貌的意义进一步发展出情态的用法。从时间范畴发展为情态范畴,这一规律具有相当的普遍性。(柯理思 2003)

总之,"来着"首先是受满语影响的一种表过去时间的完成体标记,后来进一步发展出情态的用法。这一过程首先是语言接触的结果,其次也是"来着"自身语法化的结果,是汉语时体系统对异质成分同化的结果。就"来着"而言,同化的结果之一就是,"来着"逐渐摆脱满语对应的复杂的时态表达的影响,与其他时体标记的配用也因此逐渐减少。

在现代汉语共时平面中,对"来着"的处理方式有两种:一种是宋玉柱(1981)、张谊生(2000a)等把"来着"分为两个,"来着$_1$"表过去时间,是时制成分,陈前瑞(2005)称为完成体;"来着$_2$"是语气词。一种是朱德熙(1982)把它看成表时体意义的语气词,对于这种观点,宋文辉(2004)坚定支持,熊仲儒(2003)则将其简化为不表时间意义的语气词。

前文对《清文启蒙》中"来着"的考察结果不支持熊仲儒(2003)的观点,也不支持宋文提出的"来着"的原始意义是表示对事实存在的确证性肯定的新观点,但相对支持宋文的另一观点:"来着"的"近过去"是会话隐含义语义化的结果,陈前瑞(2005)的历时考察也倾向于该观点。基于共时与历时相结合的研究视角,本文倾向把"来着"做两分的处理,这样不仅能解释共时系统中"来着"的用法变化,也能解释这些不同用法之间的语法化的联系。

陈前瑞(2002b)曾认为:"来着"时间指称意义的弱化,使之与其他体标记得以共存和互补;"来着"语用意义的强化,使之与其他体标记的配用成为必要。(转引自熊仲儒 2003)现在看来这一观点是不正确的，"来着"与其他体标记的配用在早期的北京话中属于正常现象，熊仲儒 (2003)和宋文辉(2004)所转引并力图解释的"来着"与其他体标记配用的零星现象只不过是语言接触与语言发展的残留物。

6.5.4 "来着"受满语影响的相关证据

赵杰(1996)指出，满清入关之后，经过顺治、康熙、雍正、乾隆四朝 100 多年的融合，到了乾隆末年，这种以满语和近代汉语官话为不断补充的旗人汉语终于定性为一种具有特殊融合性的地方语言——京腔。《红楼梦》能够产生于乾隆年间，也正是这种京腔发展基本成熟的结果。与《红楼梦》相比，《清文启蒙》中"来着"的用法显然有些特别，这些特别之处也就是满语影响北京话形成过程的痕迹。迄今为止，"来着"最早的书证见于 1702 年的《满汉成语对待》，由此可以推测，"来着"的产生应不晚于 17 世纪，甚至有可能是在满清入关(1644 年)前后产生的。

太田辰夫(1988)认为，明朝末年的《金瓶梅》、明末清初的《三言二拍》、清朝前期的《儒林外史》都不是以北京话写作的，都没有"来着"。即使是大体上可以是北京话的《品花宝鉴》(刻本道光二十九年问世)中也没有"来着"。《品花宝鉴》的作者陈森据推算生于 1792 年，[①] "本江南名宿，半生潦倒，一第蹉跎。足迹半天下"，[②] 虽二度游京师，"客都中"，[③] 笔下仍没有出现"来着"。"来着"如此不易为外地人所掌握，其中满语的影响也可能是原因之一。同样，于 1683 年成书的《大清全书》是第一本满汉对照词典，作者沈启亮"籍江左娄东"、"游学京师"，[④] 笔

---

① 见尚达翔的《品花宝鉴·前言》，上海古籍出版社 1990 年版。
② 见幻中了幻居士为《品花宝鉴》作的《序》，上海古籍出版社 1990 年版。
③ 引自《品花宝鉴》的作者自序，上海古籍出版社 1990 年版。
④ 引自 1917 年三义堂刻本《大清全书》附录的《清书指南》的作者自序。

下也未出现"来着"。

如果说"来着"首先是作为几种满语过去时的意译,那么为什么选择"来着"呢?这里不妨做一下大胆的推测:一是"来"表过去完成的意义与满语四种过去时中的功能部分重叠。二是"来着"中的"着"在近代汉语中既可以表完成,又可以表持续或进行,因而可以对应于满语过去时的多种意义,应该说非常理想。三是"着"与满语的"来"首音节发音相似。据季永海等主编(1986:494),满语的"来"为 jimbi,其中 j 的发音注为"札",接近北京话的"着"。据此,可以作一个大胆的推测,北京话中的"来着"跟汉语的"来"与满语的 jimbi 首音节的发音不谋而合,它所表达的功能不仅包括近代汉语表曾经的"来",而且还包括满语 mbihebi、mbihe 等的功能。这样满汉合璧,满汉互释,既可以表示汉语已有的意义,又可以表示满语中的特殊意义,这样特别能被满族人接受。① 四是"来着"这一形式作为蒙汉翻译的产物,在文献中存在了数百年。② 从语音上看,它在汉语口语中也曾以不同的形式出现,如《老乞大谚解》中的"来者"或"来着"。这样,它也能够被汉族人接受。

清代汉语用"来着"对译满语的过去时的几种形式,而元明汉语是用不同的分析形式如"了来""着来"等去翻译蒙古语的复杂的时体意义(祖生利 2000)。可以看出,两种不同的模式不仅反映了蒙满两种语言的差异,可能也反映了两个民族、两种语言与汉族、汉语不同的接触历史。满汉融合的深度远远超过蒙汉接触的水平,如果不从功能上考虑,

---

① 赵杰(1993)指出,并列式融合占据了满汉语素音节融合的绝大部分,而且基本上是满汉同义语素的并列,是满汉音节融合的最大特点,它具有三种功能:互相注解、增加双语语素所没有的意义、反映民族平等的心理。

② 根据方龄贵(1991:143),《元朝秘史》第六三节中的"亦^ᠷ列周",旁译为"来着"。据查,这里的"来"为动词,"着"均用在两个动词之间,起接续作用。这种"来着"从目前的文献来看,仅出现在《秘史》的旁译中,因此并不具有生命力。

仅从字面上看,难以辨认"来着"的满语色彩。

据不完全调查,河北保定、辽宁朝阳、吉林公主岭市方言中有"来着",用法跟北京话完全一样。辽宁鞍山方言里有"来的"。辽宁抚顺、黑龙江绥化的方言中没有"来着"或"来的"。① 根据李荣主编的丛书《汉语方言辞典》,徐州方言、太原方言有句尾的"来","相当于北京话的'来着'"。西安方言有"来","表示曾经发生过什么事情"。上述方言词典均未表明"来"是否具有"来着$_2$"的功能。据笔者初步调查,山西方言的"来"具备北京话"来着$_2$"的功能。济南方言中的"来""用在句尾,表示肯定、赞叹、疑问等语气,认定曾经发生的事情或某一情况",其中赞叹的用法是传统的"来"所没有的。这些地区的方言词典都没有收录"来着"或"来的"。

根据王国栓(2005),"来着"在河北的分布有很强的规律性。从南部的邯郸(磁县、临漳)、邢台,到中南部的石家庄,再到东南部的沧州一带,只用"来"不用"来着";从中部的保定,到西北部的张家口(包括北京),"来"和"来着"都可以用;东北部的唐山地区,"来着"和"着"可以互换。从表示的时间来看,河北方言的"来""来着"和"着"不限于近过去,"远过去"也可以;从表示的状态来说,也不限于表示完成,它们可以表示在过去某一点和某一时段进行的事件。

方言的证据对我们理解"来着"的性质与源头有着重要的启发意义。根据现有材料初步来看,"来着"主要出现在满语和汉语长期接触的北京、河北和东北的部分地区。对于其他地区跟"来着"相关的现象还需要进一步调查研究。

本节通过满汉文献中"来着"的特殊用法追寻满语对"来着"语法功

---

① 保定方言、朝阳方言、鞍山方言、公主岭方言、绥化方言、山西方言的材料分别由高立群、张书杰、田然、崔希亮、王继红、郭姝慧提供,谨此致谢。

能的直接影响,认为,它不光是汉语固有成分自身语法化的结果,而且受到外来语言的影响,在翻译满语对应成分的过程中,由汉语原有的单音节助词变成了双音节助词,语法功能也吸收了满语的相应功能,成为北京话中特别具有表现力的助词,并发展出新的功能。不过,上述观点作为一种新的思路还需要更早的文献来证实。

6.6 小结

本章通过对"来着"的历时语料的定量考察,发现它在时间指称与现时相关性两方面都明显地表现出主观化的过程。"来着"小句由表过去时间到不表过去时间,在指称过去时间方面,越来越突出最近的过去。"来着"小句的现时相关性可以概括为:A. 涉及原因或结果,B. 前后对比或正反对比,C. 引出后面的话语,D. 以反问的方式指责,E. 想不起来或提醒,F. 报道新情况。"来着"现时相关性从 A 到 F 的变异,从共时上看大致反映了主观性的高低;从历时上看则是主观化的结果,并呈现以下阶段与顺序:A、B>C、D>E>F。

本章结合动词的语义特征、小句的时间指称与语用因素来讨论"来着"的分化过程,认为动词的动态性语义特征只是提供了变化的基础,起主导作用的还是语用因素,时间指称的最终变化则是"来着"分化的分水岭,使之由体貌标记发展出情态或语气标记的功能。在"来着"的语法化过程中,既有语用意义的语义化,又有语义意义的语用化,语义意义的结构相应地投射在语用意义中。

在时体范畴的类型学和语法化研究中,完成体与现时相关性被看作时体态范畴语法化道路上的一个中间站或交叉点(Bybee,Perkins & Pagliuca 1994,Lindstedt 2000:379)。本文对"来着"的研究可以看作是对这一交叉点的解剖,并微观地刻画了现时相关性与过去时间指称之间的消长与互动的过程。这种互动过程在汉语这种没有形态化时制标记的语言中体现得非常清晰,因而有一定的类型学意义。

文章通过分析《清文启蒙》中"来着"的五种特殊用例,认为北京话"来着"的用法可能源于满语过去时的某些用法,是一个指称事件发生在过去并对现时语境有影响的标记,即完成体(perfect)标记。其语气用法是其时体用法进一步语法化的结果。从历时角度可以更好地解释"来着"与其他体标记配用的事实。

第7章 句尾"了"将来时用法的发展[*]

7.1 引言

7.1.1 句尾"了"在共时语法系统中的地位

助词"了"有两个位置,一个是动词后,一个是句尾。对这两个"了"的处理大致有三种:1)根据意义区分,"了$_1$"用动词后,表动作完成或实现,通称完成体,实际上相当于 perfective,本书称为完整体。"了$_2$"用在句尾,主要用来肯定事态出现了变化或即将出现变化,有成句的作用,通称语气助词。这种说法以吕叔湘主编(1980)为代表并广泛出现在对外汉语教材之中。然而如何区分"了$_1$"和"了$_2$",这不仅是教师和学生而且也是研究者比较头疼的问题。2)根据位置区分为词尾"了"和句尾"了"。这种观点以刘勋宁(1990)为代表。词尾"了"的性质与前面的"了$_1$"相同,句尾"了"与词尾"了"的功能有同有异,不少人称之为 perfect,本书称为完成体。[①] 3)把两个"了"合二为一,统称实现体,这一观点以石毓智(1992a)为代表。

本书接受第二种说法,把句尾"了"看作完成体。在类型学里,完成

---

[*] 本章主要内容发表于《语言教学与研究》2005 年 1 期。人大复印报刊资料《语言文字学》2005 年第 4 期转载。

[①] 望月圭子(2000)把 Comrie (1976)中的 perfective 和 perfect 分别译为完整体和完成体。

体有两个基本语义要求:1)情状发生在参照时间之前;2)情状具备现时相关性(Bybee,Perkins & Pagliuca 1994)。Li,Thompson & Thompson(1982)认为,对完成体(perfect)这样的功能范畴的普遍性应采取一种"丛"(cluster)的观点,主要看某些"核心"意义的表达方式。这样把句尾"了"当作"完成体"的体现成分就有了充足的理由。[①] Li,Thompson & Thompson(1982)的观点影响很大,但当我们进一步关注汉语的句尾"了"与类型学中的完成体有什么不同以及为什么会有这些不同的时候,就需要做进一步的思考。比如,对持第二种说法的学者来说,下面前三个例句,处理起来比较自如;后三个例句就会依次让人感到越来越难受:

(1)——张三在吗?
——他出去买东西去了。
(2)——昨晚打电话给你,可是你不在家。
——昨晚我出去买东西了。
(3)——下个礼拜三我想请你看电影……
——很可惜,下个礼拜三我就已经离开日本了。
(4)他们要来了/水快开了/衣服快穿破了
(5)来了!来了!(我这就来了)
(6)休息了!(可以休息了,该休息了)[②]

望月圭子(2000)根据Comrie(1976),把例(1)—(3)分别称之为现在完成体、过去完成体和将来完成体,把例(4)中"要/快……了"称为展望体(prospective aspect)。[③] 展望体的说法在文献中并不通行,Bybee,Perkins & Pagliuca(1994)还是把这种用法称为"即将发生"

---

① 本段引文引自徐赳赳先生的译文,徐先生是把 perfect 翻译为"已然体"。
② 例(1)—(3)引自望月圭子(2000),例(4)—(6)引自吕叔湘主编(1980)。
③ 张济卿先生在更早的时候曾引进了这一观点和术语。详见张济卿(1998b)。

(immediate future)。刘勋宁(2002)一方面认为句尾"了"主要表过去时间,另一方面又力图解释例(5)(6)表即将发生的内在机制。他认为,英语的"I am going to do something"是让进行体提前挪用表现动作的随即发生;汉语也是这样,用新事态的提前挪用表示动作的随即发生。这些研究虽各有新见,但并不透彻,特别是不能在例(3)—(6)之间作出连续和一贯的解释,不能完全令人满意。

例(3)—(6)中,"了"所在小句表示的情状都发生在将来时间,或者说句尾"了"用于将来时间的事件中,因此,这些用法可统称为句尾"了"的将来时间用法。例(4)中的将来时间是由时间副词"要、快"表示,"了"不直接表将来时间。① 例(5)(6)没有时间副词,只能认为,其中的将来时间在一定程度上是由句尾"了"表示的,我们把句尾"了"的这种用法称为将来时用法。显然这里的将来时用法是语义范畴的概念,不像某些语言中的将来时那样有专门的形态手段,属于狭义的语法范畴。本章考察句尾"了"的完成体用法和将来时用法在共时平面的联系和历时平面的发展过程。

7.1.2 语言类型学和语法化研究的相关成果

Bybee,Perkins & Pagliuca(1994:244)在研究70多种语言的时制、体貌和情态的语法化道路时发现,将来时语法形式的发展有这样几个源头:1)表施事的主观情态的词语,如愿望、意图之类;2)表方位的动词,最常见的是"来"之类的词语;3)"然后、不久"之类的时间副词;4)表现在时、完整体或未完整体意义的时体标记。前三种最常见,统称为primary future(将来时的主要来源);第四种比较特殊,称之为aspectual future(来源于时体标记的将来时)。时体标记的将来时意义

---

① 杨永龙(2001)和金立鑫(2003)都指出了这一点。

产生于受情境制约的用法,而不是直接源于语法形式的词汇意义,因而处在语法化道路的末端。时体标记的将来时意义最常见的发展方式是,由一般现在时的未完整体(general present imperfective)形式在将来时间的语境中用于将来时间的指称。在其语言样本中有 30 多种语言具有一般现在时的语法形式,这其中又有 11 种可以有将来时的用法。比较罕见的是,未完整体的语法形式用于将来时,这里的未完整体形式除了可以用于现在时外,还可以或多或少地用于过去时。这种情况只有 4 例,它们是 Isl. Carib、Tahitian、Rukai、Kanuri。最为少见的是,完整体或完成体形式用于将来时,这种情况只有 3 例。其中 Tahitian 的完整体形式实际上只能用于将来完成体的语境,比如"等你回来,我就已经死了"之类。Abkhaz 和 Baining 中的完整体形式只能理解为即将发生(immediate future)的意义。[①](第 275—278 页)Baining 语中的 sa 除了例(7)所表示的完整体和即将发生外,还另有祈使的用法(例见 245 页):

(7)　　　sa　　　　　　gōa　　　　　　tes
　　　完整体/即将发生　第一人称单数　　　吃
　　　我已经吃了/我就要吃了

　　把汉语句尾"了"的情况跟语言类型学和语法化研究的相关成果联系起来,就能发现,汉语句尾"了"的将来时用法是世界语言语法化路径中最不常见的方式中的一个难得的样本。跟其他三种语言相比,汉语的共时和历时的语料都比较丰富,已有的研究也比较细致。深入研究汉语句尾"了"将来时用法的产生时间、发展过程、句法环境和语用环境,不仅可以了解"近代汉语是如何发展到现代汉语,或者说现代汉语

---

① Bybee、Perkins & Pagliuca(1994)对体标记表将来时的论述以及各类情况样本数量的确定,较之 Bybee、Pagliuca & Perkins(1991),作了明显的修正,应以此为准。

是怎样逐渐发展来的",①深刻理解现代汉语共时系统中体貌标记的变异,而且具有显而易见的类型学意义。

7.2 句尾"了"的形成

关于句尾"了"的来源,学界主要有两种观点:一种是句尾"了"来源于完成义动词"了",该观点得到了包括王力、刘勋宁、曹广顺等在内的许多学者的支持。一种是句尾"了"源于动词"来","了"是"来"的弱化形式,该观点始于赵元任,后得到了孙朝奋等的支持。(详见 Wu 2000)

即使是持第一种观点的学者,对于动词"了"是如何或在什么时候发展成为句尾"了"的,词尾"了"和句尾"了"的发展顺序是怎样的,意见也不一致。

曹广顺(1987)认为,词尾"了"先于句尾"了"。唐代是句尾"了"形成的重要准备时期,这一时期出现了三种新的语法格式:1)处于复句句尾的"动(+宾)+了",2)"动+了+宾",3)"动+却+宾+了"。1)为句尾"了"的结句功能占据了相应的语法位置,2)和3)为句尾"了"的虚化提供了必要条件。宋朝是句尾"了"最终形成的时期。北宋时期,"动+了+宾"的广泛使用,为词尾"了"和句尾"了"的分化准备了条件。南宋时期,"动+了$_1$+宾+了$_2$"的出现标志着句尾"了"的形成。南宋中晚期,句尾"了"可以用于假设条件句或将来完成句中,如例(8)和(9)。这些情况表明句尾"了"已经发展成熟了。

(8)不平心看文字,将使天地都易位了。(朱子语类·卷一百二十五)

---

① 见蒋绍愚(1998)。蒋先生认为这个问题"特别应当强调","是一个很值得研究的问题"。而近代汉语"语法的研究则偏重于某种语法格式的起源,对近代与现代的联系注意不够"。本书的研究思路受到了蒋先生思想的启发和鼓舞。

(9) 身躯空许大,只恐明日倒了。(洪迈·夷坚志·丙志·六)

潘维桂、杨天戈(1980)提出,在唐、五代时期,有一些句尾"了"兼表完成意义与陈述语气,有的还用在动补结构之后,成为表时态的语气词。但是,此说一直被认为太早(蒋绍愚 1994)。20 年后,石毓智(2000)和 Wu(2000)几乎是同时分别在国内外基于不同的学术背景和理论基础根据大致相同的证据提出,句尾"了"先于词尾"了"。① 石毓智(2000)从结构形式入手,认为非动作动词和动补结构不能带补语,因此"非动作动词+了"或"动补结构+了"应该是"了"语法化的标记。可以肯定,晚唐五代,句尾"了"已经产生,词尾"了"还未出现。② Wu(2000)的观点可能受 Bybee, Perkins & Pagliuca(1994)的影响。Bybee, Perkins & Pagliuca(1994:85—86)指出,在印欧语系之外,同样有证据支持"完成体>完整体或过去时"的发展路径。表示现时相关性和情状在参照时间之前的汉语句尾"了"源于完成义动词"了"。在句尾功能形成之后,"了"发展出新的用法——直接出现在动词之后。从历时的角度来看,显然是句尾"了"早于词尾"了"并发展出词尾"了",尽管两者共同出现在今天的语言中。Wu(2000)指出,"了"在唐朝开始用于状态情状句的句尾位置,不再表示完结而是表示状态的实现或起始。Wu 还根据 Kim(1998)和太田辰夫(1958)的证据指出,在《重刊老乞大》(1795)中句尾"了"仍念[liau],在《儿女英雄传》中句尾"了"后面的"啊"写作"哇"。这说明在 19 世纪末,"了"还没有彻底完成从[liau]到[le]的弱化。这有力地证明了句尾"了"与动词"了"的直接联系。

---

① 需要特别指出的是,晚唐五代的句尾"了"与现当代的句尾"了"在功能上肯定有所不同。这方面的详细综述可参加蒋绍愚(2005)。蒋绍愚(2005)基本认可石毓智(2000)的观点。
② 卢烈红(1998:230)指出,根据《祖堂集》的情况,句尾"了"的产生时间不会晚到北宋,至迟应在此前的晚唐五代。但卢文没有充分展开论证。

Wu(2000)还特别指出,早在《传灯录》中"了"就出现了一例可以作展望体理解的句子,如例(10),可理解为将要到望江亭等地与人相见:

(10)雪峰谓众曰:"诸上座到望江亭上与上座相见了;到乌石岭与上座相见了;到僧堂前与上座相见了。"(《传灯录》卷19)

Wu 认为该例作展望体的理解比完成体或完整体的理解还要自然一些。因为要做完成体理解时,必须把"到"解释为"在"。该例在文献中常常被引用,其他学者并没有这种理解。由于仅此一例,句尾"了"的将来时用法的起源并不清楚。笔者认为,现有的研究比较注重考察句尾"了"的起源和形成,但对其后期将来时用法发展的研究并不深入。下文将在曹广顺(1987)、Wu(2000)的基础上进一步讨论这一问题。

7.3 句尾"了"将来时用法的发展

为了追踪句尾"了"将来时用法的形成与发展,笔者检索了北大语料库中《朱子语类》、《金瓶梅》、《红楼梦》(前80回)、《四世同堂》以及王朔作品中所有的句尾"了"。原始例句数量很大,动辄数以千计,这里仅考察跟句尾"了"的将来时用法相关的现象。

7.3.1 《朱子语类》中与将来时用法相关的句尾"了"

(一)小句表假然的条件,"了"出现在条件分句,全句均没有表将来的时间成分。许多语言里,涉及将来时间的条件分句并不使用将来时的语法形式,所以,句尾"了"出现在这种语境里也非常自然。

(11)若与说得是非通透了,他也自要做好人。(卷130)

(12)若识得一个心了,万法流出,更都无许多事。(卷124)

(二)小句表假然的结果,"了"出现在结果分句,全句均没有表将来的时间成分。比较而言,条件句的结果分句一般都是用将来时。① 从这个角度来看,这种情况可以视为句尾"了"将来时间用法的前兆。

(13) 若能如此,便是心在,已有七、八分仁了。(卷49,引自木霁弘1986)

(14) 不仕则无以行其义,更无君臣之义了。(卷48,引自木霁弘1986)

以上两种假然的情况,在《朱子语类》中都很常见。以下的情况则比较少见,几乎是穷尽列举。

(三) 小句表假然的结果,结果分句带有将来时间标记的副词或时间名词。

(15) 不平心看文字,将使天地都易位了。(卷125,同例8,引自曹广顺1987)

(16) 今日须要作中和,将来只便委靡了。(卷129)

(17) 桧怒甚,问范:"如何行遣?"范曰:"只莫采,半年便冷了。若重行遣,适成孺子之名。"(卷131)

(18) 国手曰:"汝棋本高,但未曾识低着,却恐与人下时错了。我带你去半年,只是欲汝识低着耳。"(卷121)

(四) 小句表将然的条件,"了"出现在前一分句,强调两者的事件先后关系;条件句中有"先、等、待、后三五年去"等词语,表示将来的条件。

(19) 但须先结了那一种了,方可及这里。(卷67,引自木霁弘1986)

(20) 且等我看了一个了,却看那个。(卷80,引自木霁弘1986)

---

① 英语条件句的从句用现在时,主句用将来时,如:I'll come unless it rains (不下雨我就来)。

(21) 义刚问:"东坡限田之说如何?"曰:"那个只是乱说!而今立法如霹雳,后三五年去,便放缓了。"(卷98)

(五)小句表按计划即将发生的事件,句中有表将来时间的时间副词"将"。"了"出现在前一分句,强调应该实现与临时变卦的对比;这种用法在当时还是偶发的个别现象,仅此一例。

(22) 吕德远辞,云将娶,拟某日归。及期,其兄云:"与舍弟商量了,且更承教一月,却归。"曰:"公将娶了,如何又恁地说? 此大事,不可恁地。宅中想都安排了,须在等待,不可如此了。"即日归。(卷120)

(六)小句表祈使,杨永龙(2001)指出,《朱子语类》中表祈使句的"了",有的表示动作有了结果,跟动词后的"掉"很相似,如例(23);也有的意义比较虚,如例(24)。

(23) 须长照管,不要失了。(864页,引自杨永龙2001)

(24) 然亦要子细识得善处,不可但随人言语说了。(92页,引自杨永龙2001)

7.3.2 《金瓶梅》中与将来时用法相关的句尾"了"

《金瓶梅》中表假然的句子很多,这里不再列举。下面着重列举对句尾"了"的将来时用法具有发展意义的现象。

(一)小句表将然,预言将来的结果;带将来时间的词语,这种用法比较少见。

(25) 这里李瓶儿请过西门庆去计议,要叫西门庆拿几两银子,买了这所住的宅子:"到明日,奴不久也是你的人了。"(14回)

(26) 翟谦道:"如今我这里替你差个办事官,同你到下处,明早好往吏、兵二部挂号,就领了勘合,好起身。省的你明日又费往返了。我吩咐了去,部里不敢迟滞你文书。"(30回)

(二)小句表祈使,对当前或将来作出交代。此种用法颇多,且跟《朱子语类》中的情况相当。

(27) 西门庆喝令:"与我放了。"(35回)

(28) 临去,西门庆说道:"事便完了,你今后,这王三官儿也少招揽他了。"(55回)

(三)用于情态句,对情状的发生做出预测或指出某种必然性;这种用法也不多见。情态和将来时有着内在的联系,情态句的事件都有可能成为将来发生的事件。

(29) 伯爵因问:"李桂儿还在这里住着哩?东京去的也该来了。"西门庆道:"正是,我紧等着还要打发他往扬州去,敢怕也只在早晚到也。"(55回)

(30) 拿起令钟,一饮而尽,就道:"云淡风轻近午天。——如今该常二哥了。"常峙节接过酒来吃了,便道:"傍花随柳过前川。——如今该主人家了。"(54回)

(四)句尾"了"所在的分句陈述既成事实,后续句指出下一步的安排,具有祈使意味。这种用法较多,即 Li, Thompson & Thompson (1982)所说的已然事件预示"下一步将发生什么"。

(31) 陈敬济催逼说:"夜深了,看了快些家去罢。"(24回)

(32) 财主慌的道:"屁不臭,不好了,快请医人!"(54回)

(33) 李瓶儿道:"小大哥原来困了,妈妈送你到前边睡去罢。"(39回)

(34) 因吩咐来保:"你辛苦了,且到后面吃些酒饭,歇息歇息。"(54回)

(35) 月娘说:"孟三姐和桂姐投壶输了,你来替他投两壶儿。"(52回)

(五)报告一件已经发生或即将发生的事件,该事件与当前的情景有强烈的相关性;这类句子时间指称有的明确,如例(36)中句尾"了"所在分句有"随后",例(37)句尾"了"所在分句前有"先",后有"须臾"。有的有已经发生或即将发生两种理解,不过例(38)更倾向于解释为"已经发生";这种"报"的环境有些模式化,动词均为"来",具有很高的频率,可能是句尾"了"表将来时的初始语用环境。

(36) 书童、玳安道:"爹<u>随后</u>就到了。我两人怕晚了,<u>先</u>来了。"不多时,西门庆下马进门……(53回)

(37) 良久,只闻喝道之声渐近,前厅鼓乐响动。平安儿<u>先</u>进来报道:"乔太太轿子到了!"<u>须臾</u>,黑压压一群人,跟着五顶大轿落在门首。(43回)

(38) 忽见看园门小厮琴童走来,报道:"爹来了。"慌的两个妇人收棋子不迭。西门庆恰进门槛……(11回)

7.3.3 《红楼梦》中与将来时用法相关的句尾"了"

(一)用于情态句,对事件的发生赋予某种程度的强制性,或强调事件发生的必然性或必要性;这种用法开始多见,前20回就有10例。

(39) 贾母听见,岂不欢喜?因有此三益,便向宝玉道:"我的事都完了,你要在这里逛,少不得索性辛苦一日罢了,<u>明儿可是定要走的了</u>。"(15回)

(40) 今儿得了这样的彩头,<u>该赏我们了</u>。(17回)

(二)小句表即将发生,特指即将到来的某个有特定含义的时间点对当前行为的要求,即未然事件预示"下一步将发生什么"。"了"出现在前一分句,强调时间的紧迫性,将来时间由形容词"快"表示。这种情况《红楼梦》仅发现1例,例(42)是《儿女英雄传》中的例句,但形式上略有不同。

(41) 只见秋纹走进来,说:"快三更了,该睡了。方才老太太

打发嬷嬷来问,我答应睡了。"(19回)

(42) 太太说,"这离三月里也快了,拿出来看看,该洗的缝的、添的置的,早些收拾停当了,省得临时忙乱。"(《儿女英雄传》13页)

(三)小句表即将发生,强调将要到来的某个事件对当前行为的影响,增强相关言语行为的理由和力度;将来时间由副词"就、要"等表示。这比前面的特定时间又更为抽象。这种情况《红楼梦》中也不多见。

(43) 宝玉笑道:"起来吃饭去,就开戏了。你爱看那一出? 我好点。"(22回)

(44) "想是你要死了,胡说的是什么!……"(30回)

(45) 前日有人家来相看,眼见有婆婆家了,还是那们着。(31回)

(四)表即将发生,特指说话人随后的行动,并具有"告别"功能,小句的动词均有"离开"的意思。注意主语为第一人称,说话人在场,不会理解为过去时间。动词前有的表将然的时间副词"要",如例(46);有的有表现在时间的时间名词"如今",如例(47)(48);有的有语气副词"可、也",如例(49)(50);也有的完全没有时间词语,如例(51)—(53)。可见,这一时期,该用法还不稳定。

(46) 尤氏道:"也是才吃完了饭,就要过去了。"(11回)

(47) "好姐姐,你千万照看他两天。我如今去了。"说毕出来,又告诉晴雯。(27回)

(48) 我如今要别过了。(47回)

(49) "你三人就在这里罢,茶也现成了,我可去了。"说着,带门出去。(38回)

(50) 黛玉道:"我也家去歇息了,明儿再见罢。"说着,便自取路去了。(29回)

(51) 凤姐儿说道:"……好生养着罢,我过园子里去了。"(11回)

(52) 平儿笑道:"这会子有事不和你说,我干事去了。一回再打发人来请,一个不到,我是打上门……"(63回)

(53) "别这样捉弄人家,我家去了。"(40回)

(五)报告一件刚刚发生或即将发生的事情,该事情与当前的情景有强烈的相关性,这在《红楼梦》中更为多见。下面是"即将"发生的例子,画波浪线的语句表示"来了,来了"之后所发生的事件,画虚线的句子才是真正的"缓缓行来"。实际间隔时间是如此之长,可见这里的"即将"也是主观性的。

(54) 方点完时,忽听外边马跑之声。一时,有十来个太监都喘吁吁跑来拍手儿。这些太监会意,都知道是"来了,来了",各按方向站住。贾赦领合族子侄在西街门外,贾母领合族女眷在大门外迎接。半日静悄悄的。忽见一对红衣太监骑马缓缓的走来,至西街门下了马,将马赶出围幕之外,便垂手面西站住。半日又是一对,亦是如此。少时便来了十来对,方闻得隐隐细乐之声。一对对龙旌凤翣,雉羽夔头,又有销金提炉焚着御香;然后一把曲柄七凤金黄伞过来,便是冠袍带履。又有值事太监捧着香珠、绣帕、漱盂、拂尘等类。一队队过完,后面方是八个太监抬着一顶金顶金黄绣凤版舆,缓缓行来。(17—18回)

7.3.4 《四世同堂》中与将来时用法相关的句尾"了"

《四世同堂》中的句尾"了"有两点值得注意:

(一)表即将到来的时间或事件显著增多,共有 21 例。用法也越来越宽泛,有的现时相关性非常紧迫,如例(55)(59);也有的不甚明显,如例(57)。这显示句尾"了"与时间副词共同表示即将发生已经较为常见,现时相关性也越来越泛。

(55) "要关城了!赶紧预备点粮食呀!"

(56) "你连屁大的官儿都没作过?""这就快作了啊!"

(57) 快到家了,他遇见了棚匠刘师傅。

(58) 大哥,我不想活着了,快七十了,越活越矮,我受不了!

(59) "快着点!我的腕子快掉下来了!""别忙!别忙!我怕伤了你的肉!"

(60) 我没办法!我的心快碎了,可是想不出办法!

(二)《四世同堂》很少出现第三人称的"报"的场景,这有其社会原因。但出现了1例第一人称的类似用例,这里是用来"应答",表示马上就来,动词也是"来",这也是一种新的发展。与《红楼梦》相比,《四世同堂》没有发现"告别"的用例。

(61) 忽然的,她立起来,像公鸡搔土似的,四处搜寻,把身子,头,手脚,碰在门上,墙上。"我的钞票呢?钞票呢?谁把我的钱藏起来?谁?藏在哪儿?"碰得浑身是血,她立定了不动。歪着头,她用心的听着,而后媚笑:"<u>来了!来了!</u>你们传冠所长过堂吧?"可是,连个人影也没有。

7.3.5 王朔作品中与将来时用法相关的句尾"了"

(一)王朔作品中句尾"了"跟时间副词一起表示将来的用法、跟情态词语搭配的用法,都很常见。值得注意的是,《四世同堂》没发现"告别"的用例,而王朔作品中的这种用法有十几例,与《红楼梦》相比,这种用法大多不用时间副词或语气副词。例如:

(62) "<u>我走了</u>。"丁小鲁站起来,"<u>我真走了</u>。""别走别走,千万别走。"

(63) "真的不吃了,我晚上还有事,<u>走了</u>。""你去哪儿?"小杨问于晶。

(二)王朔作品中也出现了1例"来了"作"应答"的例子,如:

(64)"胡亦胡亦。"那两个年轻人在外面叫,"在哪儿呢?走不走啊。""<u>来了</u>。"胡亦闻声往外走,"<u>来了</u>来了。""等等。"我粗暴地抓住她胳膊。

(三)王朔作品中的句尾"了"出现了一种新用法,即例(65)。刘勋宁(2002)指出,这样的用例多用于在开饭前说"开饭了,开饭了!"之类的情景,都是用来告知某一情状即将开始,并催促人尽快行动。本章把这类语用环境概括为"催促",书面上一般带感叹号,可见其现时相关性相当强烈。

(65)"<u>起床了</u>!"他像往常一样粗鲁地吼了一声……

"该<u>起床了</u>,你看都几点了?"他和颜悦色地柔声说。

通过对句尾"了"将来时用法发展过程的详细考察,发现句尾"了"已经能先后在四种特定语境中不需要时间副词,就可以表示即将发生,即"报""告别""应答""催促"。在这些语境中,除了"报"之外,都不可能理解为过去时间。我们不能说,这些情况下将来时完全是由语境表达的,因为这些语境已经至少有四种不同的模式。因此,我们可以认为,句尾"了"在上述四种句法和语用条件下,具备将来时的时间指称功能。将来时是句尾"了"在一定语用环境下发展出来的新的句法语义功能,这种新的功能也是语法化的一种结果。另外,值得注意的是,上述四种语境中除了"催促"之外的三种情况下,句中的动词一般都是带有方向和位移意义的动词。

7.4 与句尾"了"将来时用法相关的理论问题

7.4.1 "要/快……了"中的"要"与"了"的性质

对于例(4)"他们要来了/水快开了/衣服快穿破了"中"了"的性质,学界有不同的看法,这关系到对句尾"了"将来时间的各种用法作一致性解释的问题,所以有必要予以澄清。

叶萌(1999)、望月圭子(2000)都认为例(4)中的"了"不符合完成体"情状发生在参照时间之前"这一普遍特征。他们都把句中的参照时间定位于说话时间。笔者认为,这种看法有误,没有正确区分说话时间和参照时间。说话时间和参照时间之间的关系反映的是时,参照时间与情状时间(也叫事件时间)之间的关系反映的是体。先看下面一组例句:

(66) 看样子天快晴了。

(67) 不久,天就会晴了。

(68) 过一个小时,天就晴了。

(69) 再刮一阵风,天就晴了。

这一组例句中,说话时间都可以定位为现在,"天晴"的情状时间都是将来时间。参照时间的表示手段看起来各不相同,例(69)是用小句形式"再刮一阵风"来表示,例(68)是用词组形式"一个小时后"来表示,例(67)主要是用时间名词"不久"来表示。前三者参照时间都是将来时间。同理,例(66)中的参照时间也不可能是现在,只能是"离现在很近的某个将来时间",只不过这个参照时间是用时间副词"快"来表示。实质上,他们的参照时间都是"将来",而且都是相对于这个将来时间,情状已经发生。如果说,例(68)、(69)是将来完成体,那么,我们就很难否认例(66)、(67)也是将来完成体。因为时间副词、时间名词跟时间状语从句的语义功能一样,都是提供一个不同于说话时间的参照时间。因此,笔者认为,带有时间副词"快、要、就"等的句尾"了"小句表示将来时间的事件,这种将来时间是由副词来指称的,其中的句尾"了"本身不表将来时间,仍表示完成体。更准确地说"要/快……了"格式表示即将完成体。即将完成体是将来完成体的一种,它与现在完成体、过去完成体一样,都是"情状发生在参照时间之前"。①

7.4.2 句尾"了"将来时用法语法化的阶段和机制

根据前文对句尾"了"将来时相关用法的考察和区分,这里把句尾"了"将来时用法的语法化过程概括为以下两个阶段:

第一阶段:由现在完成体、过去完成体发展为将来完成体(含即将发生),将来完成体的参照时间由条件分句发展为时间短语乃至时间副词。第一阶段始于晚唐五代,到南宋已经完成。第二阶段:将来完成体的时间副词由可隐可现发展为无需出现,句尾"了"具有将来时的用法。第二阶段始于明代,到清代大致形成,并在现当代得到更广泛的使用。

在句尾"了"将来时用法语法化的过程中,类推和语用推理的作用最为明显。在第一阶段,由现在时的完成体、过去时的完成体到将来时的完成体,它们之间的时间参照关系不变,只是把这种参照关系由一种时制推广到另一种时制。类推实际上也是一种抽象化或普遍化。在第

---

① 杨永龙(2001:119—180)指出,"快放假了"中的"了"仍表状态的实现,即"快放假"这种状态在说话时已经实现,是已然的。笔者也曾有过同样的设想,不过现在认为,这种处理方法把"时"的表达内容变成了情状的一部分,使得情状时间或事件时间也失去了客观的标准,从而难以区分时体意义。不如处理为"在不久的将来,放假成为现实",将"快"处理为表时的成分,"了"处理为表体的成分。

一阶段时间指称范围得到了扩展的同时,参照时间的语言表现形式也逐步简缩。不难看出,在句尾"了"的语法化过程中,意义的变化与扩展伴随着形式的简化。

第二阶段,句尾"了"将来时用法主要来自于四种典型语境的推理。有的事件,如"报",有已经发生或即将发生两解,语境(包括必要的上下文)实现其中的一种解释。更多情况下,语境拒绝已然的解释,如"告别",说话人说这句话的时候本人就在现场,不可能是已然事件。又如"催促"都是在情状发生之前催促,"应答"的语境是未见其人,先闻其声。在通常情况下,句尾"了"是表明相对于参照时间情状已经发生,可是典型语境又现场显示情状尚未实现。语言惯例与语境的尖锐冲突促发了一种新的语言惯例的产生——句尾"了"兼表"即将发生"。当然,由一种语境扩展到另一种语境,这里面也可能有类推的作用。

我们还注意到,在句尾"了"将来时用法逐步发展的过程中,句尾"了"同样可以出现在情态句、祈使句中。这说明句尾"了"将来时指称功能的发展也不是孤立的,而是伴随相关用法协同发展而来。而语法化的研究已经表明,将来时的语法形式很多是从情态成分发展过来的,它们之间有着内在的联系。

7.4.3 句尾"了"语法化过程的类型学意义

句尾"了"将来时用法的发展过程与 Bybee, Pagliuca & Perkins (1991)、Bybee, Perkins & Pagliuca(1994)的研究结果相比,有几点是吻合的:1)经由完成体或完整体标记发展而来的将来时用法,除个别表将来完成体外,均表即将发生;2)产生将来时用法的时体标记绝大多数都是单音节;3)时体标记的将来时用法产生于受语境制约的用法,是语法化后期产生的新用法,而不是直接源于语法形式的词汇意义。

汉语句尾"了"将来时用法的发展过程相对于其他几种语言来说比

7.4 与句尾"了"将来时用法相关的理论问题

较清楚,文献也更为连贯和丰富,因此在以下几点上对类型学的体貌研究有一定的启发:

(一)就汉语而言,句尾"了"的将来时用法直接源自于句尾的"了"的完成体用法,而不是句中的完整体用法。而在 Bybee 等人的研究中,可能是受语料的限制,并没有明确区分与将来时用法直接相关的是完成体还是完整体。

(二)时体标记的两种将来时间用法之间可能存在着语法化上的联系,将来完成体的用法先于最近将来时。汉语的这一现象可以启发我们对 Bybee, Perkins & Pagliuca(1994)提到的其他语言进行更细致的考察。

(三)Bybee, Perkins & Pagliuca(1994)提出的"完成体>完整体>过去时"的单线发展路径略显简单。(参见 4.4.1 的介绍)事实上,在他们的研究样本中,并没有发现一例是由完整体发展成为过去时,尽管从理论上讲,过去时的辖域更大,对动词的适应面更广。Bhat(1999)认为,从类型学的角度来看,Bybee, Perkins & Pagliuca(1994)所假设的语法化路径相当地令人费解。Bhat 还提出了与之不同的假设:体范畴相对突出的语言和时范畴相对突出的语言会表现出不同的语法化路径,体范畴相对突出的语言直接从早期的完成体结构发展出完整体标记,时范畴相对突出的语言直接从早期的完成体结构发展出过去时标记。Lindstedt(2000)也指出,现时相关性不仅仅是一个功能范畴,而且也是一个交叉点(junction):具有不同源头的语法化路径,如结果性成分、完结性成分在此汇聚,然后从这里又进一步通向经历体(不定过去时)、完整体的过去时、一般过去时,乃至于间接传信成分(indirective)。因此,汉语句尾"了"由完成体发展出最近将来时用法的过程,更说明了完成体成分语法化道路的多向性和复杂性。

(四)句尾"了"将来时用法的四种语境"报"、"告别"、"应答"、"催促"中有两种只能用于第一人称,它们是"告别"、"应答"。另外两种都有强烈的现时相关性。这说明这四种用法都是一种强主观性的用法。可见,完成体的将来时用法的产生最终是语言发展的主观化的结果。另外,汉语句尾"了"的某些语气用法尽管已经不再属于完成体,但仍然是主观化的结果,如"房子太小了,住不了这么多人"(杨永龙 2001:126)。刘勋宁(2002)认为,这里的"了"所不同的是表示与某一标准比较的结果。笔者认为,参照的标准由客观的时间点变成了理想的标准,这也是一种主观化。

7.5 小结

本章考察句尾"了"表将来时用法的发展过程。发现这种用法主要是由"了"的现时相关性所促动并经历了三个阶段,"了"直接表将来时的用法形成于明清时期,其间表示将来时间的副词由可隐可显逐渐发展为无须出现。汉语句尾"了"由完成体发展出表即将发生的功能,这是世界语言语法化路径中比较少见的一种,因而具有比较重要的类型学意义。句尾"了"表将来时的四种用法都具有比较强的主观性,主要表现在这些用法对现实语境都有明显的促动作用,有的具有类似于祈使句所具有的祈使力,如表"催促"和"报"的用法;有的具有明显的言语行为功能,如表"告别"和"应答"的用法。可见,完成体的将来时用法的产生最终是语言发展的主观化的结果。

第 8 章 双"了"句的兴衰*

8.1 引言

刘勋宁(2002)指出,北京话本来的标准句型是:V 了 O 了。可是近年来,大量出现这样的句子:

我回家了。

我吃饭了。

我去公园儿了。

我买三个了。

我打二两油了。

动词后的"了"不见了。刘勋宁(2002)认为,这是北京话的一个重要变化,并将会引起汉语语法性质上的重要变化,何去何从,是一个值得瞩目的课题。刘文的观点引发笔者对"V 了 O 了"的发展产生兴趣。

为了称说方便,本章把"V 了 O 了"简称为双"了"句(Double "le", Chappell 1986),前一个"了"为动词词尾"了",其意义大致相当于完整体(perfective);后一个"了"称为句尾"了",其意义大致相当于完成体(perfect)。其中的 O 包括真宾语和准宾语,而这里的准宾语又包括动量宾语、时量宾语、数量宾语三类(朱德熙 1982:116)。本章将在前人

---

* 本章以"汉语双'了'句的兴衰及相关的理论问题"为题载《语法研究和探索》(十三),商务印书馆,2006 年。编入本书时略有改动。

相关研究的基础上,进一步追寻双"了"句在结构、语义、语用等方面的发展过程,并探讨相关的理论问题。

8.2 双"了"句的现有研究及理论背景

8.2.1 "看了三天了"的讨论

自从吕叔湘(1961)提出"这本书看了三天了"的问题之后,国内文献对双"了"句的探讨主要集中在这方面,如郑怀德(1980)、吕文华(1983)、卢英顺(1993)、杨宁(2004)、陈忠(2004)。正如 Chappell(1986)指出的那样,许多研究者都认为,双"了"句的功能类似于英语持续性的现在完成时"have been V-ing",该形式负载着动作将会持续的隐含。

8.2.2 Chappell (1986)对双"了"句所受的各种限制的分析

Chappell(1986)是目前所见到的唯一一篇从共时角度全面分析双"了"句的句法语义语用限制的文献。该文把两个"了"同现的句子概括为:

NP_1(话题)[NP_2(主语)]— V —了— NP_3—了

其中,NP_3 包括:指称性 NP(一碗饭)、时间性 NP(一天)、动量成分(一次)。

Chappell(1986)指出,除了郑怀德(1980)以外,其他文献一般都是在讨论词尾"了"和句尾"了"之外以很少的篇幅涉及双"了"句。该文旨在显示,双"了"句的意义不同于词尾"了"和句尾"了"所具有的时、体或态的意义的合并,并有着不同的句法限制。

8.2 双"了"句的现有研究及理论背景

Chappell(1986)认为,双"了"句一致性的语义特征是:双"了"句表示对某个特定预设(assumption)的肯定,该预设认定某个事件已经发生。这就是双"了"句的"公分母"或共同的、一致性的特征。对于双"了"的这一观点,我们可以用通俗的语言表达为:确认某一事件已经发生。

Chappell (1986)还把 NP_3 分为单数和复数两类,并精确地讨论了两类双"了"句的语义及可能的语用推理。

NP_3 为单数的双"了"句的语义:事件如人所期待的那样已经发生。如"孩子睡了觉了",表示孩子在该睡觉的时候睡觉了。其语用推理为事件不必再发生,或者事件发生这一次就足够了,不应当再发生。

NP_3 为复数的双"了"句的语义:事件发生到如此一个程度,以至于超过了人们的期待。如"我妻子怀孕了 10 个月了"。其语用推理为事件发生得如此之多或太多了。

根据以上分析,双"了"句总的语义应是:确认一种预设,该预设认为某个事件应该发生或已经发生。而不是像 Chappell(1986)所认为的那样:该预设认为某个事件已经发生。

Chappell(1986)认为,由于双"了"句的语义特征在于"确认某个事件已经发生",因此,在每一个双"了"句中,所涉及的事件对说话人与听话人而言都是已知的,是旧的信息,在特定语境中是确定的。因此,双"了"句不会用来开始一段话语,且这一看法得到文章所分析的语料的支持。

Chappell(1986)还分析了双"了"句中动词类别的限制。认为这种限制是语义方面的而不是句法方面的。对于有生主语而言,只有意愿与可控的动词才能出现在双"了"句中,不过"有"是个例外("没"也是个例外,笔者注)。动词"想、能"也与双"了"句不兼容,因为他们缺乏动态意义。最后,双"了"句不能与结果性动补复合词(resultative verb compound)"写完、撞破"等同现,并认为,这是因为结果性动补复合词表示事件的结束,一般不会有事件持续或当前相关的解释。

本章将以上述分析为基础,分析双"了"句在发展过程中所体现的句法、语义和语用特征的变化,并对 Chappell(1986)的观点加以验证。

8.2.3　Schwenter(1994)对报道新情况的分析

国内外的研究者都认为双"了"比较接近于完成体(perfect)的用法。因此有必要看一看类型学对完成体的研究成果,下文的综述与例证主要根据 Schwenter(1994)。

研究者一般认为,完成体是用来描述一个在说话时间具有现时相关性的过去情状,或者是一个在过去开始且持续到现在的情状(Schwenter 1994:998)。

完成体不能用来叙述特定的、前景化的序列事件,这是它与完整体的区别(Hopper 1979)。不过,完成体可以用来把背景性的评论插入到叙述语篇的故事主线之中(Givón 1982)。尽管有许多不同的功能被归结到完成体,但只有少数几个功能被证明是在跨语言的范围内有规律地与这一范畴联系在一起。这些功能一般被分为下列 5 类,类与类之间还会有一定的重叠。这 5 类中的四种分别是:

(一)结果性完成体(resultative perfect),表示当前的状态是由过去发生的动作所引起的。例如:

(1) Joe has left (i. e. he's not here).
乔离开了(他不在这里)。

这种用法的完成体一般用于描写状态变化的终结(telic)动词。

(二)经历性完成体(experiential perfect),表示特定的情状在过去到现在的一段时间内至少发生过一次。作为这些过去经验的结果,施事具备了某种知识。例如:

8.2 双"了"句的现有研究及理论背景

(2) Maria has lived in Bangkok.

玛丽亚在曼谷住过。

该例用法表示 Maria 有关曼谷的知识是由参观该城市的结果所带来的。

(三) 持续性的完成体(continuative perfect)，表示一个过去发生并持续到现在的情状。例如：

(3) I have lived in California since September.

我从九月起就一直住在加利福尼亚。

(四) "现时相关性"(current relevance)功能，例如：

(4) S：I hope I can stay with Jennifer in Berkeley.

我希望能和詹妮弗一起待在伯克莱。

J：You can't, she's moved.

你不能，她已经搬走了。

尽管 Anderson(1982)等把"现时相关性"的用法单列出来，但这一功能一般认为与其他几类有明显的重叠，特别是结果性完成体，它多用于因果解释的语境。因此，也有学者把 current relevance 作为上位概念，用来概括完成体的各种用法的相关(Dahl & Hedin 2000)。本章即采取这一观点，从广义的角度理解现时相关性。

Schwenter(1994)首次详细地论述了完成体的第 5 种功能：报道新情况(hot news)。[①] 在完成体范畴的研究中，报道新情况的用法所得到的关注或许是最少的。仅有少数几个研究明确提到报道新情况，研究的语言也主要集中于英语。

与以上几种完成体的用法不同的是，其他的完成体都强调某种类

[①] 有关"报道新情况"的概念，在第 6 章讨论"来着"时也将涉及，但限于篇幅，没有充分展开。

型的当前结果,而报道新情况对事件的强调仅仅是"根据事件的即时性(immediacy)以及它所感受到的重要性(significance)而认为它是相关的"(Carey 1990:6)。

完成体的报道新情况的用法与完整体的用法比较接近:

(一)完成体报道新情况的用法的一个显著事实是该用法一般是孤立的报道,以便在语篇中引入一个新的话题。如例(5)的斜体部分 *Rock musician Frank Zappa has died*(摇滚音乐家 Frank Zappa 去世了):

(5) *Rock musician Frank Zappa has died*. A family spokesperson reported that the entertainer passed away at his home Saturday after a long bout with colon cancer (KTVU News, Jannuary 6,1994).

摇滚音乐家 Frank Zappa 去世了。一位家庭发言人说,这位艺人是由于结肠癌的长期折磨而于周六在他的家里离开人世的。

报道新情况的用法的孤立性与完整体功能的"前景性"有些近似。可以看出,孤立的报道虽然是强调过去的事件,但仍然和后续小句构成一个完整的语篇。它与当前语境的联系完全是由说话人主观认识所决定的。Engel(1999:140)也指出,报纸上绝大部分报道新情况的例子都出现在首句,其即时性可以把读者吸引到语篇之中。

Schwenter(1994:1011)指出,当代英语中报道新情况的用法主要出现在大众媒体之中,在日常的会话之中很难发现。Schwenter 举的一个例子是:一个朋友在电话中告诉他:My cat has just had kittens(我的猫刚生了仔)。

(二)报道新情况的用法所呈现的信息是第一次传递给其他人,而完成体的其他用法所传递的信息一般是旧的但与当前相关,或者是提醒听话人过去的情状仍然相关。

(三)一般的完成体用法在叙述语篇中都是扮演背景的角色,而报道新情况的完成体不仅能报道前景事件,而且还能连用以用来叙述一系列的新事件。例如:

(6) J: Does anyone know if Clinton's here yet?

有谁知道克林顿是否还在这里?

B: Yes, they've just pulled up out front; they've brought him up to the plaza; now I think they've put him up on stage.

我知道。他们刚在观众中待了一会儿;他们已经带他走过广场;现在我琢磨他们已经带他登台(亮相)了。

由以上几个方面可以看出,报道新情况的用法比其他几种完成体用法更接近于完整体。

Carey(1990,1995)考察了英语完成体多种用法的发展过程。在古代英语中,have + -ed 首先在终结动词句中具有结果性用法,然后在非终结动词句中(如 know)产生经历性用法;在中古英语中,开始具有持续性与类似于狭义的现时相关性的用法。但是 Carey(1990,1995)并没有考察报道新情况的用法的发展过程,只是指出可能较晚。

Schwenter(1994:1018—1019)发现,报道新情况用法是完成体向完整体发展的一个重要阶段。比如与墨西哥西班牙语不同,西班牙本土的西班牙语的完成体不仅可以用来表示当前时刻之前刚刚发生的过去情状,而且可以用来表示当天发生的所有的过去事件。作者认为,一旦完成体形式只是用来表示即时性,那么作为报道新情况的惊奇的价值就已经被腐蚀。如果即时性也倾向于逐渐腐蚀,那么该结构形式就会最终变成完整体或过去时的标记。

根据上述文献的看法,当代汉语双"了"句不能表达新信息,不能用于开始一个新的话语(Chappell 1986),因此不应该具有 Schwenter(1994)所谓的报道新情况的用法。因此,本章在考察双"了"句的发展过程中,重点考察其报道新情况用法的有无及其历史发展。

8.3 双"了"句结构的发展过程

为了追踪双"了"句的形成与发展,笔者选择的语料包括北京大学汉语语料库中《朱子语类》、《金瓶梅》、《红楼梦》(21—80回)、《四世同堂》以及王朔作品等五种语料以及《儿女英雄传》。检索工具为"语言学知识的计算机辅助发现工具",是北京语言大学宋柔教授研发的基于字索引的软件。检索式为"了+<6+了",即两个"了"之间少于6个汉字的所有句子,再通过人工干预确定合格的句子。之所以选择两个"了"之间的名词性成分少于6音节,一方面是把重点集中到短的名词性成分上,因为这样更接近于口语,而长的宾语则倾向于加词尾"了"。另一方面也是要减少所抽取的样本的数量。

8.3.1 双"了"句总的发展趋势

双"了"结构(O小于6音节,下同)总的发展趋势见表8-1。

表8-1 双"了"结构占全部"了"的比例

语料	检索的全部"了"	双"了"结构	频率(%)
朱子语类	5697	3	0.05
金瓶梅	7836	42	0.54
红楼梦(21—80回)	11671	125	1.07
儿女英雄传	10774	301	2.79
四世同堂	12147	14	0.12
王朔小说	21702	49	0.23

双"了"结构最早出现在《朱子语类》,杨永龙(2001:165)共发现了

10 例两个"了"同现的例子,但只有 3 例属于"V 了 O 了",即双"了"句。其他句子中的"了"与现代汉语的"了"还是有所不同。可见,在南宋时期,双"了"句还处在萌芽阶段。

《金瓶梅》中双"了"句开始多见(42 例),成为一种常见的语言现象。冯春田(2004:247—248)发现《聊斋俚曲》中的全部双"了"句为 48 例(其中形容词做谓语带两个"了"的 1 例)。可见,在明代双"了"的发展比较平稳,明代可称为汉语双"了"句的发展期。

《红楼梦》中双"了"句的频率(指双"了"句在全部"了"字中的比例,下同)比《金瓶梅》高出 1 倍,《儿女英雄传》中双"了"句的频率又比《红楼梦》高出 1 倍多。可见清代是双"了"句的暴涨期。

《四世同堂》中双"了"句出现暴跌,频率约为《金瓶梅》的五分之一。这种暴跌实际上在晚晴时期就已经出现,《小额》双"了"句就非常少,在同样的条件下检索,仅发现 2 例双"了"句,且句尾"了"均写作"啦"。尽管有些句尾"了"在《小额》中写成了"啦"以至于没有检索出来,但仍可以反映出双"了"句总体偏少。王朔小说中,双"了"句出现恢复性增长,频率约为《金瓶梅》的一半,仍然很低。

从上面的分析发现,南宋以来汉语双"了"句的发展是由少到多,再由多到少,特别是在清代前后出现戏剧性暴涨和暴跌。这种暴涨和暴跌除了语言学内部因素之外,还可能有满语与汉语接触的社会语言学因素。满语有四种过去时形式,表示类似于传统语法中过去时、现在完成、过去完成、完成进行等时体意义(爱新觉罗·乌拉熙春编著 1983;爱新觉罗·赢生 2004),与汉语的双"了"句有相近之处。这些用法有可能渗透到当时的满式汉语乃至于北京话口语中,从而导致《红楼梦》、《儿女英雄传》中双"了"句的暴涨。同样也可能由于满语影响的式微,双"了"句的频率在清末及现代出现暴跌。

8.3.2 双"了"句中宾语的发展趋势

双"了"句中宾语的形式是观察双"了"句结构发展的一个重要角度。本章首先把宾语分为量化宾语和非量化宾语。

量化宾语包括由时量成分(例7)、动量成分(例8)、数量成分(例9)以及包含这些成分的名词性成分组成(例10)。例如：

(7) 我问你,韩伙计送他女儿去了多少时了？(金,37回)[①]

(8) 不知你我被他活埋了几遭了！(金,59回)

(9) 怎只三锭,少了一锭了？(金,43回)

(10) 自家是换了几个父母了。(朱,126卷)

非量化宾语包括光杆的名词(例11)或代词(例12)以及非光杆的带有修饰成分的名词性成分(例13)。例如：

(11) 你吃了饭了？(金,29回)

(12) 汗邪了你了。(金,51回)

(13) 便是移了这位次了。(朱,16卷)

各类语料双"了"句中宾语的类别统计见表8-2。从表8-2可以看出,双"了"句的宾语最早是由量化宾语(例10)和非光杆宾语(例13)组成,但是随着时间的推移,量化宾语的比例缓慢增加,从《金瓶梅》的19%发展到王朔小说的55%；另据统计,其中的量化成分始终是以模糊形式为主,模糊形式占全部量化宾语的76%。而非光杆宾语则从《金瓶梅》的24%减少到王朔小说的2%,反差非常之大。光杆宾语的发展则与双"了"句的总体发展比较接近,从《金瓶梅》的57%发展到《儿女英雄传》的68%,然后降到王朔小说的43%。

[①] 在例句括注中,"金"指《金瓶梅》,"红"指《红楼梦》,"儿"指《儿女英雄传》,"朱"指《朱子语类》,"王"指王朔小说。

表 8-2　各类语料双"了"结构中宾语的类别统计

语料类别	量化 NP	非量化 NP		合计
		光杆	非光杆	
朱子语类	1	0	2	3
金瓶梅	8	24	10	42
红楼梦	27	74	24	125
儿女英雄传	53	204	44	301
四世同堂	7	3	4	14
王朔小说	27	21	1	49
合计	123	326	85	534

通过对各类语料双"了"句中宾语类别的统计分析,笔者认为,宾语的语义信息地位向两个方面集中:1)量化;2)光杆化。前者用来确认或强调到目前为止的情况;后者单纯用来确认行为发生。总体来看,宾语的语义信息地位有所下降,致使整个双"了"句的新信息表达功能弱化,这使得双"了"结构成为一种典型的完成体语义的表达形式。

8.3.3　双"了"句中动词类别的限制

吕文华(1983)指出在动词后有表示完成的动词作补语和动词是结束性的动作时,双"了"句式中的词尾"了"可以省略。这种说法要比Chappell(1986)的看法客观,Chappell(1986)认为,双"了"句不能与结果性动补复合词(resultative verb compound)"写完、撞破"等同现。其实本章考察的语料中有不少这样的现象,例如:

(14) 撅臭了你这忘(王)八了!(金,21回)

(15) 你们就打错了算盘了。(红,65回)

(16) 这东西糟塌苦了我了。(儿,31回)

(17) 街道布置下了任务了。(王,《你不是一个俗人》)

本节统计双"了"句句中结果性动补复合词的频率(见表 8-3)及其句中宾语的情况。从表 8-3 可以看出,不同时期都有一些动补结构充当双"了"句宾语的情况。《金瓶梅》、《红楼梦》与王朔小说中动补结构相比,用量与比例略有减少,但均不显著(单侧 p>.05)。

表 8-3 双"了"句中动补结构的发展情况

语料	动补结构	双"了"句总数	比例(%)
朱子语类	0	3	0
金瓶梅	5	42	12
红楼梦(21—80 回)	10	125	8
儿女英雄传	25	301	8
四世同堂	1	14	7
王朔小说	2	49	4
合计	43	534	6.5

不过,全部 43 例动补结构中宾语有 35 例为光杆名词,占 81%,这与光杆名词在全体双"了"中比例(61%)的差异非常显著(双侧 p=.005)。这说明在一个小句中倾向于只有一个表述中心,动补结构中的"补"通常认为是表述中心,因而尽量避免宾语中存在另一个表述中心。因此,双"了"句中的动词类别限制本质上不是像 Chappell(1986)所说的"是语义的",而是语用的。

8.4 双"了"句语义语用功能的发展

据笔者对所检索语料的初步分析,《朱子语类》、《四世同堂》、王朔小说中的双"了"句都是确认事件已经发生,都是表达旧信息,这与

Chappell(1986)的观点相符。例如:

(18) 王质不敬其父母,曰:"自有物无始以来,<u>自家是换了几个父母了</u>。"其不孝莫大于是! 以此知佛法之无父,其祸乃至于此。使更有几个如王质,则虽杀其父母,亦以为常。(朱,126卷)

(19) 单立人说,"我想看看你的工作证号码。""工作证丢了,"徐玉生说,"早丢了,<u>丢了有快一年了</u>,新的还没补发下来。"(王,《人莫予毒》)

例(18)中,"父母"本身不是新信息,双"了"句作用也不在于具体表示换了多少个父母,而是作为前文"王质不敬父母"以及后文"其不孝莫大于是!"的证据。例(19)中的双"了"句也只是对前一小句起到补充说明的作用。

但是,在《金瓶梅》中出现了这样的例句:

(20) 玉楼、金莲进来,说道:"李大姐,好自在。这咱时懒龙才伸腰儿。"金莲说舒进手去被窝里,摸见薰被的银香球儿,道:"<u>李大姐生了蛋了</u>。"就掀开被,见他一身白肉。那李瓶儿连忙穿衣不迭。(金,21回)

例(20)中"李大姐生了蛋了"的"蛋"(银香球儿)是说话人在说话之前刚刚发现的,具有即时性;对主要听话人"玉楼"而言,完全是新信息,其话语含义对当事人"李大姐"而言也完全是新的,作为一句玩笑话,具有足够的重要性或新奇性。而且双"了"句是作为话语的首句且孤立地出现的,完全符合 Schwenter(1994)所谓的报道新情况的用法。

《红楼梦》21—80回中,有1例表面上像是报道新情况的用法(例21),但其中"气坏了奶奶了"还不是真正的报道新情况,而是肯定已经发生的事实,并为后文"可了不得!"等大段评论作铺垫。因为前文有"他今日听了这话",表明"气坏了奶奶了"并不是新信息,而是旧信息。

(21) 他今日听了这话,忙的便跑入怡红院来,一面飞走,一面口内说:"气坏了奶奶了,可了不得! 我们家里,如今惯的太不堪了。偏生我不在跟前,若在跟前,且打给他们几个耳刮子,再等过了这几日算帐。"(71回)

但笔者在《红楼梦》的其他部分发现了4例双"了"句用来报道新情况的用法:

(22)金荣此时随手抓了一根毛竹大板在手,地狭人多,那里经得舞动长板。茗烟早吃了一下,乱嚷:"你们还不来动手!"宝玉还有三个小厮:一名锄药,一名扫红,一名墨雨。这三个岂有不淘气的,一齐乱嚷:"小妇养的! 动了兵器了!"墨雨遂掇起一根门闩,扫红锄药手中都是马鞭子,蜂拥而上。(红,9回)

(23)正要歇去,猛听得东边上屋内上夜的人一片声喊起,惜春那里的老婆子们也接着声嚷道:"了不得了! 有了人了!"唬得惜春彩屏等心胆俱裂,听见外头上夜的男人便声喊起来。妙玉道:"不好了,必是这里有了贼了。"正说着,这里不敢开门,便掩了灯光。在窗户眼内往外一瞧,只是几个男人站在院内,唬得不敢坐声,回身摆着手轻轻的爬下来说:"了不得外头有几个大汉站着。"说犹未了,又听得房上响声不绝,便有外头上夜的人进来吆喝拿贼。一个人说道:"上屋里的东西都丢了,并不见人。东边有人去了,咱们到西边去。"惜春的老婆子听见有自己的人,便在外间屋里说道:"这里有好些人上了房了。"上夜的都道:"你瞧,这可不是吗。"大家一齐嚷起来。只听房上飞下好些瓦来,众人都不敢上前。(红,111回)

(24)林之孝带着人走到惜春院内,只听得里面说道:"了不得了! 唬死了姑娘了,醒醒儿罢。"林之孝便叫人开门,问是怎么了。里头婆子开门说:"贼在这里打仗,把姑娘都唬坏了,亏得妙师父和彩屏才将姑娘救醒。东西是没失。"(红,111回)

(25) 紫鹃答应着出来,只见雪雁一个人在那里发呆。紫鹃走到他跟前问道:"你这会子也有了什么心事了么?"雪雁只顾发呆,倒被他吓了一跳,因说道:"你别嚷,今日我听见了一句话,我告诉你听,奇不奇?——你可别言语。"说着,往屋里努嘴儿。因自己先行,点着头儿,叫紫鹃同他出来,到门外平台底下,悄悄儿的道:"姐姐,你听见了么?<u>宝玉定了亲了</u>。"紫鹃听见,吓了一跳,说道:"这是那里来的话?只怕不真罢?"(红,89回)

例(22)中"动了兵器了"报道新情况的成分显得多于"肯定已经发生的事实"。例(23)中有多个双"了"句,但只有第一个双"了"句"有了人了"比较接近报道新情况的用法,后两个都是明显地确认或肯定已经发生的事实。

在《儿女英雄传》中,报道新情况的用法发现了4例,而且更为显著。如例(26)(28)(29)都是用在典型的"报告"语境中,由于双"了"句表示的事件本身具有突发性,并在第一时间告诉听话人,是完全的新信息。例(28)"哥哥得了儿子了"对听话人而言是新信息,故"又惊又喜"。

(26) 这一阵闹,那走更的听见了,快去告诉店主人,说:"<u>店里有了病人了</u>!"那店主人点了个灯笼,隔窗户叫公子开了门,进来一看,说:"不好!这是勾脚痧,转腿肚子!快些给他刮出来打出来才好呢!"(儿,3回)

(27) 邓九公笑道:"好极了!你先别忙,索兴求老弟你费点儿事,这里头还得绕绕笔头儿。我要告诉你这个原故,你管保替愚兄一乐,今儿个得喝一坛!告诉你,<u>哥哥得了儿子了</u>!"安老爷听了,又惊又喜。(儿,39回)

(28) 到了次日,安太太从吃早饭起就盼公子,不见回来,忽然听得门上一阵吵吵,便有家人来回说:"<u>大爷赏加了副都统衔了</u>。"安太太听得儿子换上红顶儿了,略有喜色。(儿,40回)

(29) 两个上了房,又怕自己再着上一箭,爬过房脊去,才纵身望下要跳,早见一个灯亮儿一闪,有人喊道:"不好了,<u>房上有了人了</u>!"(儿,31回)

从我们收集到的双"了"句报道新情况的用例来看,除个别例子外(例28),句中的宾语都是光杆名词,动词都是单音节。这种结构特点也符合报道新情况的语境要求:事件的即时性与重要性跟形式的短促性是一致的。

既然在明清时期,双"了"句有用来报道新情况的用法,那么这一时期双"了"句的语义也应该放宽范围,不再严格限于对某种预设的确认,而应该承认少数用例可以用于报道新情况的发生。

总之,汉语双"了"句的语义语用在从南宋到当代期间的一些关键语料中经历了一种戏剧性的变化:报道新情况的用法从无到有,又从有到无;语义语用范围由窄至宽,又由宽至窄。

8.5 结语

双"了"句作为一个具有明显的完成体意义的格式,在发展的较晚时期,发展出报道新情况的用法,这与跨语言研究中完成体的语法化过程是一致的;然而双"了"句的发展,没有向完整体意义更加靠近,反而缩小用法,固守完成体的持续性等典型用法,这似乎有违类型学的相关规律。

对上述现象的一个可能解释就是:汉语的句尾"了"作为一个完成体的典型标记,也应当处在进一步语法化的进程之中。作为完成体标记,一方面句尾"了"主要用于"肯定事态出现了变化"(吕叔湘主编1980),该功能在人们的日常理解中实际上包含事态出现了变化即报道新情况的用法,Li, Thompson & Thompson (1982) 所概括的句尾"了"

的现时相关性中第一条就是"状态的变化",并明确指出:新事态的相关性取决于它是一个变化这一事实,这使得双"了"句的报道新情况的用法日渐萎缩。另一方面,句尾"了"的进一步语法化使之在功能上更加趋近词尾"了",这使得双"了"句中的词尾"了"显得更加不重要,从而导致整个双"了"句的萎缩。这就是笔者所理解的刘勋宁(2002)所提出的"汉语语法性质上的重要变化"。

第9章 动词前"一"的体貌地位*

9.1 引言

本章讨论动词前"一"跟体貌相关的两种用法。一是非结句的用法,"一V"所在小句必须接后续小句,如例(1),"一V"的基本意义是"表示一个短暂的动作及变化完成或出现了,并预示着达到某种结果或状态"(詹开第1987:303);二是结句的用法,"一V"所在小句用在句子的末尾,例(2),"一V""有时只表示动作的短暂,并不预示达到什么结果或状态"(詹开第1987)。

  (1) 胡琴儿一响,该他唱了。(转引自詹开第,1987)

  (2) 你碰她的鲜藕棒一下,不但不恼,反倒一笑。(同上)

"一"的前面也可以是形容词,表示状态的变化。为简略起见,本章把动词、形容词前"一"跟体貌有关的这两种用法,简称为动词前"一",有时也直接称为"一"。结句与非结句的区别在文献中也有不同说法,如吴春仙(2001)称为完全句与不完全句,本章则一并称为结句与非结句。

学者们较早关注到动词前"一"的特殊用法,取得了一些成果,对现象分析日渐清晰,也逐渐形成了一些理论共识,特别是对非结句的"一"

---

* 本章是与王继红博士合作完成的,载《世界汉语教学》2006年3期,题目有改动。

所在分句的意义及其与后续分句之间的关系都有明确的表述。限于篇幅,未能详细评述。不过,根据笔者掌握的文献来看,现有的研究还存在以下几个方面的问题:

第一,对动词前"一"的时体性质表述不一,系统性不强。除雅洪托夫(1959:159)把"一"看作"瞬间过去时"的标志外,其他都把"一"看作体貌的标记,但术语与视角明显不一致。如汪化云(1994)称之为"实现态"(参见刘勋宁 1988),当属从外部观察事件;殷志平(1999)称之为"始点体",认为是从内部来观察事件;李宇明(2000b:191)与陈光(2002)则分别称之为"最近完成"与瞬时体的标记。现有文献对汉语整个体貌系统普遍认识不足,因而未能明确界定单个术语在整个体貌系统中的地位与价值。

第二,对动词前"一"这两种用法之间的共时与历时关系没有理清。"一"的结句用法在詹开第(1987)看来,是动作所预示的结果由于不言而喻等原因而一般不出现所造成的。这种看法虽然看到了结句与非结句两种用法之间的联系,但没有注意到两者在体貌意义方面的重要区别。

陈光(2002)把可无后续事件、可结句的"一 V"看作典型地表瞬时完毕,把须有后续事件的、非结句的"一 V"看作非典型的瞬时体。许多研究都表明无后续事件的"一 V"不如有后续事件的"一 V"常见。而且,陈文认为非结句很早就已经出现,而结句的有后续事件的"一 V"在多种论著和词典中暂未找到实例。因此,把不常见的现象作为典型的现象,而把常见的现象作为非典型现象;把先出的看作非典型,把后出的看作典型,这并不符合人们认识的一般模式。从语法化的分析角度来看,这不便于解释典型现象与非典型现象之间的发展关系。另外,用"可结句"来区分体的意义,缺乏操作性。因为在很多情况下,是否可结句难以断言,因此本章仅区分现实语篇中的结句与非结句两种用法。

陈光(2002)断言,"一"表示瞬时完成,最晚自《左传》始,这有待验证。而结句的"一"的用法还鲜见历时的考察。本章坚信,"一"这两种用法的共时地位的确定有待于历时方面的证据的支持。

第三,现有研究大多存在文献参考不充分的问题,导致一些问题重复论述。比如,施关淦(1985)专门讨论用"一……就(便)……"关联的句子。文章认为,"一"、"就"后的谓词都可以加时态助词"了",并括注:例常见,不赘举。但后续研究有的仍然得出了与此相反的观察,如殷志平(1999)、方梅(2002),李宇明(2000:191)与陈光(2002)则又重复论证。

第四,没有意识到"一"的体貌意义在时体标记语法化路径中的类型意义。由于缺乏基于体貌类型学的理论意识,也没有进一步明确揭示非结句的"一"所具有的现时相关性(current relevance,Li,Thompson & Thompson 1982,Dahl & Hedin 2000)及其在体貌标记语法化中的桥梁作用(Lindstedt,2000:379,参见陈前瑞,2002a)。比如,李宇明(2000:168)指出,多数"一V"都要有后续成分,便是语法上的非自足性的表现。这种非自足性表明,"一V"在语义上除了表达动作的小量之外,还要求表达它对某种相关动作或现象的影响力。这段引文离捅破"现时相关性"这一层窗户纸仅一步之遥。

本章拟在现有研究的基础上,根据体貌类型学对完成体(perfect)与完整体(perfective)的区分以及本书提出汉语四层级体貌系统,重新审视动词前"一"两种用法的体貌地位。认为非结句的"一"是完成体用法(perfect),不仅表示事件的发生,还具有某种现时相关性,在语篇中主要表示背景性动作。结句的"一"是完整体用法(perfective),仅表事件发生,在语篇中主要表示前景性动作。基于这一认识,本章还将从历时的角度考察动词前"一"的语法化过程与语用环境。最后简要讨论动词前"一"体貌意义语法化路径的类型学意义。

9.2 动词前"一"不同用法的体貌地位

9.2.1 类型学中完成体与完整体的区别

Bybee,Perkins & Pagliuca(1994:54)界定了完成体与完整体。完成体表示情状发生在参照点之前且与参照时间具有相关性。完成体典型地译作英语的 have + -ed,并经常与"经常"(already)、"刚刚"(just)同现。完成体可以以过去时或将来时的形式出现。完整体表示情状被视为在时间上是有界的。完整体用于叙述特定事件的序列,情状是因为其自身的原因而被报道,从而独立于该情状与其他情状之间的相关性。

Givón(2001:293—297)认为,完成体是在功能上最为复杂、最为微妙的语法体。它涉及以下四个特征:前时性(anteriority)、完整性(perfectivity)、延展的相关性(lingering relevance)、顺序性(sequentiality)。前时性是指事件或状态的起始点先于时间参照点。完整性是指完整体的时间属性,它着眼于终点与界限,与过去时有着强烈的联系。前时性与完整性是完成体与完整体的共同属性。

延展的相关性是指完成体的事件通常不是在发生的当时相关,而是跟随后的参照时间相关,也就是一般所说的现时相关性;而完整体用于连续的事件,事件在发生的时候,与前后事件是相关的,这种相关是在事件发生的当时相关。顺序性是指按照事件自然发生的顺序描述,而不是以一种不同于自然发生的顺序来描述。完整体用于前种叙述顺序,而完成体则可以用于后种叙述顺序。可见,延展的相关性与顺序性是完成体与完整体的区别性特征。

比如,在汉语中,"过"与词尾"了"虽然都是词尾,但意义上却体现了完成体与完整体的区别。比如：

(3) 他认识这些字，因为他小时候念过书。

(4) 他读了一个小时的书就出去玩了。

例(3)的"念书"、例(4)的"读一个小时书"分别发生在"认识这些字"与"出去玩"之前，且已经成为过去，因而具有前时性与完整性。但是，例(3)"认识这些字"与"念书"两者距离遥远，且与事件的自然顺序相反，后者却成为前者的理据，因而具有延展的相关性；而例(4)的"读一小时书"与"出去玩"则是连续的事件序列，并在事件发生的当时直接相关。

本书是把"过"与词尾"了"分别归入完成体与完整体，前者属于意义相对具体、语法化程度相对较低的边缘视点体，后者属于意义相对抽象、语法化程度相对较高的核心视点体，两者都属于从外部观察情状的外部视点体，并在历史上形成语法化的联系，即完成体标记会进一步发展出完整体用法。

基于上述体貌类型学与汉语体貌系统的认识，本章将进一步论证非结句的"一"与结句的"一"的体貌地位。

9.2.2 作为完成体的非结句的动词前"一"

本章认为非结句的动词前的"一"的用法属于边缘视点体中的完成体，这是因为：

（一）非结句的"一V"都表示表事件的一次实现或变化，且"一V"是后续事件所表现的结果、状态、动作的原因。也就是说，"一V"不仅表示事件发生，而且表示事件对后续事件具有现时相关性。这种以因果关系为主的相关性与同属于边缘视点体中完成体的"过"、"来着"等有着惊人的相似性。刘月华(1988)分析六百万字的语料发现，说话人用表经历的"过"时，总是为了说明、解释什么。本书第6章统计发现，因果关系始终是完成体标记"来着"句与上下文之间最基本的语义关

9.2 动词前"一"不同用法的体貌地位

系。吴春仙(2001)的研究表明,非结句的"一 V"的五种表义功能中有三种是因果关系,即假设与结论(例5)、动作与结果(例6)、致使原因与结果(例7)。① 吴春仙(2001)未加讨论的"一…就…"就是条件关系,条件关系本身就是一种广义的因果关系。

(5) 我一说,你必定同意。(《现代汉语八百词》)

(6) 朱怀镜觉得窗帘亮得异常,下床拉开窗帘一看,果然下雪了。(王跃文《国画》)

(7) 严尚明一走,袁小奇再怎么鼓动,场面还是冷下来了。

(同上)

因此,"一 V"及其与后续句的语义关系符合类型学中完成体的定义:事件在过去发生,事件对当前情景具有相关性。如前所述,前人的研究已经意识到这一点,只是没能加以概括。

(二) 非结句的"一 V"与后续句之间的时间参照关系符合完成体的时间参照关系,即事件时间发生在参照时间之前。自 Reichenbach (1947)、Comrie(1985)、Klein(1992)、Givón (2001)以来,都是这样定义完成体的。在非结句的"一 VP1,VP2"中,相对于 VP1,VP2 是参照事件,VP1 本身为事件时间。说话时间与参照关系决定时,也就是决定过去完成,还是将来完成或现在完成。(8)是过去完成的时间参照关系(参照 Givón 2001:295 的图示而作)。

(8) 过去完成

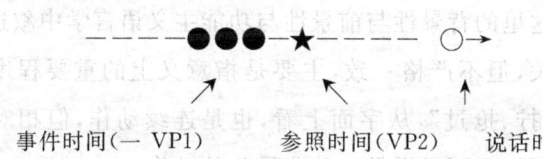

事件时间(一 VP1)　　参照时间(VP2)　　说话时间

---

① 例(5—7)及(10)(11)引自吴春仙(2001)。

理解了完成体的时间参照关系以后,就不难理解殷志平(1999)所说的"起始说",但是"一V"只是一个相对的参照点,绝不意味着VP2在"一V"发生的那一刻发生,而可以是之后或近乎同时。这一点陈光(2002)已经指出,并举出反例,如例(9):

(9) 什么事情都有过程,时间一长,小林和老婆就把这事看轻了。(刘震云《一地鸡毛》)

例(9)中"长"的模糊性同样也不支持陈光(2002)的"瞬时"说。形容词前加"一"仅表变化,重在前后事件时间上的紧促关系或事理上的密切联系。

"一V"之所以不同于一般的完成体,就在于它强调VP1与VP2之间的时间距离比较紧促,正如吕叔湘(1942:376)所谓的"用'一'字,则两事更有间不容发之概"。当然,也有一些例外,如例(9)。与此同时,VP1本身的发生或一次,或短促。基于以上两点,我们把"一VP1,VP2"中"一"的体貌意义取名为"紧促完成体"。相应地,后文结句的"一"所表示的完整体意义也概括为"紧促完整体"。"紧促"也同样意味着顺序发生,因此非结句与结句的动词前"一"在顺序性上区别并不显著。

(三) 非结句的"一V"在语篇中主要表示背景性动作。吴春仙(2001)概括的非结句"一V"五种表义功能中,三种是原因,一种是描写伴随动作,即通过人物的短暂动作来描写人物的姿势、表情、心理情绪(例10)。原因相对于结果,伴随动作相对于言语行为,都处于一种次要的地位。因此"一V"具有一定程度的背景性,而后续句具有相对的前景性。这里的背景性与前景性与功能主义语言学中叙述语篇的前景和背景相关,但不严格一致,主要是指意义上的重要程度。比如例(10)中的"一拧、抢过",从字面上看,也是连续动作,但相对于话语而言,显著性降低,也可以说是一种背景化的动作。

(10) 吴之人把烟头往烟灰缸里一拧,抢过张天奇的话头,

说：……(王跃文《国画》)

(四)非结句的"一V"也能用于叙述连续动作中的一个,这是吴春仙(2001)概括的"一V"的第五种功能。例如:

(11)每当理发时,他便端起一个小凳子,往自家门前一坐,再用一件旧衣服围住脖子,然后左手拿镜子,右手拿剪子,喊哩咔嚓,三下两下,只需一会儿工夫,便把头收拾得既让自己瞧着满意,也让别人看了舒服。(李鸣生《中国863》)

例(11)中"一V"的连续动作的用法,淡化了动作延展的相关性,而且是按照事件自然发生的顺序描述,具有顺序性。这一方面说明非结句"一V"不同于一般的完成体,大多具有顺序性,前面的例(5)—(7)及例(10)也说明了这一点。另一方面,也似乎显示了结句的"一"向非结句的"一"演化的环境。可能正是这种叙述连续动作的"一"架起了完成体向完整体语法化的桥梁。詹开第(1987)就指出在有些情况下后续句表示动作连绵下去时,后续句可以不出现,例如:

(12)这位老道进到屋里,往那这么一坐。(陈士和《崂山道士》)

综合以上四点,我们有理由确认非结句的动词前"一"是紧促完成体的标记。在四层级的体貌系统中,汉语典型的完成体是句尾"了",比如在"天晴了就走"中"了"可替换为"天一晴就走",事件之间的参照关系一致,但多了明显的紧促意味。因此,相对于句尾"了","一"还较多地保留了初始的词汇意义。

9.2.3 作为完整体的结句的动词前"一"

本章认为结句的动词前"一"的用法属于核心视点体中的完整体,这是因为:

(一)结句的"一V"仅表事件紧促地发生一次或出现紧促变化,而不具有明显的现时相关性。詹开第(1987)早就指出"一V"有时(即结句的情况下)只表示动作的短暂,并不预示达到什么结果或状态。陈光(2002)也把可结句的"一V"看作瞬时体的典型形式,无论有无后续事件,均完全独立地表示瞬时完毕,"一"的体功能表现得最为纯粹、直接,蕴于词法层面。例如:

(13) 我打开门,见是他,不由得一愣。(梁晓声《表弟》)

(14) 我用背心包起矿石,往他脚上慷慨地一放。(梁晓声《一个红卫兵的自白》)

(15) 通常它是在地上一蹲,然后跳到空中拼命地拍动翅膀。(王小波《革命时期的爱情》,以上3例引自陈光,2002)

本章认为诸如例(13)(14)中的结句"一"为紧促完整体,而例(15)中的"一蹲"明显是有目的行为,为后续动作准备,具有延展的相关性,要求有后续动作,其中"一"的体功能并不纯粹,因此仍然是紧促完成体。

(二)结句的"一V"大都表示对前一事件的某种紧促反应,如例(13);或后续动作,如例(14),可以概括为"VP1,一 VP2"。

这种语用环境与紧促完成体的"一"有相通之处。吴春仙(2001)研究发现,非结句"一V"不仅依赖于后句,而且对前句也有密切的关系,都是对前句或前语境的自然反应,一类是对所见所闻的反应,一类是在某种情理下的反应。可见在实际语篇中,非结句的"一V"句虽然也可能是新信息,但信息地位并不显著。而结句的"一V"虽然也是对前一动作的反应或接续,但显然具有突出的信息地位,是焦点信息。在口语中,非结句与结句的"一V"也有明显的轻重音之别。

"VP1,一 VP2"的时间关系可参照 Givón(2001:294)对完成体(perfect)的图示改造为(16)。在(16)中,VP2 直接在参照时间之前发生,具有前时性;且 VP2 以 VP1 为前一事件,随后或同时发生,具有前向的紧促性。需要指出的是,这种情况下的参照时间通常就是说话时间,两者合二为一。

(16)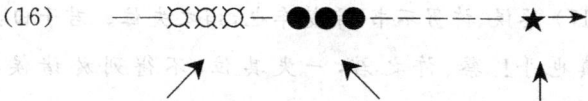

前一事件(VP1)　　事件时间(一 VP2)　　参照时间/说话时间

(三)"VP1,一 VP2"中的"一 VP2"一般为肢体动作、心理活动和神情变化。这些 VP2 在结句的情况下,都是叙述语篇中情节的最新进展和时间进程,因而属于前景。这也符合完整体的一般语篇功能。

在四层级的汉语体貌系统中,典型的核心视点体为词尾"了",以前的研究者(汪化云 1994)把几乎所有的"一 V"比照词尾"了"的实现功能。其实,只有这些一小部分结句的"一 V"才是具有单纯的短促"实现"意义,因而归为紧促完整体。

9.3　动词前"一"体貌意义的语法化

从体貌标记语法化的规律看来,完整体一般由完成体发展而来。(Bybee,Perkins & Pagliuca 1994)汉语动词前"一"的结句用法也应该是由其非结句用法逐步发展而来。动词前"一"体貌意义的语法化还有几个问题需要进一步研究:1)"一"表"一旦、一经"义,是否如经典辞书及陈光(2002)而言,《左传》就已经产生;2)结句的动词前"一"的产生年代、语境及其发展,现有研究几乎没有涉及。

9.3.1　动词前"一"完成体用法的形成与发展

经穷尽性考察发现,在《左传》中动词前"一"仍然表示特定的一次动作,动量意义比较显著,没有纯粹的"一旦、一经"的假设义。[①] 如:

[①] 本章的语料电子文本均来自北京大学汉语语料库,检索软件为北京语言大学宋柔教授开发的语言学知识的计算机辅助发现工具,所引例句均参校引书目录中的相关版本。

(17) 蔡侯、许男不书,乘楚车也,谓之失位。君子曰:"位其不可不慎也乎! 蔡、许之君,一失其位,不得列於诸侯,况其下乎!……"(左传·成公二年)

(18) 今一会而虐二国之君,又用诸淫昏之鬼,将以求霸,不亦难乎?(左传·僖公十九年)

(19) 出谷戍,释宋围,一战而霸,文之教也。(左传·僖公二十七年)

(20) 九世之卿族,一举而灭之,可哀也哉!(左传·襄公二十五年)

《词诠》、《汉语大词典》、陈光(2002)等都引用了例(17),并释作"一旦、一经"。事实上,例(17)的"一"乃实指特定场合下"乘楚车也,谓之失位",且与后文"况其下乎"相对,强调"一次失位之举"也不被史官所放过,因而"不书"。例(18)—(20)的"一"均出现于"一……而……"结构。何乐士(1989)指出,这里的"一……而……"表示"一……就……"的意思。在现代汉语中"一……就……"表示两事在时间上前后紧接(《现代汉语词典》),但在《左传》中"一……而……"中的"一 V"仍分别表示"一次会盟"、"一次战争"、"一次举动",V 为可计数的动词,因而,《左传》动词前"一"即使在"一……就……"中也表示一次动作行为。"一……就……"表示"一次行为就产生后续结果"。"一"指的都是特定的一次事件,而非《词诠》所谓的"犹云'一旦'。事未然而假设其然时用之。"而且例(17—20)都是对已发生事件的评论,而非叙述新发生的事件。

目前在《孟子》《庄子》等稍后的文献中发现了动词前"一"表示假设义的用例。如:

(21) 君仁,莫不仁;君义,莫不义;君正,莫不正;一正君而国定矣。(孟子·离娄上)

(22) 今一犯人之形,而曰"人耳人耳",夫造化者必以为不祥之人。(庄子·大宗师)

(23) 一受其成形,不化以待尽。(庄子·齐物论)

例(21)中,通过前三个条件句的举证,得出最后的一般性的结论,因此"一"只能理解为"一旦"。例(22)的前两个分句是特定叙述,"一"可理解为"刚一",表示两事在时间上前后紧接。例(23)中"一"可理解为"一旦"。例(21)—(23)中的"一"后面的动词"正、犯、受"分别表示"把……端正"、"铸就"、"产生",都是含有变化结果意义的动词,无法计数,不能理解为"一次行为",而只能理解为"事件一旦或刚一发生"。

但是,在《孟子》《庄子》中还有一些动词前"一"既可以理解为"一次行为",又可以理解为"一旦发生",如:

(24) 景春曰:"公孙衍、张仪岂不诚大丈夫哉?一怒而诸侯惧,安居而天下熄。"(孟子·滕文公下)

(25) 其为人,洁廉善士也,其於不已若者不比之,又一闻人之过,终身不忘。(庄子·徐无鬼)

例(24)与(25)中的动词"怒"与"闻"既可以理解为"发怒一次""听说一次"又可以理解为"一旦发怒""一旦听说"。前种理解为特定事件,后种理解为假设性的规律性的事件。其中,从"发怒一次"的结果可以不完全归纳出"一旦发怒"的结果。从"一旦发怒"的结果可以演绎出"某一次发怒"的结果。"听说一次"与"一旦听说"也存在同样的逻辑关系。因此,笔者认为,正是这类动词可以有特定事件和假设事件两种理解的环境,可能促成了动词前"一"由动量用法向假设用法的发展。

动词前"一"紧促完成体的用法形成于《孟子》《庄子》时期,但是其发展成熟仍经历了一段很长的时期。直到东汉时期动词前"一"仍然大量用于表达动量,如:

(26) 诏曰:"道民之路,在于务本。朕亲率天下农,十年于今,而野不加辟。岁一不登,民有饥色,是从事焉尚寡,而吏未加务也。……且吾农民甚苦,而吏莫之省,将何以劝焉?其赐农民今年租税之半。"(汉书·文帝纪)

该例中"岁一不登",《词诠》释为"一旦"。但通观上下文,"岁一"前于"十年"对比,后于"其赐农民今年租税之半"照应,可推知"岁一不登"仍是"收成一年不好"的意思。①

就"一见"而言,《史记》多表"第一次见"或"见一次"(如例27),只有个别有"一次"或"一旦"两解(如例28),而《世说新语》中"一见"多表"刚一见"的意义(如例29)。例如:

(27) 一见,赐黄金百镒,白璧一双;再见,为赵上卿,故号为虞卿。(史记·平原君虞卿列传)

(28) 将见昭王,使人宣言以感怒应侯曰:"燕客蔡泽,天下雄俊弘辩智士也。彼一见秦王,秦王必困君而夺君之位。"(史记·范雎蔡泽列传)

(29) 庾风姿神貌,陶一见便改观,谈宴竟日,爱重顿至。(世说新语·容止)

这说明动词前"一"的紧促完成体用法直到魏晋时期才基本成熟,而且已经可以用在叙述语篇中叙述特定的事件。也正是通过以上考察,我们才相信例(30)的"一飞冲天"中的"一飞"可能是"飞一次"与"一旦飞"两种理解兼而有之,从而解决了房玉清(1977)与陈光(2002)对该例的理解各执一端的困惑。②

---

① 颜师古的注为:"登,成也。言五谷一岁不成则众庶饥馁,是无积蓄故也。"比较而言,颜注更适宜。

② 本章初稿《动词前"一"的体貌地位》在第八届国际汉语教学讨论会(2005年8月,北京)宣读后,赵ួ博士提醒笔者或许有两种理解。此前,笔者还就此请教赵金铭教授、张博教授。谨此一并致谢。

(30) 此鸟不飞则已，一飞冲天；不鸣则已，一鸣惊人。(史记·滑稽列传)

9.3.2 动词前"一"完整体用法的形成

动词"一"完整体的用法相对滞后。在《世说新语》中，动词前"一"的完成体用法使用比较成熟，但未发现其完整体的用法。同样，在《祖堂集》《敦煌变文》《朱子语类》中，也尚未检索到典型的完整体用法的"一"。① 在《金瓶梅》中，发现了动词前"一"完整体的用法的零星用例（暂时发现 2 例）。如：

(31) 西门庆听说，走过金莲这边来，道："原来在此。"蹲下身去，且不拾箸，便去他绣花鞋头上只一捏。那妇人笑将起来，说道："怎这的啰唣！我要叫起来哩！"(4 回)

(32) 又道："汗巾儿买了来，你把甚来谢我？"于是把脸子挨向他身边，被金莲举手只一推。不想李瓶儿抱着官哥儿，并奶子如意儿跟着，从松墙那边走来。(52 回)

例(31)的"一捏"与例(32)的"一推"都是前一角色的最后一个动作或唯一动作。后续句子叙述另一角色对该动作的反应，这与非结句"一"的后续分句在叙述功能上非常一致，但由于变换叙述对象而改变了主语。这两个因素共同作用，使得动词前"一"所在分句在语篇中得以自足而结句。

同样，动词前"一"在《金瓶梅》中也还有因为前后小句维持同一叙述对象而用于非结句：

(33) 那敬济笑嘻嘻，扑近他身来，接他亲嘴。被妇人顺手只

---

① 《朱子语类》中有 1 例：想见子陵闻之，亦自一笑。(卷 122)。该例中"一笑"分句虽然用于结句，但却是用于假设的将来时。这也可能是动词前"一"结句用法的萌芽用法。

一推,把小伙儿推了一交。(19回)

(34) 李瓶儿还舍不的(得)西门庆,不肯去,双手就抱那孩儿,被花子虚只一推,跌倒在地。(60回)

(35) 不防常峙节从背后又影来,猛力把伯爵一推,扑的向前倒了一交,险些儿不曾溅了一脸子的尿。(54回)

其中,例(35)是用于连续的动作。这些用例说明,动词前"一"的非结句用法发展得与结句用法非常接近,是否结句取决于叙述语篇的需要。

如果把例(33)—(35)与例(17)—(25)相比,可以发现一个显著不同,前者用于叙述特定事件,而后者却是用来论证事理,如例(21)的"一正君而国定矣";或是把过去的事件作为当前论证的原因,如例(24)的"公孙衍、张仪岂不诚大丈夫哉?一怒而诸侯惧,安居而天下熄"。

《金瓶梅》的这些用例支持动词前"一"由紧促完成体向紧促完整体的发展过程与环境:完成体"一"首先用于非叙述语篇,然后在叙述语篇中叙述特定事件结果等前景性事件,甚至用于连续动作,最后在特定语篇环境独立表现典型的前景事件,逐步发展出完整体的用法。在这一过程中,前景事件的表达需要应当是"一"的完整体用法语法化的重要动因。(参见 Hopper 1982a)

9.3.3 动词前"一"完整体用法的发展

在《红楼梦》中,动词前"一"完整体用法得到进一步发展,用法也进一步多样化。例如:

(36) 一言未了,只见钓丝微微一动。宝玉喜得满怀,用力往上一兜,把钓竿往石上一碰,折作两段,丝也振断了,钩子也不知往那里去了。(81回)

(37) 凤姐在地下站着笑道:"你两个那里像天天在一处的……"说的大家都一笑。林黛玉满脸飞红,又不好说,又不好不

说……(85回)

(38) 众人笑个不住,怕香菱拿他们出气,也都哄笑一散。(62回)

(39) 宝蟾道:"奶奶给他好东西吃,他倒不吃,这不是辜负奶奶的心么。"说着,却把眼溜着金桂一笑。金桂道:"你别胡想。……"(91回)

例(36)中,"钓丝微微一动"用作"只见"的宾语,是最新情况。例(37)(38)的叙述对象是"大家"或"众人",因而"一笑"不宜直接理解为"笑了一下",而应当理解为"笑了";"一散"也不是"散了一下",而是"散了"。例(39)"一笑"之前有两个充当背景"V着",充分体现了"一笑"的前景地位。这些例句中"一"的前面都带有长短不一的状语。由此可见,《红楼梦》中结句的动词前"一"的用法向典型完整体用法又进了一步,或者说更像词尾"了"或表示动作最新变化的句尾"了"。

王朔小说中,"一V"独立性增强,动词开始多样化,不限于单音节。动词前可以缺少修饰或限制性状语。这些动作仍然有着明显的"紧促"的状况。例如:

(40) "……我可以穿上衣服吗?"/"穿吧。"胖警察一摆手。/我穿好衣服,把钱和证件往兜里装。①(《橡皮人》)

(41) "您这传达室里的人里有没有年轻的?"老单问。/"没有!"老头一梗脖子。"年轻的稀罕干这个?都开公司当经理去了。"(《枉然不供》)

(42) "首先一条,得是个女的。"/"这当然,跟我的条件一样,得是个男的。"/李缅宁一惊。/小个男人接着说……(《无人喝彩》)

通过历时考察发现,动词前"一"的体貌用法的语法化过程经历了

---

① "/"表示书版中的换行。

上古、中古、近代和现代四个阶段。在上古和中古时期,"一"从一次动量的用法发展出紧促完成体的用法,并得以成熟。在近代和现代时期,经由紧促完成体的发展,"一"的紧促完整体的用法得以形成和发展。

9.4 结语:汉语动词前"一"的类型意义

Bybee,Perkins & Pagliuca(1994)考察了76种不同类型的语言时体标记的词汇来源,构拟了一条从词汇成分到屈折或派生词缀的语法化路径。他们发现,完成体、完整体或过去时的主要词汇来源有三:1)"是、有"之类的助动词,2)表示结束义的动词,3)表方向移动义的动词。除了不为人所知的词汇来源外,笔者还未从中发现哪种语言完成体标记的词汇来源与"一"的意义有直接关系。

Heine & Kuteva(2002:323)在整理世界语言的语法化的词库时,归纳了源头意义"一"的9种语法化的目标意义:1)独一的(alone),2)不定指(indefinite),3)不定代词(indefinite pronoun),4)只有(only),5)其他(other),6)同样的(same),7)单数标记(singulative),8)一些(some),9)一起(together)。这九种目标中也没有完成体。尽管英语的 once 与汉语的"一经、一旦"有着共通的词汇源头与假设意义,[①]但两者的普遍性也还有待进一步研究。

从上面的研究现状可以看出,汉语动词前"一"无论是从完成体语法化的词汇源头,还是就"一"本身的语法化目标的可能性来说,都是类型学中特殊的样本,值得深入研究。

本章的研究范式属于共时语法化与历时语法化相结合的研究,由

[①] 蔡维天(2002)指出,"一"有"曾经"的意味,如"阿Q一度濒临死亡",表明事件的存在,与英语的 once 有异曲同工之妙。而引介状语从句的"一"(即本章非结句的动词前"一")其实也是一个道理,这种用法与 once 的用法也可以相互印证。

9.4 结语：汉语动词前"一"的类型意义

于前人已有较多的研究,本章主要是在评析前人已有发现的基础上,从体貌类型学与汉语体貌系统的角度,观察动词前"一"的不同用法的体貌意义,构拟并印证它们在共时系统的地位及其在语法化过程中的关系。我们有理由相信,动词前"一"的一次动量的用法奠定了它向完成体、完整体语法化的基础,因为"一"作为一个界限清晰的数量,同时也规定了事件的有界性,从而具备了完成体与完整体的语义基因。而叙述语篇中紧促完成体的现时相关性的逐步弱化,则为紧促完整体用法的产生架起了语法化的桥梁。通过对动词前"一"的微观研究,我们对汉语体貌系统也有了更细致的认识。在边缘视点体与核心视点体中分别增加了紧促完成体与紧促完整体。本章的研究再次印证了体貌研究中微观考察与系统建构之间相互促进的关系。

在本章的研究过程中,笔者深切体会到功能语法研究与面向对外汉语教学的汉语研究之间的密切关系。面向对外汉语教学的汉语语法研究,不仅关心研究对象的句法语义特征与地位,而且关心研究对象在实际语篇中的用法。而功能主义的体貌研究则直接认为体貌的区别源于人们对不同语篇功能的区别。体的现象本质上是话语平面的现象,而不是句子平面的现象。(Hopper 1982a:16)这就是本章能够一再引用吴春仙(2001)的内在理论基础。笔者也期待:面向对外汉语教学的汉语研究与功能主义的汉语理论研究能有更多的双向互动。

第10章 汉语的进行体与未完整体*

10.1 引言

汉语研究中一般都把"在"、"呢"等看作进行体的标记,而把"着"看作持续体的标记。由于持续体在语言类型学研究中的地位和性质都不甚明了(Bybee,Perkins & Pagliuca 1994),本章试图从多个角度论证"着"的未完整体(imperfective)的性质,进而从整个体貌系统的角度研究进行体与未完整体的关系。

10.2 文献对进行体与未完整体的认识

10.2.1 汉语文献对进行体与未完整体的认识

吕叔湘(1942)把"着"称为"方事相",表示动作正在持续之中。王力(1943)把"着"称为进行貌,其意义范围包括进行与持续。高名凯(1948)把"着"称为进行体或绵延体,并指出口语中用"着、在、正在"或"正在……着"等表示。太田辰夫(1947a)指出北京话分别用"哪"和"着"表动作的进行与状态的持续。赵元任(Chao 1968)注意到句尾的

---

* 本章曾发表于《对外汉语研究》(第一期),商务印书馆 2005 年 7 月。

10.2 文献对进行体与未完整体的认识

"呢(呐)"表进行。陈刚(1980)通过比较"着"与英语进行体的用法,指出把"着"的意义称为"进行"有明显的不妥之处。可见,进行体很早就成为汉语体貌研究的术语,并广为接受,但对其意义范围有不同理解。

龚千炎(1995)认为"着"和"在"都表示进行或持续,"在"偏于表进行,"着"偏于表持续。戴耀晶(1997)在国内较早引进了Comrie(1976)的imperfective这个概念并翻译为非完整体,戴著把"着"所表示的持续体看作是非完整体这个大类中的一种,并认为"着"具有非完整性、持续性和动态/静态二重性。遗憾的是,该书的体系统没有包含进行体。方梅(2000)把"着"看作"不完全体",也就是本书所说的未完整体,根据功能主义的观点,讨论了"着"与静态动词的关系、"着"的句法依存性以及"着"在语篇功能方面所体现的无标记的背景功能和有标记的前景功能,弥补了国内研究在这方面的缺失。可见,未完整体这一术语很晚才进入汉语体貌研究的视野,相对于持续体这一术语而言,并没有广为人知。[1]

国内对"着"的研究的重头戏当属刘一之(2001)。该书详细评介了前人的研究,重点分析了北京话口语中"着"的各种用法,结论是:"着"是静态的标志。值得注意的是,她所谓的静态也包括没有发生变化的动作,如"她瞧着我呢",例中所表示的"目不转睛地看",就变成了一种静态。尽管刘一之(2001:87)批评现有研究"找了认为是差不多的虚词

---

[1] Imperfective这个术语的中文译名除了非完整体(戴耀晶1997)、不完全体(方梅2000)、未完整体(本书)外,还有未完成体。未完成体的译名见于《语言与语言学词典》(R. R. K. 哈曼特和F. C. 斯托克著,黄长著等译,上海辞书出版社1980年)以及《功能主义与汉语语法》(戴浩一、薛凤生主编,北京语言学院出版社1994年)中的多篇译文,外语学界也习惯使用该译名,如谢林、宁静编著的《俄语动词体的研究》(商务印书馆1998年)。本书选择未完整体一词出于以下几点考虑:1)为了与完成体(perfect)相区别;2)"未"作为imperfective中否定前缀的翻译似乎更能为人所接受;3)更重要的是,汉语中imperfective更多的是以无标记的方式来表示,用"非完整体"给人的感觉是"是非对立"而不是"有无对立"。

来对应印欧语中的'体'",笔者认为,汉语中的"着"仍然属于语言类型学和普通语言学中未完整体的意义范畴。当然,也应该认真研究汉语的未完整体与其他语言的异同之处。

10.2.2 外文文献对进行体与未完整体的认识

Comrie(1976)指出,未完整体关注情状的内部结构。尽管有些语言使用单一的范畴来表达整个未完整体的意义,许多语言是把未完整体分成不同子范畴或者只是部分地表示某个次范畴。未完整体通常可以分为惯常体和持续体,持续体进一步分为进行体和非进行体。比如,英语的惯常体是由 used to 来表示的,而进行体是由 be + -ing 来表示。

Smith(1991)认为,未完整体只呈现情状的部分,而不涉及其终点。它包括一般性(general)的未完整体和进行体。两者的区别是能否用于状态情状。如英语的 be + -ing 一般不用于状态动词,所以是进行体;而未完整体既可以用于动作动词,也可以用于状态动词。Smith(1991)还特别指出汉语的"着"是一种有标记的未完整体,它强调结果状态的意义。

Bybee,Perkins & Pagliuca(1994)的研究只是部分支持 Comrie(1976)对未完整体的分类。研究发现,在跨语言研究中没有发现哪个语言用专门的语法形式来表达非进行的意义,也没有发现哪个语言用专门的语法形式来表达非惯常的持续意义。未完整体意义是由进行体进一步发展而来,并通常包括四种意义:进行、惯常、状态和规律性意义。

Dahl(2000b)把未完整体和进行体分别称作核心语法语素与边缘语法语素。边缘语法语素又可能进一步语法化为核心语法语素,这体现为所谓的语法化的单向性。但是,未完整体标记也有可能因为语言接触等社会原因而变成进行体标记。Dahl(2000b:13)认为,基于语法化的时体研究拒绝所谓的"不变的意义"(invariant meaning),语法形式的意义像波浪一样不断地发展,因而语法形式的意义在很多情况下很难作出非此即彼的明确描述。

国外文献中也有一些是专门研究汉语的未完整体和进行体的。陈重瑜(Chen 1978)讨论了"在"与"着"的区别,认为"在"是未完整体标记,能用于实际的过程或习惯性的行为,"着"是进行体的标记,只能用于实际进行的动作。屈承熹(Chu 1987)从语义、句法和语用三个方面分析了"着"的功能,语义上表示持续体,语法上表示从属关系,语用上表示背景信息。Yeh(1993)重点研究了汉语"着"与状态情状的关系,认为"着"只能用于属于阶段性谓词(stage-level predicate)的状态动词,如"痛苦、犹豫",因为这些谓词只反映对象在特定阶段的属性;而不能用于个体性谓词(individual-level predicate),如"善良、诚实",因为这些谓词反映的是个体稳定的属性。

显然,上述中外研究为我们认识汉语的未完整体与进行体提供了很好的理论和事实基础,随着研究的深入,笔者也感到在以下几个方面还需要进一步研究:1)汉语未完整体与情状类型的共时关系和历时关系研究得还不够细致;2)汉语进行体与未完整体的语篇功能研究得还不够充分;3)对汉语的进行体与未完整体的类型地位还缺乏研究;4)汉语未完整体与进行体在汉语体貌系统的准确定位还不明确。

10.3　汉语进行体与未完整体的区别

10.3.1　进行体、未完整体与情状体的关系

He(1992)根据能否适用于进行体(以"在"为测试手段)和能否适

用于祈使句这两项标准,区分出状态情状和非状态情状,进而把状态情状分为五种:1)绝对状态,包括"有、是、等于、属于、好像、姓"等,它们不能受"很"的修饰,不表示程度,是最典型的状态情状;2)非绝对状态,包括"多、雪白、绿油油"等,相当于平常所说的形容词,包括性质形容词与状态形容词;3)心理状态,包括"爱、想、相信"等,心理动词有时可以受"在"的修饰,从而具有活动情状的用法;4)存在状态,包括"站、坐、放、挂"等,经常出现在存在句中并与"着"同现;5)习惯状态,由其他动词或情状构成,是由其他情状转化而来的,如"他抽烟"就是从活动情状转化而来。He(1992)这种分类为我们的研究提供了一个很好的平台。

张亚军(2002)指出,大多数学者认为不表示动作的成分不能受"在"的修饰,但是语言事实中存在着"在"修饰某些形容词的现象,如"伤心、后悔、惋惜、犹豫、踌躇、难为情、不好意思"等。笔者以为这种观察是对的,但这里所列的词语根据《动词用法词典》(孟琮等,上海辞书出版社,1987年)仍属动词,或者是He(1992)所说的表心理状态的情状。研究表明,此类情状比较接近活动情状,许多方面跟动作动词有相似的表现,是状态情状中静态性较弱的一类。

汉语的"着"对状态情状的适应性远比"在"强,不仅可以与存在状态、心理状态和非绝对状态(即形容词)共现,而且还可以跟部分绝对状态共现。方梅(2000)已经列举了"有着、存在着",并举出下面的用例:

(1)我们的人民是勤劳勇敢的人民,有着艰苦奋斗的传统。(《邓小平文选》第二卷,111页)

笔者认为,"姓"也是绝对状态情状,通常不加"着",但也不是不可以说:

(2)谁说她随她丈夫姓李了,她还好好地姓着张呢!

上述现象均与Yeh(1993)的观点相关,例(1)否定了"着"只能用于阶段性谓词的观点,"着"在此例中用得非常自然;例(2)支持"着"用于部分个体性谓词时,使个体性谓词在一定程度上呈现出阶段性谓词特点的观点,即该属性为现阶段所有,而不一定是自始至终地具备。这两例共同说明汉语的"着"具有一定的过渡性,尚不是意义充分虚化的未完整体。

"着"还可以用于"月亮绕着地球转"之类的规律性命题,其中命题的真值不随时间的变化而变化。根据 Smith(1991),这种规律跟惯常一样,也属于有标记的状态情状。

至于陈重瑜(Chen 1978)认为"在"能用于习惯性的行为,是未完整体标记,笔者认为,"他在上大学"的"习惯意义"主要是由"上大学"这一抽象行为所实现的,该行为本身会持续若干年时间。这种习惯意义并不典型,不能加"常常",也不是"在"本身所表示的核心意义。

可见,汉语的"着"可以适用于各类状态情状,基本符合 Smith(1991)的未完整体的定义;由于汉语的"着"最常用还是与存在状态的动词(站、躺等)共现,也可以说"着"强调的是结果状态。[①] 而"在"仅能适用于静态性很弱的心理状态,所以仍然是进行体。

10.3.2　进行体与未完整体的历时关系

汉语的"着"由表示动作进行的进行体发展为可以表示各种状态和动作的未完整体,这是一个具有类型学意义的语法化研究课题。现有的研究主要集中于"着"的进行体的语法化过程,而对其未完整体的语法化过程未给予应有的重视。这一论题需要进行专题的系列研究,这里仅根据类型学的一般规律以及 He(1992)对状态情状的分类,结合现有的历时研究,简单勾勒"着"的发展线索和阶段,为进一步的研究提出

[①] "着"共时上强调结果状态的用法,是其语法化过程中初始意义的遗留。本书第 4 章把"摆着、挂着"之类表持续状态或存在状态的"着"称为结果体,属于阶段体这一层级。

初步的假设。①

根据蒋绍愚(2006),唐以前"动+着"后面的名词是动作的处所;唐以后"动+着"后面的名词可以是动作的承受者,所以变得大致和现代汉语相同了。据笔者理解,也就是说"着"可以用来表示状态的持续与动作的进行。蒋先生所举的例句为中唐诗人王建的诗句:

(3) 堆著黄金无买处。(表持续,"堆"相当于存在状态)

(4) 看著闲书话更多。(表进行,"看"为感官动词)

而根据笔者初步分析,"着"表持续的用法可以推到初唐,下面两个例子是从初唐诗人王梵志诗中发现的:②

(5) 得钱自吃用,留著匮裹重。(王梵志诗卷二,页127)

(6) 借贷不交通,有酒深藏着。(王梵志诗卷二,页88)

根据曹广顺(1995:35),到南宋"着"已经发展出与形容词共现的用法,不过所举的例子中形容词都带有宾语。例如:

(7) 须是软着心,贴就它去做。(《朱子语类》卷45)

(8) 学者须是大着心胸,方看得。(《朱子语类》卷67)

另据罗骥(1998),到了元代,"着呢"开始用于形容词之后表示夸张。例如:

(9) 俺哥哥,你还健着哩。(《元人杂剧选》290页)③

(10) 这厮倒聪明着哩。(《元曲选》146页)

与此同时,"着"也有一些新的用法:

(11) 兄弟,浅着些,忒满了也。(《元曲选》1064页)

---

① 感谢匿名专家指出本书初稿未能展开论证"着"的未完整体用法的语法化过程,本书修改稿略微增加了这方面的论证,但由于这是笔者后续研究的课题,此处仍然无法展开,详情可参见陈前瑞(2007)。

② 据项楚《王梵志诗校注》(全二册,上海古籍出版社,1991年),只有前三卷可以确定编于初唐。

③ 《元人杂剧选》,顾肇仓,人民文学出版社,1956年。《元曲选》,中华书局,1958年。

(12) 我这银子还重着五钱哩。(《元曲选》35页)

关于"着"与心理动词的共现,现有文献还缺乏充分的研究,曹广顺(1986)指出,在译经中有的"着"附着于与意识、心理活动有关的动词,如"爱、恋、想、贪"等,例如:不留心于无明,贪著女人。(大宝积经·九十三)曹先生还特别指出,这些用例是由于佛经的影响,而不是实际口语的反映。另据刘宁生(1985b),"贪着、恋着"为佛教词语,其中的"着"为动词性的,表示"执着"之义。因此,"着"与心理动词的共现还有待进一步的研究,"着"跟形容词共现与其跟心理状态词语共现的时间先后暂时存疑。

据语料库检索,《全宋词》、《朱子语类》都没有"想着"和"有着",元代散曲中发现了两例"想着",即例(13)、(14):

(13) 想着他击珊瑚列锦幛石崇势,则不如卸罗裙纳象简张良退,学取他枕清风铺明月陈抟睡。(无名氏《仙吕·寄生草·闲评》)

(14) 想着你,夜深沉,人静悄,自来时,来时节三两句话,去时节一篇词,记在你心窝儿里直到死。(无名氏《红绣鞋·赠妓》)

《金瓶梅》也有"想着",但没有"有着":

(15) 这妇人一心只想着西门庆,那里来理会武大的做多做少。(《金瓶梅》第5回)

(16) 时常也想着要往宅里看看姑娘,白不得个闲。(《金瓶梅》第11回)

"有着"在清代《红楼梦》、《儿女英雄传》等主要文献中都没有发现,直到现代文献中才有,例(17)是老舍作品中唯一的一个例子,例(19)则是王朔小说的24个用例之一。吕叔湘、朱德熙在《语法修辞讲话》的初版(1952:109)指出,现在还没有人用"是着",可是"有着"已经满天飞了;并认为"有着"中的"着"没有必要。但在修订版中则认为"有着"已经很常见了(吕叔湘、朱德熙 1979:82)。① 可见,"有着"的发展也有一个逐步被人所接受的过程。

(17) "在言论不自由的时期,红黄蓝白黑这些字中总有着会使我们见不着明天的,你这次所用的字差不多都是这类的……"汝殷笑得连嘴都闭不上了。(老舍《抓药》)

(18) 有着这么大的力量的筋,有时竟不能收住一个并不沉重的自己的下巴……(鲁迅《略论中国人的脸》)

(19) 那些早上从你房里偷偷溜出去的有着长发和丰满身体的是何许人?嬉皮士?神仙?(王朔《顽主》)

根据以上初步考察,可以大致归结出汉语未完整体标记"着"适用于状态动词的发展过程,即(20)。根据类型学的研究发现以及汉语的语言事实也可以进一步假设:汉语未完整体标记"着"的用法是在进行体的用法的基础上,通过扩展其与不同状态情状的共现关系而一步一步发展出来的。这一假设的细节还有待进一步的研究来补充和证明。

(20) 存在状态(初唐)＞动态情状＞(中唐)＞非绝对状态(南宋)/心理状态(?)＞绝对状态(现代)

10.3.3 进行体与未完整体的语篇功能

根据笔者对《四世同堂》和王朔小说的统计,表进行的"呢"用于结句小句的比例为 86.5%(以小句后标点为判断标准,如句号、感叹号、问号,包括破折号均为结句标点),"在"用于结句小句的比例为 31%。(详见第 11 章)

方梅(2000)对三类单动结构"V 着"的调查表明,用于结句的只有

---

① 这一点是由陆俭明教授在对外汉语学术讨论会(2004 年 11 月,北京)上指出的,谨此致谢。另外,根据《语法修辞讲话》修订版的再版前言,该书的修订工作是由北京大学陆俭明和胡双宝两位担任的。

21%,其中静态动词小句 19%,动态动词小句 2%。静态动词小句一般为背景信息,而静态动词小句中只有 5%用于前景。例如:

(21) 参加这次大会的,有老一辈艺术家,有……;有……;这次大会标志着全国文艺工作者的空前团结。(《邓小平文选》第二卷,59 页)

方梅(2000)统计三类单动结构的"V 着",如果把非单动结构的"V 着"包括在内,那么"着"所在小句的结句比例应当比 21%稍多,根据笔者对随机抽样(逢五抽一)的 100 个"着"字句的统计,用于结句的为 28%。这一比例与"在"的比例相差不大,不具有差异显著性(Fishman's exact Test,双侧检验 p=.147,单侧检验 p=.079)。

笔者还统计了王朔小说中表进行的"正"和"正在"所在小句的结句情况,排除"正"和"正在"作定语和带"呢"这两种情况,"正"结句的 32 例,比例为 12%;"正在"结句的 53 例,比例为 20%。"正"与"正在"的结句情况存在显著差异(Fishman's exact Test,双侧检验 p=.01,单侧检验 p=.006)。"正"与"正在"结句的比例更是明显低于"在"的 31%的结句比例。①

由此可见,"正、正在、着/在、呢"用于结句的比例渐次增强,这也从一个侧面反映了它们的语篇功能。②

10.3.4 进行体与未完整体的共现关系

先看下面的例句:

---

① "正在"的结句高出"正"8 个百分点并具有差异显著性,"在"结句的比例高出"正在"11 个百分点,且统计的基数更大,因此,不必进行统计检验,也能确定其差异显著性。同样道理,"呢"结句的比例也显著高于"在"。

② 肖奚强(2002)统计了"着、正、正在、在"所在小句作前景句和背景句的比例,发现它们作前景句的比例依次增加。背景和前景的准确判定有一定的困难,所以本书只统计结句的比例。

(22) 刚念完稿的老先生从台上下来,走过这里,疲惫而孤独。何必迎上去,恭敬地打招呼:"胡老,我们正在谈着呢。"(王朔《无人喝彩》)

在"我们正在谈着呢"这个小句中,有三个体标记,分别占据不同的语法位置:时间副词性质的进行体标记"正在"占据动词前的位置(简称动前位),具有情态功能的进行体标记"呢"占据句尾位置(简称句尾位),而具有形态性质的"着"占据词尾位置(简称词尾位)。因此,在汉语共时系统内,未完整体标记与进行体标记可以在这三个位置上共现。①

在汉语的这三个句法位置中,词尾位是一个语法化程度最高的位置,该位置上的"着、了、过",被认为是汉语最具形态性质的三个标记。"着"占据这一句法位置与其自身的语法化程度、语义抽象或宽泛程度是非常一致的。句尾位通常是汉语语气词的位置,其辖域为整个分句,"呢"跟这一位置上的"了"相似,既具有情态功能,又具有体貌功能。动前位一般是状语的位置,其语法化程度相对较低,许多语法著作都不把这一位置上的成分看作体标记。恰恰在这一位置,汉语表达进行的成分就是"在、正在、正"。这与其他语言里通常用迂回手段表达进行体的倾向是一致的。

10.3.5 进行体与未完整体在汉语体貌系统中的位置

根据以上研究,汉语的进行体与未完整体在共时系统中能够共现,意义上有宽窄之分,语法化的程度有高低之分,语法位置也显然有别。因此,本书根据 Dahl(2000b)对 Smith(1991)的视点体作进一步的区分,即把进行体看作边缘视点体,把未完整体看作核心视点体,这样的

---

① 有关体标记的句法位置的观点直接受益于导师李宇明教授的启发。

区分是必要和合理的。

在汉语体貌系统中,与进行体相对的是完成体。有意思的是,汉语完成体的表达成分也同样可以同时占据动前位和句尾位。占据动前位的是"已经/曾经",占据句尾位的是句尾"了",表经历的"过"可以出现在句尾位和词尾位。从意义上讲,完成体意义具有复合性,不仅表示情状发生在参照时间以前,而且还具有现时相关性。因此,在意义和形式两方面,汉语的进行体与完成体都具有很好的对应性。

与未完整体对应的是完整体,其标记是词尾"了"。两者从句法位置和意义抽象性方面也具有很好的对应性,都是词尾位,都是对边缘视点体意义的进一步抽象,"着"舍弃了动态性,"了"舍弃了现时相关性。从理论上讲,同样作为核心视点体的"着"与"了",意义上具有清楚的对立。在汉语语法研究中,"了"与"着"的意义对立有不同的概括,有"实现"与"非实现"的对立,也有"变化"与"非变化"的对立,还有"界变"与"非界变"的对立。[①] 诸如此类的概括都充分体现了这两种标记在意义上的抽象性。

10.4 汉语进行体与未完整体的类型比较

10.4.1 汉语进行体的类型比较

首先看表现形式。Dahl(1985)所调查的 64 种语言中有 28 种语言具有进行体的语法形式,这其中又有 85% 的进行体标记是用迂回的手段来表示的,最常见的形式是助动词跟动词组成的结构。汉语的"在、

---

① 在汉语时体系统国际研讨会(2003 年 2 月 28 日—3 月 2 日,上海)上,分别提出上述三种对立的刘勋宁、孙德金、张黎三位先生都认为这些不同的术语的背景虽然不同,但在意义上是相通的。

正、正在、呢"及其相互间的配用,相对于词尾"着、了、过"也是一种迂回的表达手段。

再看词汇来源。Bybee,Perkins & Pagliuca (1994)发现,进行体标记的词汇来源为方位性成分、助动词加动词的非限定形式、位移性成分、词语复叠等。汉语的"在、正、正在"具有明显的方位意义,而"呢"也是沿"在里、里、哩"虚化而来的(吕叔湘1942)。汉语和其他语言的事实都证明了Comrie(1976)的观点,即进行体包括未完整体的时间意义都是基本空间意义的隐喻。

最后比较进行体的句法语义关系。Bertinetto(2000)把欧洲语言的进行体所表达的语义分为三类:1)聚焦化(focalized)的进行体,表示从一个特定的时间点观察正在进行的动作,大致相当于本书第11章所说的聚集度比较高的进行体;2)持续性(durative)的进行体,表示从一个相当长的时间内来观察或评估情状,这大致相当于聚集度比较低的进行体;3)缺席性(absentive)的进行体,表示情状在别的地方发生,行为主体不在此地,如芬兰语使用同一个形式表示进行性和缺席性的事件,即使在欧洲语言中,这种现象也比较少见。

就汉语而言,汉语的进行体不表达缺席性的事件。"正、正在"类似于聚焦化的进行体,"在、呢"类似于持续性的进行体。表10-1及其中的注释是根据Bertinetto,Ebert & de Groot(2000)的研究翻译、改造而成,前三栏有关聚焦化进行体、持续性进行体、缺席性结构的句法语义条件是欧洲语言的研究结果,后两栏是笔者的初步判断。其中"+"或"—"分别表示两种对立的情况,加括号表示有例外,"0"表示不相关,"?"表示不确定,"+/—"分别表示同一栏内两个标记的不同情况。

初步研究发现,汉语进行体在句法语义的限制方面与印欧语言是比较接近的。有些地方笔者只是添加了括号,表示汉语并非绝对如此。

值得一提的不同在于,欧洲语言中持续性的进行体很容易用于完整体;①而汉语只能与完成体合用,比如:* 妹妹已经在吃了一碗饭/妹妹已经在吃了。

表 10-1 汉语与欧洲语言进行体的句法语义比较

	句法语义条件	聚焦化进行体	持续性进行体	缺席性	正/正在	在/呢
A	方位意义是否仍然保留	−	(+)	+	(−)	(+)
A	能否兼容趋向动词	+	(−)		+	(−)
B	行为主体是否不可见					
B	行为在某一点刚好发生	+	−		+	(−)
B	能否兼容非持续动词	−	+	+	+	(−)
C	能否表示临时性状态②	0	+	+	0	+
C	能否带时间语"从……到……"	−	+	(−)	(−)	+
C	能否兼容持续性的语境					
D	能否兼容完整体意义	−	−			
D	能否兼容完成体的意义		+	+		+
E	能否兼容惯常性理解	(−)	+			
E	能否有条件性、指导性用法③	(−)	+		−	−

---

① 如西班牙语中的相当于英语 S/he spent the whole day reading 的例句:
    estuvo   leyendo   todo   el   dia
是:简单过去时:单数第三人称 读:现在分词 全 定冠词 天(他花了这一整天的时间读书)

② 临时状态用法如:The status *is standing* in the garden [i. e., for a limited period].进行体暗示该状态只是临时性的。

③ 指导性的用法如:If we selected the best described language, we would also *be selecting* the language with the largest number of speakers.这种用法类似于条件性的惯常行为。

续表

	句法语义条件	聚焦化进行体	持续性进行体	缺席性	正/正在	在/呢
F	是否必须有施事	—	—	+	—	—
	能否兼容否定	+	(+)	(+)	(+)	(+)
	能否兼容状态动词	—	(—)	—	—	—/+
	能否兼容祈使句	—	(+)	—	—	—
G	能否兼容被动句	—	—	—	—	—
	与不定式共现的可能①	(—)	+	?	?	?
	能否受道义情态的控制②	—	+	—	—	+

10.4.2 汉语未完整体的类型比较

先看表现形式。Dahl(1985)所研究的 64 种语言中有 45 种语言存在完整体与未完整体的对立。其中记录的未完整体的语法形式有 7 种，以前缀和后缀为主，较为特殊的是 Karaboro，该语言采用提高主语语调的方式来表示未完整体。Bybee，Perkins & Pagliuca(1994)所调查的 76 种语言中，具备未完整体语法形式的有 10 种，其中 Matgi 采用助词(particle)的形式，Nakanai 采用复叠的形式，现代希腊语采用词根更替的方式。另外具备过去时的未完整体(past imperfective)的 11 种语言中，有 4 种语言采取了助动词的形式。除了上述语法形式外，还有的是采用无标记的形式，比如俄语、保加利亚语、波兰语、捷克语是采用动词的派生形式构成完整体，非派生形式自然就成了未完整体的形式

---

① 进行体的不定式用法在汉语难以对应，英语的常见用法进行体前加情态助词。
② 道义情态的用法如：Anne should TEACH now, I guess；表示应该在做什么。认识情态的用法如：Anne must be feeding the animal, I guess；表示想必在做什么。聚焦化的进行体一般作认识情态理解，持续性的进行体一般作道义情态理解。

10.4 汉语进行体与未完整体的类型比较

标记。上述情况正如 Dahl(2000b)所言,完整体与未完整体的对立分布极为广泛,采取的语法形式多种多样,是一种凌驾于各种语法范畴之上的超级语法类型(hypergram type)。

再看未完整体形式所表达的意义范围。由于笔者所掌握的材料限制,这里仅比较俄语、法语和汉语未完整体的语义范围。Bybee,Perkins & Pagliuca(1994)认为,未完整体意义通常包括进行、惯常、状态存在和规律性意义。俄语的未完整体除了可以涵盖上述四种意义之外,还可以用来表示过去发生的事件。例如下面两句都是对完整体形式的句子"你收到我的信吗?"的回答,例(23)的动词为完整体形式,否定的是特定的事件;例(24)为未完整体形式,否定的是事件的预设:①

(23) Ne   polučil.

　　否定　收到：完整体：过去时

　　我没收到你的信。

(24) Ne   polučal.

　　否定　收到：未完整体：过去时

　　我从未收到过你的信。

过去发生的事件通常是完整体的意义。因此,长期以来,许多学者都认为,俄语完整体与未完整体的关系是缺值对立或有无对立,无标记的未完整体可以覆盖完整体的意义范围。但是,Hedin(2000)发现,过去发生的事件用完整体和未完整体表达时,意义还是不一样,进而概括出:在俄语、现代希腊语等语言中,完整体表达的是事件的例(token)的意义,而未完整体表达的是事件的类(type)的意义。前者强调特定时间的特定事件,后者关注的是事件所代表的某种属性或关系。从这个意义上讲,俄语的完整体与未完整体的选择在某些情况下可以不完全

---

① 俄语例子和解说均根据 Hedin(2000:239)的英文对译和解释翻译而来。

受客观的时间结构的限制,而侧重反映说话人的关注点。

  法语的未完整体语法形式(imparfait)仅适用于过去时,其意义也可以涵盖进行、惯常、状态存在和规律性意义。法语另有一般现在时和将来时,它们不仅能表达未完整体意义,也能表达完整体意义,所以Smith(1991)称之为中性体。而根据Olsen(1997)的系统,法语只有在过去时的情况下,才具备有标记的未完整体形式;在现在时和将来时的情况下,未完整体意义是无标记的。在欧洲的许多语言里,未完整体的形式都受到时的限制。

  比较而言,汉语的"着"不受时制的限制,也可以表进行,但最主要的还是表状态存在或伴随的动作方式、状态。对于惯常和规律性的意义,只能零星地使用,如"太阳绕着地球转";汉语对这两种意义一般都是采用无标记的形式,如"他抽烟"。

  另外,俄语表过去经历的事件,一般是用未完整体形式,如例(24),而汉语是用完成体标记之一"过"来表示。谢林、宁静编著(1998)指出,俄语未完成体(即未完整体)过去时可以表示过去的事实。笔者也注意到这类句子的汉语译文中多带有"曾经、过"。因此,汉语表经历的完成体标记"过"所表示的事件也具有类的性质。汉语的词尾位除了"着"与"了"构成典型的未完整体与完整体的意义和形式的对立外,还有"过"来表示在意义上介乎两者之间的"过去经历"的意义。[1]

10.5 小结

  在进行体与未完整体的现有研究基础上,本章重点考察了汉语的未完整体标记"着"与状态情状的共时关系及其历时发展。未完整体

---

 [1] 张旺熹教授在同笔者的讨论中曾指出,即使是表示过去的事件,"过"与"了"还是有所不同,"过"通常表示的是非特定的意义。

"着"在语义上涵盖进行体,是在进行体的基础上发展而来的,"着"逐步扩大所适用的谓词范围,最终涵盖整个状态情状。本章总结了汉语的体貌标记出现的三个句法位:动前位、句尾位、词尾位,它们的虚化程度依次增强。通过讨论作为核心视点体的未完整体与作为边缘视点体的进行体之间的区别,间接论证了四层级体貌系统的合理性,并认为这样的系统更能反映汉语体貌系统层级间的连续性和区别性。

本章还对汉语的进行体与未完整体作了初步的类型比较,发现汉语进行体的两组形式"正、正在"和"在、呢"在一系列的句法语义特征上都存在着普遍性的对立,分别代表了性质不同的进行体。汉语的"着"作为未完整体标记,其意义空间仅为俄语未完整体的一部分,汉语对惯常、规律等意义空间通常是以无标记的形式来表达的。通过这样的比较,可以加深人们对汉语体貌系统特别是未完整体意义和形式的认识。

本章对汉语进行体和未完整体的研究还是初步的,主要是从汉语四层级的体貌系统的角度,对所谓的内部视点体做一些统合性的研究。本章初步考察的进行体与完整体与情状体的历时关系、进行体与未完整体的类型比较等问题都还可以做进一步的专题研究。

第11章 内部视点体的聚焦度与主观性*

11.1 引言

本章研究从内部观察情状的内部视点体。汉语常用的内部视点体标记包括:"在、正、正在、呢、着"等。这些体标记具有哪些内部差异?其间是否存在具有普遍性的理论参数?本章试图从聚焦度(focality)与主观性(subjectivity)的角度来解释汉语内部视点体的共时变异。聚焦度的概念来自Johanson(2000),他认为,人们在特定参照点观察情状时对情状的状况关注或聚焦的程度会有所不同,这种聚焦的程度就是聚焦度。话语的主观性(subjectivity of utterance),简单地讲,就是语言使用者在语言使用中的自我表现(Lyons 1995:337)。

本章研究现代汉语普通话的基础方言北京话的内部视点体。刘一之(2001)指出,北京普通话不同于北京话,其代表是近年来所谓的"京味儿小说"。北京普通话的语法、词汇以北京话为主,掺杂了一些其他方言的东西。例如,北京话表示正在进行和持续只用"呢"不用"在",而北京普通话两者都用。这一观点与张伯江、方梅(1996)相左。后者认为,王朔小说的语言是当代北京口语的真实代表,它与以老舍作品为代

---

* 本章以"汉语内部视点体的聚焦度与主观性"为题载《世界汉语教学》2003年第4期,人大复印报刊资料《语言文字学》2004年第4期全文复印。

表的老北京话有着明显的区别。如果把两者进行对比,就能典型地反映北京话50年来的发展和变化。笔者认为,刘一之(2001)所谓的北京话与北京普通话的不同实际上就是北京话的历时发展在共时平面的表现。因此,本章的研究语料仍然以老舍的《四世同堂》和王朔小说为主。

11.2 汉语内部视点体的聚焦度

11.2.1 Johanson 的体貌理论和聚焦度

Johanson(2000)系统地考察了欧洲语言的时体问题。他把从体的角度观察情状的方式称为视点(viewpoint),并分为三大类:

界内视点(intraterminality):在情状的界限内观察情状;[①]

界后视点(postterminality):在情状的界限后观察情状;

界限视点(adterminality):在情状的界限上观察情状。(29页)

Johanson(2000)的界内视点相当于本书所说的内部视点。界限视点大致相当于 Dahl 和 Bybee 等人的完整体的意义,界后视点则与完成体的意义相近,两者合起来也就是本书所说的外部视点。

视点算子(viewpoint operator)是在情状内部的基础上实行操作,确定观察情状的方式,并通过视点标记(viewpoint marker)体现出来。

三类视点就是体所表现的不同语义价值。它们在实际语言中可以是有标记的,也可以是无标记的。无标记可以是对有标记价值的否定,也可以是有标记价值的中性化。(33页)这种观点与 Olsen(1997)对语法体所持的缺值对立的看法相当(参见 1.2.2.3)。

聚焦度是人们在特定参照点观察情状时对情状的状况在心理上关

---

① 原文的术语为 event,相当于本书的情状。

注或聚焦的程度。它是由观察方式首要指称或呈现的对象(primary deictic center, or present world)的相对范围所决定的。(38页)就内部视点体而言,它所呈现的范围可以大致分为三类:1)窄式,只涉及在单一场合发生的事件,而且基本上是趋近于参照点并在此时实际发生或存在。2)扩展式,事件可以是单一场合的,也可以是多个场合的,虽然不限于趋近于参照点,但事件必须实际发生。3)开放式,事件可以是单一场合的,也可以是多个场合的,该事件原则上在参照点有可能发生,但并不实际发生。(86页)

聚焦度相应地可以初步分为三个等级:高聚焦、低聚焦、无聚焦。高聚焦大致对应于英语的 was writing(正在写);低聚焦大致对应于法语的 *écrivais*,相当于英语的 was writing(正在写)和 wrote(写);无聚焦大致对应于土耳其语的 *yazardi*,相当于英语的 wrote(写)、would write(将会写)、used to write(常常写)。聚焦度的对比可以列表如下(表11-1):

表 11-1 聚焦度的对比表

聚焦度	呈现范围	土耳其语的代表标记	汉语对应的含义
高聚焦	窄式	*Yazmakta(dir)* *Yazmaktaydi*	正在写
低聚焦	扩展式	*yaziyordu*	正在写、写
无聚焦	开放式	*yazardi*	写、将会写、常常写

就特定语言而言,聚焦度低的视点标记在语义上比聚焦度高的要更为抽象和普遍,因而可以蕴含聚焦度高的视点标记所指称的区域,如英语的 wrote > was writing。如果一个语言中有两个聚焦度不同的标记,聚焦度高的仅用于个体或局部动作,聚焦度低的还可以用于整体或多场合事件。该现象称为聚焦度叠置(focality superimposition)。

(89页)

从历时的角度来看,聚焦度高的视点标记倾向于发展成为聚焦度低的视点标记,并逐步获得更为抽象的功能,乃至情态功能。上述演变过程可以称为聚焦度的弱化(defocalization)。(99页)

尽管聚焦度的内涵与外延还不十分精确,它有助于解释内部视点体的共时变异和历时演变。汉语的体貌问题极其复杂,内部视点的表现手段繁多,历史联系错综复杂。笔者希望聚焦度的概念可以为汉语的体貌研究提供一个新的理论视角。

11.2.2 "着"与"在/呢"的聚焦度

张秀(1957:158)曾明确指出,在例句"你快去吧,他们(正)在那儿跳舞呢"中,助词"呢"表明他们正在进行跳舞的文娱活动。在此不用"着"是因为跳舞可以是跳跳歇歇的。如果说话人要强调在说话时他们正在跳而不是在休息,他们可以改用"着"来强调动作的持续性,如"他跳着舞呢"。

邓守信(Teng 1975:129)指出,"在"可以用于重复性动作,如"他在撕报纸",而"着"不行,不能说成"他撕着报纸"。Chan(1980:67)补充说,在从句里"着"可以用于重复性动作,如"他敲着门问……"。陈重瑜(Chen 1978)认为"在"能用于实际的过程或习惯性的行为,"着"只能用于实际进行的动作;因此,"在"所标记的时间域(temporal contour)比"着"宽,不如"着"精确。笔者以为,时间域与聚焦度的含义非常接近。

陈月明(2000)已经明确指出,"在"表活动的进行,"着"表动作的持续(542页)。动作往往是直观的行为,而活动往往是隐蔽的行为。如某人在邮局填单子,它的隐蔽行为可能是寄包裹或拍电报。我们能说"她填着单子""他在填单子""他在拍电报"或"他在寄包裹",却不能说

"他拍着电报"或"他寄着包裹"。这就是说,"着"可以出现在表直观现象行为的动词后面,不能出现在指称隐蔽性的实质性的动词短语中(544页)。"在"则不同,可以出现在上述两种现象之中。"在"和"着"的这种区别完全符合 Johanson 所说的聚焦度叠置的规律,即聚焦度高的"着"仅用于个体或局部动作,聚焦度低的"在"还可以用于整体或多场合事件,因而可以得到很好的解释。

在上述对比例证中,"在"或"呢"所在的小句可以出现"正"或"正在",如:"他们正在跳舞、正在寄包裹、正在撕纸呢"等,这些句子的聚焦度低于带"着"的句子。"某人正在跳舞"既可理解为这一刻某人在舞场,也可以理解为某人正在舞池跳着呢。因此可以认为,同样是表动作的进行,"着"的聚焦度不仅高于"在",而且也高于"正、正在"。

汉语的"着"除了表动作进行外,还表示状态的持续。状态的持续可以分为两种:一种是表结果状态的"着",如"摆着、挂着";一种是表未完整体意义的"着",如"有着、存在着"。它们之间的发展顺序是:结果状态早于动作进行,动作进行早于未完整体意义(详见本书第 8 章)。从聚焦度的角度来看,随着意义的虚化和泛化,"着"的聚焦度也逐渐降低。该过程符合聚焦度弱化的一般规律。也就是说,"着"在不同的用法中,聚焦度确有强弱之别。但是由于汉语的"着"来源于结果状态意义,而且通常不表示惯常和规律的意义,所以不管"着"表状态的持续还是动作的持续,它都要求情状在某一参照点仍然存在。"着"所表示的情状不仅当时存在,而且通常还会不变地存在一段时间。因此,"着"的聚焦度非常高,整体上属于高聚焦。[1]

---

[1] 英语的进行体也可以用于 Are you still playing guitar?(你还弹吉他吗?)之类的开放性事件,但是这并不应影响-ing 本身通常是一个高聚焦的标记(Johanson 2000:86)。Kalmyk 语的-ja-是一个一般性的未完整体,但仍为高聚焦(Ebert 1999:329)。上述两种看法都有助于本书把汉语的未完整体标记"着"总体上看作高聚焦的标记。

11.2.3 "在"与"正/正在"的聚焦度

现有研究表明,"在"可表示反复进行或长期持续,而"正、正在"不行,如:经常在考虑|一直在等待|*经常正(正在)注意|*一直正(正在)考虑(吕叔湘主编 1980:599)。可见,"在"可用于多场合的事件,呈现范围是扩展式的,情状在参照点可以发生也可以不实际发生,属于低聚焦。比如"他在写小说",一般理解为在最近一段时间内他在写小说,但在说话时间他不一定正在写小说。而"正、正在"倾向于单一场合的事件,情状倾向于实际发生。比如"他正在写小说",一般理解为在说话时间他正在写小说,虽然也不是不可以理解为最近一段时间内他正在写小说。因此,"正、正在"的呈现范围主要是窄式的,属于高聚焦。

吕叔湘主编(1980:599)还指出,"正"着重时间,"在"着重状态,"正在"既重时间又重状态。Hsu(1996)基本证实了这一观点:"正"与外在的参照时间高度相关,它强调进行的情状是在某一特定时间发生。例如,"吕布正找不到对手,一看张飞迎上来,立即转向张飞厮杀。""在"则相反,它与内在的时间结构相关,它更强调进行的情状正处在持续和过程之中。例如,"母亲每天在算账,想办法缩减开支。""正在"与情状的外在参照时间和内在的时间结构都相关。例如,"近期正在筹备成立的国立海洋生物博物馆,也因此无法取得海豚作展示和研究。"图 11-1 是三者语义区别的图示。①

表 11-2 则是 Hsu 对书面话语中三者所表示的事件是发生在参照时间这一点还是一个延展的时间段的统计结果。结果显示,表示事件发生在参照时间点方面,"正"高于"正在"9 个百分点,"正在"高于"在"19 个百分点。Hsu(1996)的思路与 Johanson(2000)对聚焦度的区分相通,不

---

① 图 11-1 和表 11-2 中的文字均由笔者从 Hsu(1996)的英文翻译而来。

过该文对上述数据未进行差异显著性检验,而笔者所作的统计检验发现,"正在"与"在"之间的差异非常显著,前者表示事件发生在参照时间点的明显高于后者(Fishman's exact Test,双侧检验 p=.015,单侧检验 p=.01)。但是,"正"与"正在"之间 9 个百分点的差异尚不显著(Fishman's exact Test,双侧检验 p=.202,单侧检验 p=.13)。基于统计分析的结果,笔者认为"正"表事件发生在参照时间点的略多于"正在","正"的聚焦度略高于"正在","正、正在"的聚焦度明显高于"在"。

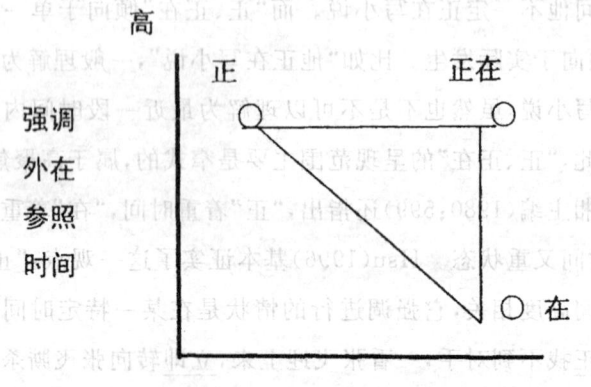

图 11-1 "正、正在、在"的语义区别

表 11-2 书面话语中事件发生在参照时间点与延展的时段的比较

例句类别	参照时间点	延展的时段
正	74/97(76%)	23/97(24%)
正在	40/60(67%)	20/60(33%)
在	74/154(48%)	80/154(52%)

11.2.4 "在"与"呢"的聚焦度

"在"与"呢"在北京话中都可以表示进行,"呢"跟"在"一样也可以

用于反复进行或长期持续,如:这事儿我常想呢|一直等你呢。因此,"呢"与"在"一样都不是高聚焦。

不过,"呢"的用法更复杂。"呢"公认是语气词,它除了表进行之外还有许多别的用法。比如,"呢"可以指明事实而略带夸张,如:王府井可热闹呢|北京的冬天才冷呢|他还会作诗呢。(吕叔湘主编 1980:366)除此之外,"呢"还可以用于"他是学生呢|今天星期日呢"之类的句子。这里的事件可以是超越时间性的,也可以是抽象的性质或状态。这些用法更接近于英语中一般现在时的用法。比较而言,"在"一般不能用于心理状态之外的状态动词。又如,"谁说他不抽烟?他抽呢,每天一包还不够!"其中的"他抽呢"是一种习惯性的行为,该行为原则上在参照点有可能发生,但并不实际发生。因此,"呢"的聚焦度比"在"还低,属于无聚焦。

方梅最近指出,同样是表当前状态,"呢"用于表达说话人对情状或命题的态度、立场或感情。"呢"的各种用法的核心语法意义是表示非现实情态。① 可见,"呢"具有明显的情态意义。无聚焦的视点标记具有一定的情态功能,这也具有相当的普遍性(Johanson 2000)。

11.2.5 汉语内部视点体的聚焦度序列

基于以上考察,我们得到汉语若干内部视点标记在聚焦度上由高到低的序列或级次:

(1) a. 着 > 正 > 正在 > 在 > 呢
　　b. +高聚焦 > +低聚焦 > +无聚焦 > +情态

在上述级次中,a 行是汉语内部视点标记的聚焦度由高到低的序

---

① 引自方梅《说"呢"》,第十二次现代汉语语法学术讨论会论文,2002 年 4 月,湖南长沙。

列,b 行是汉语内部视点标记对应的聚焦度等级以及聚焦度弱化的一般序列。"着、正、正在"均为高聚焦的标记,但聚焦度依次降低;"在"为低聚焦的标记,"呢"为无聚焦的标记并具有明显的情态功能。[＋无聚焦]是从聚焦度的角度而言,是聚焦度的最低等级;[＋情态]是从情态的角度而言,所以"呢"能具有双重属性,在聚焦度方面是无标记的,在情态方面是有标记的。

聚焦度低的视点标记在语义上比聚焦度高的要更为抽象和普遍,因而可以蕴含聚焦度高的视点标记所指称的区域。在北京话中,"呢"可以根据表达的需要,跟聚焦度较高的成分灵活组配,构成诸如"正在谈着话呢"之类的表达。

11.3 汉语内部视点体的主观性

11.3.1 视点体的客观性与主观性

视点体表现的是说话人对情状所采取的不同的观察方式。与视点体相关的理论有两种倾向,一种是主观主义的理论倾向,强调说话人的主观视点,而不强调特定句子的命题内容所描述的情状的客观时间特点。另一种是客观主义的理论倾向,认为视点体的意义是一种客观时间范畴,包含于句子的命题内容之中。Lyons(1995:322)持后一种观点。[1] 他认为,He sings（他唱歌）和 He is singing（他正在唱歌）这两句话,在设想与描述的任何世界里,它们的语义和真值条件都不相同。

Lyons(1995:322)还认为,实际上具有持续性的情状可以被说话

---

[1] 本书引用页码参照外语教学与研究出版社 2000 年的引进版,中文名《语义学引论》。观点的中文概述部分参照了刘福增编译的中译本《语意学新论》,台北心理出版社 2000 年版。

人感知为完整性的事件，因此俄语等其他语言中完整体与未完整体的选择从这个意义上讲是主观性的。笔者理解，视点体意义具有客观性的同时，也具有一定程度的主观性。主观性是指语言的这样一种特性，即在话语中多多少少总是带有说话人"自我"的表现成分，也就是说话人在说出一段话的同时还表明自己对所说话语的立场、态度和感情，从而在话语中留下自我的印记。①

汉语的内部视点体标记"在、正、正在、呢、着"不仅在聚焦度方面存在差异，而且在话语的主观性方面也存在明显的差别。比如，有人找校长，问"校长在吗？"此时，校长正在接电话，门口的秘书可能有以下几种不同的回答：a. 校长正在接电话；b. 校长在接电话；c. 校长接电话呢。三种回答所体现的说话人的态度明显有别：a 提供的是准确的客观信息；c 除了客观信息之外还有不耐烦的语气；b 则介于两者之间。这三种回答所表现的不同态度就是内部视点体标记的主观性差异。

全面考察汉语内部视点体的主观性不能仅凭语感，必须尽可能地采用一些客观的鉴定手段。本节主要分析内部视点体的语境，从中寻找一些标志性的参数。

11.3.2 "在"与"着"、"正"与"正在"的主观性

11.3.2.1 "在"与"着"的主观性

泽田启二(1983)指出，"在 V"经常用于"是"字句，并常与语气副词"到底、究竟"等以及插入语"看起来、你瞧"等同现，典型地表示"主张或推测某行为存在"。"V 着"经常与带"地"的状语共现，如"深情地、目不转睛地、认真地"等，主要用于"动作、作用的样子、状态"。例(2)和

---

① Lyons(1977:739)，转引自沈家煊(2002)。对主观性沈家煊(2001,2002)有很好的论述。

(3)分别是"在 V"和"V 着"的典型例句:

  (2)他不是在走,简直是在跑。(《现代汉语八百词》261页)

  (3)通讯员也皱起了眉,默默地看着手里的被子。(茹志鹃《百合花》)

  泽田启二先生的结论是:"在 V"是与"是"共存的主体表现,"V 着"是与"地"共存的客体表现。笔者理解,这就是话语的主观性的问题,"在 V"便于"说话人在说出一段话的同时表明自己对这句话的立场、态度和感情",是主观性的表达;"V 着"便于呈现事件客观的状态,而不便于附加说话人的"立场、态度和感情"。换句话说,同样是表动作的进行,"在"的主观性高于"着"。

11.3.2.2 "正"与"正在"的主观性

  根据泽田启二比较"着"与"在"的主观性的标准,"正、正在"的主观性可以说介于"着"与"在"之间。笔者从王朔小说中检索出"正"表进行的用例 262 个,"正在"的用例 261 个,仅有 1 例(例 11)带有"在"字句中常见的语气副词。它们所在的句子也有带"地"的状语,但并不多见,其中"正"与带"地"的状语共现的有 19 例(如例 4、5),而"正在"与之共现的只有 3 例(如例 6 至 8)。仅从这一点来看,"正"和"正在"的主观性都不强,比较而言,"正"更趋近于"着","正"侧重表现事件当时的状态,而"正在"仅侧重当时的动作或行为。

  (4)刘会元来到牛奶店时,我<u>正</u>浑身哆嗦地喝着一杯黑色的热可可,精神亢奋。

  (5)<u>正</u>悠闲滋润地呷了热茶品味儿的钱康闻声一哆嗦……

  (6)雅座间已坐了一些半熟脸的各路贤士,<u>正在</u>和倪姐起劲地谈论法国奶酪。

  (7)"这儿有你一封信。"<u>正在</u>无聊地翻着信件杂志的丁小鲁抬头对我说……

(8) 会议室里,全体头目坐在会议桌旁正在紧张地开会。

"是"字句具有情态的作用,也是泽田启二判断主观性的标准之一。"正"字句中没发现一例出现在"是"字句中,而"正在"则可以以不同的形式出现在"是"字句或类似于"是"字句的环境中。例如:

(9) 脑子里总是盘算老婆孩子发财保命,这就是对正在牺牲流血的战友的背叛!

(10) "你这种态度才是侮辱党,你正在侮辱一个党员。"

(11) 他们的确有点像两个正在鬼鬼祟祟发牢骚的大人。

上述例句的主观性稍强,其中例(11)出现了多个凸现主观性的成分:的确、有点像、鬼鬼祟祟、发牢骚。这一点也进一步说明"正在"在主观性方面比"正"略强,更接近"在"。

11.3.3 "在"与"呢"的主观性

11.3.3.1 北京话中表进行的"在"与"呢"的话语功能

笔者根据北京大学中文系的汉语语料库检索并统计了《四世同堂》与王朔小说中表进行的"在"与"呢"。《四世同堂》中,表进行的"在"与表进行的"呢"的频率比是 1∶1.2;而在王朔小说中,两者的比例为 5.3∶1。可见,从总体上看,当代北京话表动作进行的手段中,"在"比"呢"更常用。

在具体用法上,表进行的"呢"主要用于结句的小句(86.5%,以小句后标点为判断标准,如句号、感叹号、问号,包括破折号,均为结句标点),"在"多用于非结句小句(69%)。老舍和王朔作品在这方面的表现基本一致,且两者结句和非结句的比例十分接近。

据表 11-3,"在"在《四世同堂》中完全用于叙述(含描写),没有 1 例用于人物对话。而在王朔小说中,"在"开始出现在对话中,并占有一定比例,叙述与对话中的使用比为 4.3∶1。"呢"在《四世同堂》中主要用于叙述，[①]叙述和对话中的出现比例为 6.5∶1，而在王朔小说中，"呢"绝大部分用于对话，叙述和对话中的出现比例约为 1∶15。可以认为，正是因为时间副词"在"大量进入北京话，原来表进行的"呢"的功能才发生了重大调整，由通用于叙述和对话而改为主要用于对话。当代北京话中，同样是表进行，"在"具有叙述性，"呢"具有对话性。两者承担着不同的话语功能。为了进一步研究两者的其他区别，下面专门研究王朔小说人物对话中的"在"与"呢"。

表 11-3 《四世同堂》与王朔小说中"在"与"呢"的用法差别

语料种类	进行的"在"		进行的"呢"		进行的"在"		进行的"呢"	
	叙述	对话	叙述	对话	结句	非结句	结句	非结句
四世同堂	90	0	91	14	30	60	90	15
王朔小说	630	147	9	134	277	500	124	19

11.3.3.2 北京口语中"在"与"呢"所在小句的结构差别

这里专门考察了单用"在"与"呢"表进行的小句（各有 137 例和 124 例）在句子结构和形式上的差别（见表 11-4）。"在"与"呢"共用表进行的句子暂不考虑（共 10 例）。

表 11-4 表进行的"在"字句和"呢"字句出现的结构条件

	疑问句	宾语从句	主句部分	定语位置	偏正复句	并列复句	否定形式	并列动作	复杂状语
"在"字句	43	39	3	2	10	8	1	4	30
"呢"字句	0	1	2	0	0	0	0	0	21

注：有些句子可以从不同角度标注，致使"在"字句的标注总数为 140，多于句子本身的数量，而"呢"字句的标注数明显少于句子数。

[①] 另据调查，《儿女英雄传》中表进行的"呢"多用于对话，很少用于叙述。

从表 11-4 中可以看出如下差别：

（一）表进行的"在"字句自如地用于各种疑问句，如例（12）、（13）；而表进行的"呢"字句则不可以。这可能是因为"呢"用于疑问句时，具有特殊的功能。这种功能有人认为是表疑问，有人认为表"提醒"兼"深究"。① 比如"你说什么呢？"其表"进行"的意味很不明显，故不计入"呢"的进行用法之中。

（12）"咱们不是在共同分析张大雷其人吗？"李建平不满地说……

（13）"你一直在干这个？"

（二）表进行的"在"字句大量出现在宾语从句中，如例（14）；而"呢"字句仅有一例出现在宾语从句中，如例（15）。两者出现在主句位置上的情况则相当，都不多见。

（14）"是吗？你比我还知道我在干吗——别跟我打岔儿，警察可就在旁边。"

（15）"我说呢，<u>我在台上还纳闷呢</u>，梦蝶怎么换模样了，我记错了？别露怯。"

（三）"在"字句不仅可以出现在定语位置（例 16），而且还可以出现在有关联词的偏正复句（例 17）、并列复句中。"在"字句的谓语动词不仅可以有否定形式"不像是"（例 18），而且还可以是多项并列结构（例 19）。在这些语言环境中没有发现表进行的"呢"字句。

（16）马林生缓缓地说，"你就是我一生在等的那个人。……"

（17）"我当然可以变，因为人，你我都在变。"

（18）这不像是在谈情说爱了。成了纯粹的找对象了，这么谈下去分歧只会越来越大。

---

① 参见邵敬敏《语气词"呢"在疑问句中的作用》，《中国语文》1989 年 3 期。

(19)"我只记得咱们当时在吃在喝在搞女人,后来烟消云散……"

(四)"在"字句和"呢"字句都可以出现复杂状语(这里指双音节以上的状语,不包括单音节的语气副词),但前者的状语可以更为复杂,出现的频率可以更高。例如:

(20)"她的的确确一直在爱着你。……"

(21)"我可是一直给您留着面子呢。"

(五)兼用"在"和"呢"表进行的句子均没有表11-4所列的特征,比较而言,更像单用的"呢"字句,只是对句子条件的要求更为严格。例如:

(22)"你多吃。""我在吃呢。这菜是纯粹的北方菜吗?"

(23)"得了吧,根本没这么一个人,你在吹呢。"儿子嘲笑他。

上述五项中的前两项结构特征的制约性最强,能控制60%左右的表进行的"在"字句。可见,在句子结构和类型方面,"在"的分布比较自由,而"呢"的分布相当受限,主要用于简单的陈述句。

11.3.3.3 "在"与"呢"所在小句的语势差别

李宇明(2000b:68)指出,语势是说话人的情感在语言中的反映。语势反映的是言语情感的"量"。不同的语势代表不同的言语情感度。下面首先考察"在"字句和"呢"字句中明显体现说话人感情的标志性词语,然后分析说话人所表现的言语情感的性质。最后分析"在"字句和"呢"字句在上下文中的语义关系。

(一)"在"字句和"呢"字句的语势标示语

"在"字句和"呢"字句的语势可以从说话人本身的语句和叙述人语句中的一些情绪性词语反映出来。前者称为语内标志,后者称为叙述标志。

"在"字句的语内标志主要有:的的确确、白白、当然、其实、一向、从一开始就、只怕、真可怕、好哇、嘿、严肃点儿、别演戏、难道、一点也不、说胡话、岂不、发愁、挺逗、瞎费工夫,等等。典型的例子如下:

(24)"你说,你是不是从一开始就在骗我?"

"呢"字句的语内标志主要有:唉哟、你瞧、胡扯、流里流气的、糙老爷们、瞎逗、控诉、瞧他、得了吧、别老唠叨、瞧你、起腻、嗝、傻、傻乎乎的、别打岔、可不是、臭德性、装傻、我说呢、全崩溃了、哟、甭招我啊、吓的。典型的例子如下:

(25)"唉哟,赵老,您可不敢寻短见,多少人指着你呢。"

两者相比较,"呢"字句话语中的情绪性词语多,且程度较强。而"在"字句话语中情绪性词语偏少,且程度偏弱,确认事实的词语(如:"其实、一向"等)偏多。

再看叙述标志。"在"字句的叙述标志语主要有:恭维、委屈地摊开手、缓缓、顺势、扭向一边、异样、强颜欢笑、气愤地说、横眼、试探、惊诧、作胁肩谄笑状、审视、烦躁、皱起眉头、理直气壮、笑,等等。下面是一个典型的例子:

(26)"你在谈恋爱是不是?"他借着幽暗的光线审视我……

"呢"字句的叙述标志语主要有:不屑地说、急急、端详着、笑着、恶声恶气、忍俊不禁、偏脸盯着我道、苦口婆心、气冲冲、吆喝、得意、心平气和、咒骂、恭敬、不耐烦、骂骂咧咧、一本正经、笑吟吟,等等。下面举一个典型的例子:

(27)我仍很得意,果然她们不高兴。对她们说:我们调戏你们呢。

两者相比较,除了进一步印证语内标志的区别外,还明显感觉到:"呢"字句具有明显的调侃和夸饰的意味,而"在"字句则多显得低调、正式。

(二)"在"字句和"呢"字句的语势级次

根据说话人的语内标志、叙述人的叙述标志以及上下文的综合判断,这里把"在"字句和"呢"字句所体现的说话人的主观态度分为中性态度、肯定性态度和否定性态度。结果发现(见表 11-5):用于中性态度的"在"字句有 42%,而"呢"字句只有 8%;用于肯定性态度的,"在"字句与"呢"字句分别是 16% 和 45%;用于否定态度的,两者比较接近。中性态度的语势级次要低于带有肯定和否定态度的句子。因此,"呢"字句的语势级次明显高于"在"字句。例(28)的"在"字句是表中性态度,仅客观陈述某人的行为;例(29)的"呢"字句是训斥听话人的,属否定态度。肯定性的例子见前面的例(25)。

(28)看见晶晶了吗?她在化妆,我给你叫去。

(29)看见我们院墙头站满人,就朝我们吆喝:看什么看,找打呢。

表 11-5 "在"字句和"呢"字句的语势级次

	肯定性	中性	否定性
"在"字句	16%	42%	42%
"呢"字句	45%	8%	47%

(三)"在"字句和"呢"字句所表示的语义关系

篇章中的任何一个小句,都会与上下文的其他小句构成一定的语义关系。修辞结构理论(Rhetorical Structure Theory,RST)把篇章中的语义关系总结为一套数量有限的关系(详见卫真道 2002),为研究"在"字句和"呢"字句在篇章中的语义功能提供了有效的工具。[①] 据此

[①] 修辞结构理论明确声称只研究书面语的内部关系,而我们研究的是书面语对话部分中小句与上下文之间的关系。这种关系更为复杂,更难以明确归纳,其中的一定程度的主观任意性也是公认的和难以完全避免的。

对王朔小说对话中的"在"字句和"呢"字句与上下文的语义关系按照修辞结构理论的语义关系逐一标注,然后将相近的语义关系作适当归并,结果如下(表 11-6):

表 11-6 "在"字句和"呢"字句所表示的语义关系的区别

	评估/对照	原因/结果	证明/证据	解答/解释	例句总数
"在"字句	31(23%)	22(16%)	10(7%)	43(31%)	137
"呢"字句	58(47%)	21(17%)	12(10%)	17(14%)	124

注:百分比为该类型与某句式例句总数之比,表中所列的语义关系并非穷尽性的。

从这些语义关系所反映的说话人的主观性来看,评估/对照关系最强,如例(30)(31);原因/结果与证明/证据关系最弱,如例(32)(33);解答/解释关系居中,如例(34)。

(30) 李江云笑着对懵了头的新娘说:"还没明白,他们胡扯呢。"(评估)

(31) "……你别老唠叨,我们这儿正数字儿呢。"(对照)

(32) "真的不行,我得回家。"周瑾说:"我爱人在家等我呢。"(原因)

(33) "买菜去了,你瞧这几根黄瓜多嫩,顶着花呢。"(证据)

(34) "把钥匙拿来——我在行使我的职权。"(解释)

从表 11-6 可以看出,"在"字句跟"呢"字句相比,最突出的特点是解答/解释关系明显居多(Fishman's exact Test,双侧检验 p=.002,单侧检验 p=.001),评估/对照关系明显居少(Fishman's exact Test,双侧检验 p=.000,单侧检验 p=.000),原因/结果与证明/证据关系则非常接近。由此可见,"在"字句则多用于相对中性的语境,而"呢"字句多用于主观性强的语境。

综合以上分析,我们发现北京话中"在"字句跟"呢"字句在话语功能、句子结构、语势级次和语义关系等方面均表现出明显的差别,具有明显的互补性。"在"字句用于叙述语篇中的复杂句式,宜于表述复杂的命题内容并少带感情色彩;"呢"字句用于对话语篇中的简单句式,宜于表述简单的命题内容和强烈的感情。根据这些差别,可以确认:"呢"字句主观性明显高于"在"字句。

11.3.4 汉语内部视点体的主观性序列

通过上面的逐项比较,可以进一步归纳出汉语若干内部视点体标记主观性的序列:

(35) 着 > 正 > 正在 > 在 > 呢
低─────────────────高
主观性

比较(35)和(1),可以发现主观性由低至高的序列与聚焦度由高至低的序列完全一致。由于主观性和主观化是一个更普遍的性质和机制,而聚焦度仅是作用于体貌的局部领域,因此,我们可以从主观性和主观化的角度对聚焦度进行解释并可以表示为(36):

(36) 着 > 正 > 正在 > 在 > 呢
聚焦度高◄─────────聚焦度低
主观性低─────────►主观性高

聚焦度由高到低的不同,也反映了说话人在呈现客观情状时所表现的主观性的不同。聚焦度高的,主观性低;聚焦度低的,主观性高。Johanson(2000)在聚焦度的定义和描述中认为聚焦度反映的是人们对情状的状况在心理上关注或聚焦的程度。聚焦度高的视点体标记强调情状在特定时刻的状况,在这种情况下,一方面是外在的参照时间非常突出,另一方面是情状本身的客观状态非常突出。这两个因素使带有高聚焦的句子不大可能用来表示说话人的主观态度、看法或推测。因此,高聚焦的体标记在话语中具有较强的客观性和较弱的主观性。相应地,低聚焦的体标记具有较弱的客观性和较强的主观性。① 在历时发展过程中聚焦度弱化的过程相应地也表现出主观化的过程。

11.4 小结

本章根据 Johanson 的聚焦度理论分析发现,汉语内部视点体标记"着、正、正在、在、呢"从左到右构成了聚焦度由高到低的序列。该序列也是话语的主观性的序列,只是方向相反,"着"的主观性最低,"呢"的主观性最高。

本章设想,聚焦度由高到低的不同,也反映了说话人在呈现客观情状时所表现的主观性的不同。聚焦度高的标记强调事件在特定时刻的客观状况,其话语的主观性低;聚焦度低的标记淡化事件在特定时刻的客观状况,其话语的主观性高。在历时发展过程中体标记的聚焦度会逐步弱化,聚焦度弱化的过程也就是主观化的过程。这一构想是否成立,还需要跨语言材料的支持。

---

① Langacker 从共时角度分析主观性的一个重要参数就是说话人是否作为参照出现在句子的表述之中,因此下面三个句子的主观性依次增强:a. Marry is sitting across the table from Jane(玛丽对着珍妮坐在桌子对面);b. Marry is sitting across the table from me(玛丽对着我坐在桌子对面);c. Marry is sitting across the table(玛丽坐在桌子对面)。

当说话人以自身参照点且不出现在句子中时,句子的主观性最高。在带有"正、正在、在"的句子中,外在参照时间由点到段依次弱化,事件本身的状态依次突出;参照 Langacker 的标准,也似乎可以说"正、正在、在"的主观性依次增强。已有的研究也证明,Langacker 与 Traugott 对主观性的两种不同看法也有相通之处。这方面的论述详见沈家煊(2001)。

第12章 总结
——汉语四层级体貌系统及相关理论问题[*]

本书研究汉语的体貌系统,重点研究现代汉语普通话及北京话中的体貌问题。体貌包括由谓词内在语义特征构成的情状类型、由"起来、下去、完、好"与词语重叠等半虚化成分以及更为虚化的"着、了、过、来着"等所表示的各种语法意义,它是事件内在的时间结构的表现。本书主要理论基础为 Smith(1991)、Binnick(1991)、Olsen(1997)、Bybee, Perkins & Pagliuca (1994)、Dahl(2000b)。

在前人的多种理论体系和笔者的一系列微观研究的基础上,本书认为,汉语的体貌系统是一个由情状体、阶段体、边缘视点体、核心视点体组成的四层级系统。下面着重论述四层级系统的内部结构和内部关系,对四层级的体貌系统进行初步的类型比较。[①] 本章还将对本书各章节分别讨论的语法化、主观化等问题加以总结,最后提出尚需进一步研究的问题。

12.1 汉语四层级体貌系统的内部结构

12.1.1 情状体

情状体(situation aspect)是对事件抽象的时间结构的表现和分

---

[*] 本章部分内容曾以"汉语四层级的体貌系统"为题载于竟成主编《汉语时体系统国际研讨会论文集》,上海:百家出版社,2004年。编入本书时有较大修改。

[①] 本章作为全书总结只是对体貌系统的相关问题加以勾勒,鉴于目前专题研究进行得还不够全面与深入,这里的系统阐释也受到明显的限制,难以充分展开。

类。抽象的时间结构是指事件的纯命题意义所具有的时间语义特征。时间语义特征主要指动态性、持续性、终结性。情状体主要理论基础为 Vendler(1957)、Smith(1991)、Olsen(1997)。目前情状体的论述主要是吸收现有的研究成果,特别是 Olsen(1997)的研究。基本的情状体或情状类型分为四类:状态(State)、活动(Activity)、结束(Accomplishment)、达成(Achievement)。它们之间的语义区别是基于有无对立的缺值对立(见表 12-1)。

情状体根据是否具有[+终结]特征而分为两大类:非终结性情状和终结性情状。非终结性情状包括状态情状和活动情状,它们的区别在于是否具有[+动态];终结性情状包括结束情状和达成情状,它们的区别在于是否具有[+持续]。

与一般的看法所不同的是,本书的情状体首先是谓词的语义分类,然后才是谓词与其论元成分的语义分类。谓词前后的某些标记成分不属于情状体的范围。谓词本身的语义特征形成了事件抽象的内在时间结构的重要基础,其他的名词性成分、副词性成分、介词结构等也起一定的作用。小句的情状是由谓词及相关成分组合而成的。例如,"打球"具有[+动态]、[+持续]的特征,是活动情状;"打一场球"更具有[+终结]的特征,是结束情状。①

---

① 匿名专家意见认为,根据郭锐(1993)汉语动词的时间结构实际上是连续的,三个典型情状(状态、动作、变化)之间存在过渡类型,而所谓结束情状实际上是活动情状的一种表现形式。笔者认同这一观点,该观点反映了国内外语言学研究者对身为哲学家的 Vendler 所提出的情状四分法的修正,因为 Vendler(1957)的结束情状的确是由动词与名词组成的短语构成的,如:画一个圆。但与此同时,国内外的语言学家都试图将动词及动词短语的四类情状贯彻到单纯的动词之中,如"建造"必然指向一个建造的结果而不只是单纯的活动动词,这方面的研究有第 1 章提到的 Yang(1995)与 Olsen(1997)。本书仍然对动词采用四分法只是顺应学术界的这一努力,由于现有的四分法尚未对汉语的动词进行穷尽性分类,因此也还只是一种有待检验的方案。

表 12-1　基于缺值对立的情状体①

情状体的类别	终结 (Telic)	动态 (Dynamic)	持续 (Durative)	例证
状态(State)			+	知道、是、有
活动(Activity)		+	+	跑、画、唱
结束(Accomplishment)	+	+	+	摧毁、建造
达成(Achievement)	+	+		死、赢

12.1.2　阶段体

阶段体(phasal aspect)是对情状的具体阶段的表现,或者说表现的是情状的整体与部分的关系。具体的阶段包括起始、持续、暂停、结束、短时、反复等。不同的语言对情状具体阶段的表现形式会有所不同。汉语对情状多个阶段采取了专门的语法手段来表示：用虚化的趋向成分"起来"和"下来、下去"分别表示的起始体、延续体,用补语性成分"完、好、过"与"着、到、见"等分别表示的完结体、结果体,用动词重叠与"说来说去"之类的复叠结构分别表示的短时体和反复体。

汉语的阶段体可以分为两个小类：基本阶段体和涉量阶段体。前者包括起始体、延续体、完结体、结果体,它们涵盖情状的基本阶段。后者包括短时体和反复体,它们都跟动作持续的量有关,也涉及动作的整体与部分的关系。汉语的阶段体具有严整的内部结构,其形式和意义也自成系统。

12.1.3　边缘视点体

视点体表现的是说话人对情状及其具体阶段的不同观察方式。

---

① 本书采用情状体而不采用 Olsen(1997)的词汇体的概念,是因为词汇体与语法体的二元对立过于理想化,比如本书所提出的阶段体正好处于两者之间。

12.1 汉语四层级体貌系统的内部结构

边缘视点体(peripheral viewpoint aspect)是语法化程度相对较低的视点体,包括完成体和进行体两类。

完成体表现的是发生在参照时间以前并对参照时间具有相关性的事件。汉语完成体的比较典型的标记包括:"过"、句尾"了"、"来着",[①]另外还有复合趋向补语中位于句尾的"来"、双"了"句、动词前非结句的"一"等也不同程度地具有完成体的意义与功能。需要指出的是,完成体标记的语法化过程比较活跃,像"太好了!""你姓什么来着?"这些语气用法已经偏离了完成体的意义范畴,进入情态的范畴。因此这里所谓的体标记也是一种相对的说法,不能认为一种形式只能有一种范畴意义,范畴之间借助相同的标记也表现出相通的一面。

进行体表现的是相对于参照时间动作在持续。汉语的进行体标记有"正、正在、在、呢",它们之间的内部差异反映了聚焦度的不同。"正"和"正在"是高聚焦的标记,表示情状多在趋近于参照点的时间发生。"在"是低聚焦的标记,表示的情状可以在特定的参照时间发生但不必然发生。"呢"是无聚焦的标记,可以用于状态动词和形容词,可以表现不实际发生的情状,具有明显的情态意义。现代汉语中还有一个动后位置的"中",如"营业中"、"进行中",也处在向进行体标记虚化的过程之中,值得关注。(参见张谊生 2002)

把边缘视点体作为一个独立的层级是可行的,它具有相对独立的意义——表示参照情状与另一个所要表现的情状之间的关系,而且是语法化程度相近的一组标记。就进行体与完成体而言,两者意义与形

[①] 一位匿名审稿专家认为,虽然用了"完整、未完整"等一套国外理论的框架来分析,但还是少不了国内的传统分析。另一位专家认为,书中偏偏不给"过"一点篇幅,实在令人惋惜。笔者赞成两位专家的看法,类型学的分析只是给出了某些类汉语体貌标记的共性,并非取代国内传统的分析,而对个别标记的个性的深入了解非要进行专门的考察与比较才得以明了。本书的主体部分为事实考察,因而对没有专门考察的现象着墨不多。

式在汉语与英语等多种语言中都具有明显的对应性,显著不同于阶段体的起始体、延续体与完结体,表现出同完整体与未完整体具有更多的共性,并且具有直接的语法化联系。因此,本书不认同 Michaelis(1998)把进行体、完成体混同于阶段体的观点,也不认同 Smith(1991)把进行体与完成体混同于未完整体与完整体的观点。

12.1.4 核心视点体

核心视点体(core viewpoint aspect)是指语法化程度相对较高的视点体,包括完整体和未完整体两类。

Dahl(2000b)把完整体与未完整体的对立看作一种超级的语法语素类型,它在不同的语言里可以运用不同的形式来表达这种对立。Dahl(1985:78)对完整体给出了以下原型性的描述:完整体动词通常表示单个的事件,并把该事件视为一个发生在过去的、未分析的整体,一个可清楚界定的结果或终结状态;该事件一般是瞬时的,至少被视为向对立状态的一种转变,事件本身的持续可以被忽视。在汉语的研究成果中,完整体与未完整体的语义是"实现"与"持续"的对立。词尾"了"不限于"完成或结束"的含义,而是宽泛的"实现"的意义。词尾"着"不仅可以表示动作的持续,而且还能表示状态的持续。

本书还根据内部观察和外部观察的不同,把视点体分为内部视点体和外部视点体。内部视点体包括核心视点体的未完整体和边缘视点体的进行体,外部视点体包括核心视点体的完整体和边缘视点体的完成体。不同的观察方式实际上也体现了参照时间与情状时间的不同关系。简而言之,内部视点体的参照时间在情状时间中间,外部视点体的参照时间在情状时间之外。

汉语体貌系统的四个层级都是事件内在时间结构的表现。相对而言,情状体和阶段体分别表现的是事件抽象的时间结构和情状具体的阶段,而尚未进入实际的时间流程,不直接涉及参照时间;边缘视点体和核心视点体则进入实际的时间流程,总是和一定的参照时间相联系,表现情状在特定参照时间的发展状况。因此,从某种意义上说,本书的四层级系统是 Smith(1991)"双部理论"的修订版,本书的情状体和阶段体大致对应于 Smith(1991)的情状体,本书的边缘视点体和核心视点体对应其视点体。但是,本书的四层级系统更强调各个层级之间的一致性和连续性。①

上面分层论述的汉语四层级体貌系统可以用表 12-2 来表示。

表 12-2 汉语四层级体貌系统

核心视点体	未完整体(内部视点体)			完整体(外部视点体)			
	词尾"着"			词尾"了"			
边缘视点体	进行体(内部视点体)			完成体(外部视点体)			
	正、正在、在、呢,等			句尾"了"、词尾"过"、来着,等			
阶段体	起始体	延续体	完结体	结果体		短时体	反复体
	起来	下来、下去	补语性的"完、好、过"	补语性的"着、到、见"		动词重叠(说说)	复叠(说说笑笑)
情状体	状态情状		动作情状		结束情状		达成情状
	知道、是		跑、玩、唱歌		创造、建造		死、赢

---

① 匿名专家意见认为,本书"体貌"的范围过于宽泛,不赞成本书所持的"体貌从本质上看是语义平面的概念";认为应当严格界定体的范围,这样更有利于汉语事实的挖掘。笔者认为,专家的意见与本书严格区分体貌的四个层级只是处理方式的不同,本质上是相通的。本书一方面扩大体貌的范围,便于在更大范围考察现象之间的关系;另一方面严格区分不同性质、不同语法化程度的体貌。

12.2 汉语四层级体貌系统的内部关系

12.2.1 层级之间的共时关系

汉语体貌系统的各个层级都可以根据是否具有某种终止点分为两类:有某种终止点和无某种终止点(表12-3)。

就情状体而言,可以根据任意终止点与自然终止点的有无进行两层切分:活动情状相对于状态情状而言,具有任意终止点,如"打球、唱歌"可以随时停止,也可以任意延续;活动情状相对于结束与终结情状而言,不具有内在的终止点,而后两者的"打一场球"、"唱一首歌"总有内在的规定时间,即自然终止点。任意终止点与自然终止点基本上是从现有文献中(如 Smith 1991)提炼出来的。

阶段体根据限定终止点的有无分为两组,在短时体与反复体两者之中,前者无限定终止点,而后者具有限定终止点,构成了涉量阶段体的内部对立;在基本阶段体内部,除延续体之外,阶段的起始和完结都有限定终止点。汉语结果体有两类,表示动作有了结果的"到、见"以及用于"遇着、逢着"等中的"着"应该具有限定终止点;而表示状态持续的"着"则不应该具有限定终止点。限定终止点是根据沈家煊(1995)关于动词重叠有"固定终止点"的说法提炼出来的,只有一字之改。

视点体根据实际终止点的有无分为两组:内部视点体与外部视点体。实际终止点与外部视点体具有一种经验上的自然联系,反之亦然。实际终止点是从沈家煊(1995)的叙述文字中移植过来的。

12.2 汉语四层级体貌系统的内部关系

表 12-3 汉语体貌系统层级之间的共时关系

体貌层级	终止点的类型	无	有
情状体	任意终止点	状态	活动
	自然终止点	活动	结束、达成
阶段体	限定终止点	延续体、反复体、表状态持续的结果体	短时体、起始体完结体、表动作有结果的结果体
边缘视点体 核心视点体	实际终止点	进行体 未完整体 （内部视点体）	完成体 完整体 （外部视点体）

各种终止点的有无对各层级之间的配用关系有着直接的制约作用。①

首先看情状体与视点体的关系。终结性情状与外部视点体之间、非终结性情状与内部视点体之间存在着非常自然的对应。或者说，它们之间在实际的语言使用中相互关联的强度非常大。而非终结性情状与外部视点体之间、终结性情状与内部视点体之间联系的强度则比较弱。说话人在观察终结性情状时采取外部视点，如"鱼塘里的鱼都死了"，这是一种无标记的方式；反之，则是一种有标记的方式，如"鱼塘里的鱼正在一条一条地死去"。视点体与情状体之间的关系，可以用图12-1来表示（线条的粗细、虚实或有无，表示两者在实际使用中联系强度的强弱，下同）。

其次看阶段体跟视点体与情状体的关系。这里仅以短时体与反复体这两种阶段体为例，简要概述它们与视点体和情状体之间的关系。从图12-2看出，阶段体作为一种中间层级的体貌，它对情状体和视点体都存在选择限制。短时体自身是有终止点的，因而跟非终结性情状联系强

---

① 这里的有无某种终止点与沈家煊（1995）所说的有界/无界是相通的，详见本书 2.4。

度大并使之具有限定终止点,如"他看了看书";也正是由于自身是有终止点的,所以它只能以外部观察的方式与外部视点体配用,不能说"他正看着看书"。反复体自身是无终止点的,因此对下它可以与两大类情状兼容,对上可以与两类视点体配用,如"正在进进出出"与"进进出出了好几趟"。联系到完结体、结果体只能与外部视点体共现,起始体与延续体可以与内部视点体与外部视点体共现,如"情况正在好起来"与"局面延续了下来",我们可以总结一条规律:与有限定终止点的阶段体相比,无限定终止点的阶段体与其他层级之间的选择关系更为自由。

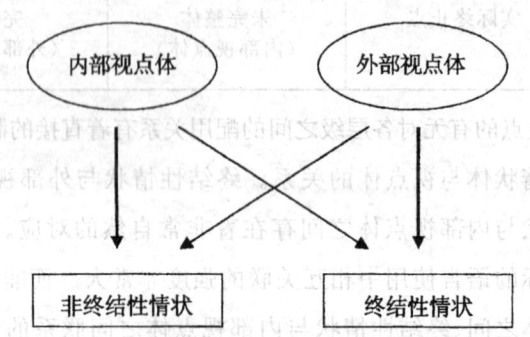

图 12-1　视点体与情状体的对应关系图

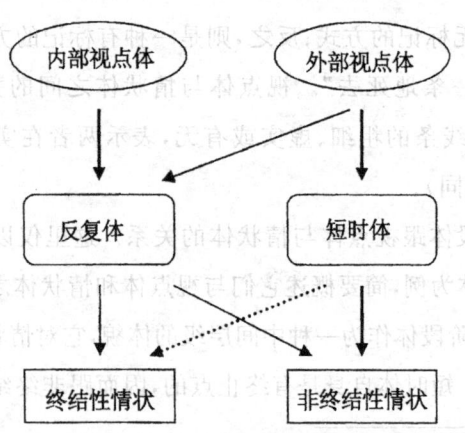

图 12-2　阶段体跟视点体与情状体的选择关系图

再来看视点体内部的关系(图 12-3)。未完整体与进行体、完整体与完成体之间有着非常自然的对应关系。比如汉语"正、正在、在"与"着"的搭配,句尾"了"与词尾"了"的配用都很常见。未完整体与完成体、完整体与进行体这种非自然的配用在汉语里比较少见。[①] 另外,汉语的进行体与完成体之间也能配合使用,比如,"妹妹已经在吃了,你不要怪她。"英语中也有完成体和进行体配合使用形成的所谓完成进行时的用法。

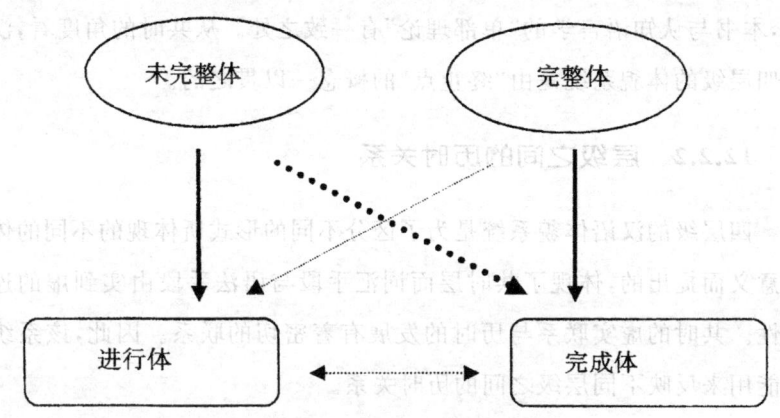

图 12-3 视点体内部的选择关系图

左思民(1997)曾提出汉语的体标记具有复叠性,张国宪(1999)也认为对言语中高度语法化的体标记的叠加现象难以解释。本书提出的四层级的汉语体貌系统不仅能提供新的视角以观察体标记之间的叠加现象,而且也因为不同层级的体标记具有不同的体貌意义、不同的语法化程度,因而可以比较自然地解释体标记的叠加现象。比

[①] 感谢匿名审稿专家指出未完整体与完成体配用的例子,如:"他的话里已经包含着这层意思了。"另一位匿名审稿专家指出了完整体与进行体配用的例子,如:"门口坐了一个人呢。"笔者认为此例中的"呢"应为语气助词。"呢"可以表进行,但并不是所有的"呢"都表进行,这就是汉语体标记使用的复杂之处。体标记之间非自然的配用现象还有待进一步的研究。

如"日子一天天富了起来","起来"属于阶段体,词尾"了"属于核心视点体;如果说成"日子富起来了",句尾"了"属于边缘视点体。两个"了"都是外部视点体,基本语义接近,因而可以换着说,但各自有着微妙的功能差别。

汉语的体貌系统虽然可以分为四个层级,但是各个层级之间的对立还是有着一致性的方面。体貌是对事件内在时间结构的表现,而在具体表现事件的内在结构时最关注的还是事件不同性质的终止点。因此,本书与认知语言学的"单部理论"有一致之处。从共时的角度看,汉语四层级的体貌系统是由"终止点"的概念一以贯之的。

12.2.2 层级之间的历时关系

四层级的汉语体貌系统是为了区分不同的形式所体现的不同的体貌意义而提出的,体现了共时层面词汇手段与语法手段由实到虚的连续性。共时的虚实联系与历时的发展有着密切的联系。因此,该系统也能用来反映不同层级之间的历时关系。

就汉语的完整体标记而言,现代汉语的"了"、近代汉语的"来""去"都是从相应的动词意义一步一步虚化而来的;它们作为动词都属于结束情状,都有内在的终结点。就未完整体标记而言,现代汉语的词尾"着"最早是由"附着"义的"着"发展而来的,进行体的"在"也是由动词和介词发展而来。"附着"义的"着"和动词"在"也都属于状态情状。因此,情状体与视点体之间有着语法化方面的自然联系,非终结情状的成分倾向于虚化为内部视点体标记,终结性情状的成分倾向于虚化为外部视点体。

汉语的核心视点体标记"了"与"着"分别经历了完结体与结果体这一发展环节,基本遵循了从情状体到阶段体,从阶段体到边缘视点体,再由边缘视点体到核心视点体的语法化路径。从这个意义上讲，汉语体貌系统四层级之间的历时关系是与语法化的机制和路径一脉相承的。

12.3 汉语四层级体貌系统的类型比较

四层级的汉语体貌系统是根据普通语言学、语言类型学、汉语语言学等多方面的研究成果提出的，因而可以进一步运用跨语言的事实来检验其类型学意义，并可以以此为基础，开展更多层级的类型研究。

12.3.1 情状体的类型比较

在体貌类型学的发展过程中，首先得到关注并取得显著成就的是各种语法标记的类型比较研究，如 Dahl(1985)、Bybee Perkins & Pagliuca (1994)、Dahl (2000a)等。总体而言，现有的情状类型(situation types)的研究类型学的意识还很淡薄。我们知道，Vendler (1957)对动词或动词短语的四种分类是以英语为对象的，但在许多语言学的意识里，似乎任何一种自然语言的动词都可以按这种方式分类(Tatevosov 2002, Botne 2003)。不过，汉语语言学家在对汉语动词或短语进行分类时就很少有这种感觉，因而就有 Tai(1984)、陈平(1988)等的各种尝试。Smith(1991)试图用普遍语法原则与参数的范式来研究情状类型，并对英语、俄语、法语、汉语、Navojo 的情状类型进行了具体的分析，着重分析不同语言的不同情状类型在情状的起点与终点相关方面的不同表现。

随着研究的深入，开始有人试图对情状类型进行类型比较研究。如 Tatevosov(2002)应用原则与参数理论的思路来分析不同动作方式(actionality,与 situation type 接近)中的语义特征的参数变化。鉴于

第 12 章 总结——汉语四层级体貌系统及相关理论问题

现有的情状类型的分类模式已经很多,像 Tatevosov(2002)那样,再提出一种新的分类模式并进行跨语言的研究,这样的做法已不多见。正如 Sasse(2002)指出的那样,体貌研究的发展有待于对各个类别的动词的深入研究。因此,Botne(2003)仍然沿袭 Vendler(1957)的分类,通过对 18 种语言中"死"类动词的时间结构的分析(见 1),概括出四种类型(见 2),并初步认为这四种类型可以看作是所有达成情状的基本类型。

在(1)中,阶段 A 表示死之前的病危或重伤,阶段 B 表示死的动态过程开始(commencement),阶段 C 表示由生到死的转变点,阶段 D 表示宣布死亡,即进入死的状态(此时个体作为一个人仍然存在),阶段 E 表示死亡的结果状态。

(1)事件"死"的潜在阶段

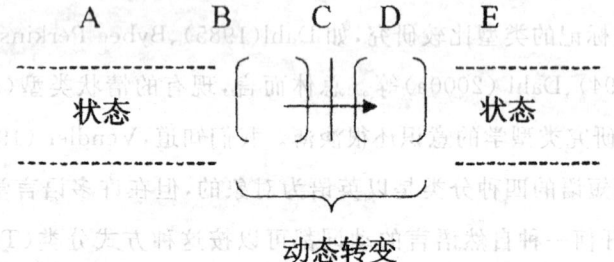

上述 5 个阶段在实际语言中,一般分为三个阶段:死的转变点一般是瞬间的点,这一点可称为核心(nucleus,简称 N),核心之前的阶段称为始前(onset,简称 O),核心之后的阶段可称为结局(coda,简称 C)。这样就可以把动词"死"的时间结构分为四种类型:

(2)动词"死"潜在的时间结构类型

    a. 仅指核心:急剧型(Acute)
    b. 核心加始前:起始型(inceptive)
    c. 核心加结局:结果型(resultative)

d. 核心加始前与结局：过渡型(transitional)

Botne(2003)发现,英语、法语、阿拉伯语等属于起始型的。比如英语的 *die* 可以用于进行体并表示事件的始前阶段,如(3),而(3a)并不能衍推(entail)(3b)。英语对死之后的状态的表达是用形容词形式的 *dead* 也进一步证明了这一点。

(3)a. The old man is dying. （这个老男人就要死了）

b. The old man has died. （这个老男人已经死了）(Botne 2003 例 3c)

日语、泰语等属于结果型的。比如日语的 *sinu*（死的现在时形式）没有与英语 *is dying* 对应的进行体形式,只能用加-soo- 或 kake-(将要)的复杂结构。泰语的 *ta：y^1* 在(4)中既可以表示死的动态时刻(i)或死的状态(ii);另外 *ta：y^1* 有时还只能理解为状态意义,如(5)以及相当于汉语"死马"的 *ma：^{4} ta：y^1*。

(4) Khaw^5　ta：y^1　ma：^{1}　sɔ：ŋ^5　dwan^1　læ：w^4.

　　他　　死　　来(了)　　二　　月　　已经

i. 他两个月之前死了。

ii. 他死了两个月了。　(Botne 2003 例 41)

(5) Tham^1 pen^1　ta：y^1.

　　装　　死

　　装死。（Botne 2003 例 44a）

非洲撒哈拉的两种语言 Chindali 和 Akan 属于过渡型。如 Chindali 的 -*pfa* 不仅在一般现时时表将死(6a),带上完结性成分后既可以表示动作过程(6b),也可以表示状态(6c)。

(6)a. A-kú-fw-a

第三人称单数—现在时—死—句尾元音

他(她)就要死了/他将死。　（Botne 2003 例 77a）

b. (A-)aa-fw-iile　　　　　　　múmasuba.

第三人称单数—过去时—死—完结性成分　昨天

他（她）昨天死了。（Botne 2003 例 78a）

c. A-fw-iile

第三人称单数—死—完结性成分

他（她）是死的（S/he is dead）。（Botne 2003 例 79a）

挪威语、Assiniboine 等四种语言属于急剧型的。挪威语的 dø 在一般现在时(-r)时只能表示生命结束的瞬间，如例(7)：

(7) Han dø-r.

'He dies/is dying [at this moment]'

他就在这一刻死了。（Botne 2003 例 85a）

从上面对"死"时间结构的四种类型的介绍，特别是与泰语的比较中，不难判断汉语"死"的时间结构也是结果型的。汉语的"死"可以直接用作形容词，如"死人、死马"；一般不能用于进行体，不能说"*正在死"；同样是"他死了"，在不同的语境中分别表示"死"的动态（例 8a）和状态（例 8b）。

(8) a. 他两个月之前死了。

b. 他死了两个月了。

张伯江(2002)通过统计指出，现代汉语里，动词"死"占优势的用法不是用作描写死亡过程。可见，"死"的状态用法要多于动态用法。从另一个角度来看，或许正是汉语"死"的结果型的时间结构为其状态用法提供了可能。

张伯江(2002)还发现，"NP 死了"既可以用于叙述的前景（例 9），也可以用于叙述的背景（例 10）；而"死了 NP"只能用于背景（例 11、12）。

(9) 在七七抗战那年的春天，王老太太死了。（老舍《八太爷》）

(10) 他想起死了的儿子，和两个失了踪的孙子。(老舍《四世同堂》)

(11) 我们舰队的确出过一次类似的翻车事故，死了一个女兵，但那是在我们入伍之前。(王朔《我是"狼"》)

(12) 她，死了丈夫，心志昏乱；常要自杀，胡闹！(老舍《新时代的旧悲剧》)

分析发现，"死"在前景用法中实现的是动态意义，而在背景用法中实现的是状态意义。例(9)是特定时间发生的特定事件，而例(10)的状态意义最为显著，"死了"处在定语位置起限定作用。例(11)事件发生在前，"死"只是叙述事件造成的结果。例(12)的"死了丈夫"是造成现有状态的原因。例(10—12)的"死"都是叙述动态"死"之后的结果状态所造成的影响。因此，我们或许可以认为，正是因为在"死了 NP"中实现的是"死"的状态意义，所以才只能用于背景用法，这与其他状态动词的语篇功能是一致的。虽然不能很有把握地说状态性决定背景，但至少可以说这两个特征相互验证。

由于目前严格意义上的情状体的类型比较研究的基础还比较薄弱，就汉语四层级中的情状体进行类型比较研究还比较困难。本书仅在这方面就达成情状的"死"做了一点探索性的工作。相信只要我们怀有类型学的视野，继续深入发掘汉语各类动词的句法语义特点，就能为情状体的类型比较研究作出特有的贡献。

12.3.2 阶段体的类型比较

阶段体类型比较研究的一个突出特点是：多数研究是用非英语发表的。成果最突出的是著名语言学家 Vladimir P. Nedjalkov。如 Nedjalkov(1987)区分了三种跟起始意义或起始体相关的术语：用 inchoative 来表示状态的起始，用 ingressive 来表非终结过程的起始，用

inceptive 来表示终结过程的起始。① 作者对其中的终结过程的起始进行了跨语言的比较,并归纳出几种不同的类型。Nedjalkov（1988）更是对所谓的结果体结构（resultative construction）进行了跨语言的研究。该书由著名语言学家 B. Comrie 组织翻译成英文后,才产生了更大的影响,受其影响,Bybee, Perkins & Pagliuca（1994）也对结果体进行了调查和分析。

比较而言,涉量阶段体的类型研究则比基本阶段体要少一些。因此 Xrakovskij（1989）对反复体结构的类型研究（Typology of iterative constructions）就显得非常难得,不过,该书直到 1997 年才翻译成英文。②

由于受文献和时间限制,本书对阶段体的类型研究暂时只能就英语、俄语和汉语的情况进行一些初步的比较,以帮助理解。

英语是 start / begin, keep, finish 等动词形式后接不定式（to do）或-ing 分词形式,分别表动作的开始、持续、结束这三个基本阶段。由于 start 等本身就是动词,有时也被称为体动词,所以本书不认为英语具有语法化的阶段体的标记形式。

俄语则是用大量的前缀成分表示各种复杂的意义,③这其中有的是表基本阶段体,如:

(13) a. za-pisat'（to begin writing） 开始写作
     b. do-pisat'（to finish writing） 结束写作

也有的前缀或后缀表示涉量阶段体,例如:

(14) a. po-pisat'（to write for a while） 写写

---

① 转引自 Tatevosov（2002:335）。原文为:"Inchoative" is taken to denote the beginning of a state, "ingressive" refers to the beginning of an atelic process, and "inceptive" is associated with telic process.
② 直到本书截稿前,笔者才得到 Xrakovskij（1989）的英译本。
③ 详见张志军（2000）。本书的俄语例句主要引自 Smith（1991）。

b. pro-pisat'(to write for a certain time) 写了一段时间

c. pisat'-yvat'(to write repeatedly) 反复写

d. pryg-nut'(to jump once) 跳一次

俄语阶段体的表现形式丰富，语法化程度高，语法意义也比较整齐。传统的斯拉夫语的体学是把这些前缀大都看作是完整体意义最典型的表现形式，把表反复的词缀看作未完整体标记。Binnick(1991)把它们大都看成动作方式的表现。Dahl(1985:84)认为，这是用派生的方式表示其他语言中用屈折方式所表示的体貌意义。总体而言，俄语的阶段体标记是一体两用：既表示具体的阶段体，又成为核心视点体的表现形式之一。

汉语是用动词后的成分表示基本阶段体，有意思的是公认的典型的阶段体标记都是由双音节的趋向动词虚化而来，如"起来、下去/下来"，而完结体或结果体标记则多是单音节的完结义的动词虚化而来。由于汉语阶段体的标记都位于动词之后，因此还有可能进一步虚化。至于涉量阶段体都是用词语重复出现的结构来表示，也形成了比较严整的内部对立。

就以上的初步比较而言，汉语的阶段体要更为突出一些。

12.3.3 边缘视点体的类型比较

在 Dahl(1985)所研究的 64 种语言中有 28 种语言具有进行体的语法形式(90 页)，这其中又有 85% 左右的进行体标记是用迂回的手段来表示的(91 页)，最常见的形式是助动词跟动词组成的结构，如英语进行体 be+-ing。同一样本中有 24 种语言具有完成体的语法形式，跟进行体的表现形式相近，也有 85% 左右是用迂回手段来表示(129 页)。[①] 比较而言，汉语进行体多用动词前的副词形式来表达，完成体

[①] 吴福祥(2005:246)根据 Dahl(1985)的数据进行了精确的统计与测算，其结果与这里直接引用的略有出入，可参考。

多用句尾位置的成分来表示,这两种边缘视点体标记的语法化程度都低于动词后位置上的核心视点体标记。

  汉语的进行体和完成体各有一组具有不同的聚焦度或现时相关性的标记,这种现象跟其他语言相比也比较突出。这一方面说明边缘视点体所表现的内容还不是非常抽象,另一方面说明汉语比较侧重对边缘视点体的表现。而英语的 have＋-ed 通常认为有四种用法,汉语则分别使用"过"、"来着"、双"了"句等多种形式:①

(一)表结果的完成体,例如:

　　(15) A. It seems that your brother never finishes books.

　　　　 你的兄弟从来都有看不完的书。

　　　　 B. That is not quite true. He has read this book.

　　　　 不见得吧,他把这本书看完了。②

(二)表经验的完成体,例如:

　　(16) Q: Have you met my brother (at any time in your life until now)?

　　　　 到目前为止,你见过我兄弟吗?

(三)表持续状态的完成体,例如:

　　(17) Context：(Of a coughing child)

　　　　 语境:(有一个正在咳嗽的小孩)

　　　　 Q. For how long has your son been coughing?

　　　　 你的小孩咳了多长时间了?

　　　　 A: He has been coughing for an hour.

　　　　 他咳了一个小时了。

---

① 英文例句是根据 Dahl(1985)改编而成。
② 这里的中文翻译吸收了国家社科基金项目成果通讯鉴定专家的意见。

(四)表最近过去的完成体(或报道新情况),例如:

(18) The president has just come to see me.

校长刚才来看我<u>来了</u>/校长刚才来看我<u>来着</u>。

一般认为俄语没有专门的表现进行体和完成体的语法手段,需要借助其他手段。

有关边缘视点体的类型研究,近年来也有所进展,Dahl(2000a)就是重点从共时分布探讨欧洲语言中进行体、完成体的语法化。(参见10.4.1) Alexiadou & von Stechow 2003 在形式语言学的平台上专门就完成体(perfect)进行跨语言的探索,其中的一个重要切入点就是讨论完成体标记与表示过去时间的词语的配用关系。其实,汉语和其他语言的完成体在跟时间词语配用方面体现的差异,赵世开、沈家煊(1984)就已经注意到了。赵世开、沈家煊在文中指出,汉语的"动+了$_1$+宾+了$_2$"式中可以有表示时间的词语,而英语如果用了现在完成体,一般不能再用表示过去时间的词语,比如"我去年就入了团了"可以说,而英语对应的句子 I have already joined the League last year 就不能说。能否与表示过去时间的词语配用,这是类型学中区分完成体与完整体的一个重要标记,而且完成体本身在这一点上也呈现出不同的差异;汉语的完成体在这一点上也不可能完全不受限制。比如,在例(19)中,说"我回来了"没问题,但是"我今天回来了、他昨天回来了"听着就别扭。①

(19)留学生:老师,我是朴庆平,<u>我今天回来了</u>。

老　师:喔,好,好;全南德呢,他回来了吗?

留学生:老师,他回来了,<u>他昨天回来了</u>。

---

① 该例是匿名审稿专家提出的,专家意见指出,说"我回来了"没问题,但是"我今天回来了"听着就别扭。专家提出,对此类问题,该书稿提出的关于句尾"了"的理论是不是管用呢?此处的讨论由此引发。在此对审稿专家的敏锐意见深表谢意。

在例(19)留学生的第二句话中,"他回来了"是针对问句所做的回答,具有明显的现时相关性;而"他昨天回来了"只是作为补充信息,提供事件的具体时间,不具有明显的现时相关性,可以改成"他昨天回来的"。留学生的"我今天回来了"也可同样改为"我回来了,今天回来的"。赵世开、沈家煊(1984)所引的"我去年就入了团了"之所以可以说,也可能在于这个双"了"句在语境中具有纠正说话人的错误等现时相关性。因此,本书将句尾"了"视为完成体,为解决审稿专家提出的过去时间词语的问题提供了重要的观察角度和跨语言的研究基础。当然,全面彻底地解释相关问题,还需要作专门和系统的研究。

12.3.4 核心视点体的类型比较

Dahl(1985)发现,其样本中有45种语言具有各种形式的完整体与未完整体的对立。有30多种语言具有完整体的语法形式,未完整体的语法形式比较少,只列了7种语言。比如,意大利语、法语、拉丁语、西班牙语等都只列有屈折形式的完整体标记,祖鲁语、Karaboro、Oneida 只列有未完整体的语法形式,土耳其语、Kikuyu、Cebuano、Azerbaijani 则列有完整体与未完整体的语法形式。Dahl 列了汉语普通话的完整体标记"了",却没有列未完整体标记"着",这或许是一个失误。

表 12-4 核心视点体的标记情况

类型	未完整体	完整体	语种
(a)	+		祖鲁语、Karaboro、Oneida 等
(b)		+	俄语、意大利语、法语等
(c)	+	+	汉语、土耳其语、Kikuyu 等
(d)			英语、德语等

通过完整体与未完整体的标记情况可以反映不同语言中核心视点体的标记类型(表 12-4)。表 12-4 与绪论中的表 1-5 不同的是,英

语的-ing 不像 Olsen(1997)一样被看作是未完整体的标记。

12.3.5 四个层级的综合比较

以上初步的类型考察结果可以用汉语、英语和俄语为代表综合成表 12-5。

表 12-5 四层级体貌系统的类型学比较

	情状体	阶段体		边缘视点体		核心视点体	
		基本阶段体	涉量阶段体	完成体	进行体	未完整体	完整体
汉语		＋	＋	＋	＋	＋	＋
英语				＋	＋		
俄语		＋	＋				＋

注:"＋"表示某种语言具备表示某个体貌的有标记的语法形式。

根据 Bhat(1999)确定时突出语言、体突出语言、态突出语言的标准(语法化程度、强制性、系统性、渗透性)来看,汉语比较接近体突出语言。汉语核心视点体标记的语法化程度和强制性程度虽然比不上屈折语的形态成分,但相对汉语时制、情态等语义范畴的所有表现手段来说,其语法化程度和强制性程度无疑是最高的。汉语体貌范畴的特点是与汉语总体类型特征密切联系的。Bybee(1997:32)指出,缺乏词缀或强制性范畴的语言通常没有高度语法化的时体标记,如完整体/未完整体、现在时/过去时的标记。分析型语言通常更可能拥有表示完成体或完结意义的语法手段,这些语法手段通常不是强制性的。典型的分析型语言通常缺乏产生强制性范畴的话语习惯。① 从表 12-5 来看,

---

① Bybee(1997:34)认为,汉语的话语解释习惯不存在强制性范畴发展的必要条件。汉语说话人/听话人不会把语法线索看得比词汇义和语境提供的线索更加重要。另参见吴福祥(2005)的介绍与讨论。

汉语体貌系统在阶段体、边缘视点体和核心视点体这三个层次上的内部对立都十分严整,其系统性明显超过英语和俄语。就渗透性而言,汉语的体标记不仅可以用于大多数动词(含状态情状和达成情状),而且能用于多数形容词,甚至还可以用于具有时间推移性的名词,如:"大姑娘了,要注意整洁!"①因此,从当代语言类型学的观点来看,笔者认为,更准确地说汉语不是严格意义的体突出语言,而是体貌突出的语言。相对于时制与情态范畴而言,汉语体貌标记在语法化、强制性、系统性、渗透性等方面都比较突出。②

12.4 与体貌系统相关的理论问题

12.4.1 汉语体貌系统与语法化

本书在进行汉语体貌系统共时研究的同时,力求将共时研究和历时研究结合起来,着力构建一个兼顾共时和历时的体貌系统。因此,语法化的理论研究和历时的微观研究对本书而言都具有非常重要的意义。

第 4 章探索汉语普通话中的词尾"了"与"着"的语法化过程,补充了 Bybee, Perkins & Pagliuca (1994) 所构拟的完整体和未完整体的语法化路径,解释了汉语"着"类结果体的语法化双路径现象(既表持续又表完成)的语义基础,即结果意义一方面表示行为有了结果,另一方面

---

① 见邢福义《说"NP 了"句式》,原载《语文研究》1984 年 3 期。另载邢福义(1986、1993)。

② 崔希亮教授曾提醒笔者注意 Bhat(1999)的体突出与本书所谓的体貌突出的不同。崔希亮(2003)认为汉语是动相凸现的语言。

表示状态的持续,这是构成语法化双路径的关键。语法化的双路径在亚洲语言和印欧语言中可能有着不同的表现形式,具有重要的类型学意义。

第5章是共时语法化研究的一个尝试。通过统计分析,发现汉语复合趋向补语中的"来"与宾语位置的前后变化反映了"来"的性质的变化——具有一定程度的现时相关性,由表结果的成分发展成为具有部分完成体意义和功能的成分。共时语法化研究也帮助解决了历时研究中的一个困惑,明确指出汉语的历时语言材料恰恰说明了动态助词"来"(即完整体,perfective)来源于事态助词"来"(即完成体,perfect)。

第6章在描述"来着"的语法化过程时发现,在"来着"的语法化过程中,除了常规的语用意义的语义化之外,还存在着语义的语用化。语义的结构以某种形式投射在语用意义中,而且该过程可能要早于语用意义的语义化,并有可能是语用意义进一步语义化的先导。

第7章考察句尾"了"表将来时间用法的发展,发现这种用法主要是由"了"的现时相关性所促动并经历了两个阶段,其间表示将来时间的副词由可隐可显逐渐发展为无需出现。汉语句尾"了"由完成体发展出表即将发生的功能,这是世界语言语法化路径中比较少见的一种,因而具有一定的类型学价值。

第8章发现双"了"句作为一个具有明显的完成体意义的格式,在发展的较晚时期,发展出报道新情况的用法,这与跨语言研究中完成体的语法化过程是一致的;然而双"了"句的进一步发展,没有向完整体意义更加靠近,反而缩小用法,固守完成体的持续性等典型用法。初步的解释是句尾"了"的进一步语法化使之在功能上更加趋近词尾"了",这使得双"了"句中的词尾"了"显得更加不重要,从而导致整个双"了"句的萎缩。

第9章通过历时考察发现,动词前"一"的体貌用法的语法化过程经历了上古、中古、近代和现代四个阶段。在上古和中古时期,"一"从一次动量的用法发展出非结句的紧促完成体的用法,并得以成熟。在近代和现代时期,经由紧促完成体的发展,"一"结句的紧促完整体的用法得以形成和发展。在这一过程中,前景事件的表达需要应当是"一"的完整体用法语法化的重要动因。更有意思的是,汉语的"一"作为完成体语法化的词汇源头,是体貌类型学中比较特殊的样本。

第 11 章考察了词尾"着"与状态情状的共时关系及其历时发展,证明未完整体"着"在意义上涵盖进行体,是在进行体的基础上发展而来的,"着"逐步扩大所适用的谓词范围,最终涵盖了整个状态情状。该研究比较细致地刻画了体标记与谓词语义的互动关系,从而印证了 Bybee Perkins & Pagliuca (1994:175)的相关论断:时体语法化的一个重要特征就是其与动词词汇语义之间不断变化的相互作用。[①]

本书的语法化研究都是紧扣体貌标记与体貌系统的演变,特别重视对完成体标记语法化的考察,这其中又分外强调现时相关性在完成体标记语法化中的作用。

12.4.2 汉语体貌系统与主观化

主观性是说话人在语言使用中的自我表现。长期以来,人们对语言内容的客观性的一面比较重视,而对主观性的一面重视不够。主观性是体貌系统的一个重要属性,所谓的观察角度或不同的视点就是语言表达中主观性的表现。特别是对进行体与完成体而言,由于语法化程度较低,标记成分较多,其语法化的过程常常伴随着主观化的过程。

第 6 章发现,"来着"由表过去时间到不表过去时间,在指称过去时

[①] Bybee Perkins & Pagliuca (1994:175)还指出,现有的语法参考书在这方面有一些吊人胃口(tantalizing)的描述,但描述中还有更多令人沮丧(frustrating)的缺口。因此,需要在更多的语言中考察这些发展中的时体语法语素与词汇语义的共现模式。

间方面,"来着"越来越突出最近的过去,这体现了语义发展的主观化过程。从现时相关性的角度来看,"来着"从清末到现代发展出"想不起来或提醒"和"报道新情况"两种用法,而前者反映的是言者主语的认识情态,后者完全反映说话人就事件对当前意义的认定。"来着"的各类现时相关性从共时上呈现的主观性的差异是历时上主观化的结果。

第9章发现,汉语内部视点体标记"着、正在、正、在、呢"从左到右构成了聚焦度由高到低的序列。该序列也是主观性的序列,只是方向相反,"着"的主观性最低,"呢"的主观性最高。聚焦度由高到低的不同,也反映了说话人在呈现客观情状时所表现的主观性的不同。聚焦度高的标记强调事件在特定时刻的客观状况,其话语的主观性低;聚焦度低的标记淡化事件在特定时刻的客观状况,其话语的主观性高。在历时发展过程中体标记的聚焦度会逐步弱化,聚焦度弱化的过程也就是主观化的过程。

比较而言,本书对主观性与主观化在体貌系统中的作用的探讨还是初步的,相关的研究主要是在 2002 年前后进行的。在本书截稿之时,笔者很高兴地看到 Chang (2003)在美国新墨西哥大学所做的博士论文 *Linguistic subjectivity and the use of the Mandarin LE in conversation.*(语言主观性与话语中汉语"了"的使用),可见,从主观性的角度研究汉语的体貌问题还大有作为。

12.5 有待进一步研究的课题

本书的研究思路是基于类型学的视野,通过若干具体问题的考察构拟一个四层级的汉语体貌系统。就四层级的系统而言,本书着重研究了阶段体和边缘视点体的部分问题。相对于汉语丰富的体貌现象来说,具体问题的研究还远远不够;基于部分问题所提出的理论也必然不够完善。好在理论的目的不是终结问题,而是提供更新的视角去发现问题。从这一点来看,本书提出的四层级的汉语体貌系统还是有意义的,并需要在下列几个方面作进一步的研究:

(一)情状体有待研究的课题。笔者仅介绍了 Olsen(1997)基于缺值对立的情状研究,但还需要作进一步的研究。特别是目前并没有人运用情状理论对汉语的常用动词作穷尽性的分类,更没有人系统地讨论小句的情状是如何由动词与其他成分组合而成的。没有这一步工作,情状体研究的基础就不厚实,整个体貌系统的研究也就显得很不完备。

(二)阶段体有待研究的课题。由于文献不足,没有对其他语言的阶段体作系统的比较。另外,如何在四层级的系统中适当地处置动补结构也值得进一步考量。

(三)边缘视点体有待研究的课题。由于完成体是许多范畴发展的中介或桥梁,所以还要进一步研究完成体与情态成分之间的关系。汉语若干完成体之间还应该进行比较,找出更有理论价值并具有内在系统性的参数。本书初稿曾进行过这方面的尝试,但不甚满意,还需要继续努力。

(四)核心视点体有待研究的课题。本书没有专门研究汉语核心视点体成分"了"。汉语体标记使用的突出特点是缺乏强制性,其使用不仅是语义表达的需要,而且还受句法、篇章、语用及韵律等因素的限制。本书虽然尝试从语料库和篇章的角度研究了部分体标记的倾向性规律,但还有必要对"了"的使用规律进行重点攻关。汉语体貌系统的无标记的现象也还值得深入研究。

(五)汉语体标记语法化的研究。汉语体标记具有丰富多样的语法化来源,其中结果体还具有同时向完整体与未完整体两个方向语法化的特殊路径。汉语在不同时期分别采用不同的标记来表达完成体意义,如上古的"矣"、中古的"也"、近代的"了也"与"了"。这些都是语法化研究的重要课题,且具有重要的类型学意义。

（六）其他方面的研究。本书的题目虽然冠之以"汉语体貌研究的类型学视野",但实际研究的是北京话和普通话的体貌问题。到目前为止,汉语方言学界和民族语言学界对汉语方言和民族语言的体貌问题进行了大量研究,现有的材料可以进行一些类型比较研究。体貌的习得是语言习得研究最为关注的一个领域,已经进行了大量的跨语言研究,有必要进一步吸收这方面的成果,在体貌的习得研究和理论研究方面实现双向的互动。

主要参考文献

爱新觉罗·乌拉熙春　1983　《满语语法》,内蒙古人民出版社。
爱新觉罗·瀛生　2004　《满语杂识》,学苑出版社。
蔡维天　2002　一、二、三,《语言学论丛》(第二十六辑),商务印书馆。
曹广顺　1986　《祖堂集》中的"底(地)"、"却(了)"、"著",《中国语文》第 3 期。
曹广顺　1987　语气词"了"源流浅说,《语文研究》第 2 期。
曹广顺　1995　《近代汉语助词》,语文出版社。
曹志耘　1996　金华汤溪方言的体,载张双庆主编(1996)。
陈　刚　1980　试论"着"的用法及其与英语进行体的比较,《中国语文》第 1 期。
陈　光　2002　准形态词"一"和现代汉语的瞬时体,载刘叔新主编《语言研究论丛》(第九辑),天津人民出版社。另载《语言教学与研究》2003 年第 5 期。
陈　平　1988　论现代汉语时间系统的三元结构,《中国语文》第 6 期。
陈　忠　2004　"了"的分布、隐现条件及其理据,载竟成主编《汉语时体系统国际研讨会论文集》,百家出版社。
陈凤霞　2002　现代汉语体范畴研究,南开大学博士学位论文。
陈前瑞　2001a　动词重叠的情状特征及其体的地位,《语言教学与研究》第 4 期。
陈前瑞　2001b　《词汇体与语法体的语义和语用模式》评介,《当代语言学》第 3 期。

陈前瑞　2002a　汉语反复体的考察,《语法研究和探索》(十一),商务印书馆。

陈前瑞　2002b　"来着"的发展与主观化,第十二次现代汉语语法学术讨论会论文,湖南长沙。

陈前瑞　2003a　现时相关性与复合趋向补语中的"来",载吴福祥、洪波主编《语法化与语法研究》(一),商务印书馆。

陈前瑞　2003b　汉语体貌系统研究,华中师范大学博士学位论文。

陈前瑞　2005　"来着"的发展与主观化,《中国语文》第4期。

陈前瑞　2006　"来着"补论,《汉语学习》第1期。

陈前瑞　2007　论汉语"着"兼表持续与完成,第四届汉语语法化问题国际学术讨论会论文,北京语言大学。

陈前瑞　2008　句末"也"体貌用法的演变,《中国语文》第1期。

陈月明　2000　时间副词"在"与"着",载陆俭明主编《面临新世纪挑战的现代汉语语法研究》,山东教育出版社。

陈重瑜　2002　"动性"与"动态"的区别：汉语与英语的状态动词比较,《语言研究》第4期。

崔希亮　2003　事件情态和汉语的表态系统,《语法研究和探索》(十二),商务印书馆。

戴耀晶　1993　现代汉语短时体的语义分析,《语文研究》第2期。

戴耀晶　1997　《现代汉语时体系统研究》,浙江教育出版社。

道布编著　1983　《蒙古语简志》,民族出版社。

邓守信　1985　汉语动词的时间结构,《语言教学与研究》第4期。

董　琨　1985　汉魏六朝佛经所见若干新兴语法成分,载《研究生论文选集·语言文字分册(一)》,江苏古籍出版社。另载王云路、方一新主编《中古汉语研究》,商务印书馆2000年。

范继淹　1963　动词和趋向性后置成分的结构分析,《中国语文》第

2 期。

范开泰　1984　汉语"态"的语义分析,《中文教师学会学报》第 1 期。

方　立　2000　《逻辑语义学》,北京语言文化大学出版社。

方　梅　2000　从"V 着"看汉语不完全体的功能特征,《语法研究和探索》(九),商务印书馆。

方　梅　2002　指示词"这"和"那"在北京话中的语法化,《中国语文》第 4 期。

方龄贵　1991　《元明戏曲中的蒙古语》,汉语大词典出版社。

房玉清　1977　说"一",《语言教学与研究》第 2 集。

房玉清　1992　《实用汉语语法》,北京语言学院出版社。

冯春田　2004　《〈聊斋俚曲〉语法研究》,河南大学出版社。

高名凯　1948　《汉语语法论》,商务印书馆,1986 年重印。

高顺全　2001　体标记"下来"、"下去"补议,《汉语学习》第 3 期。

龚千炎　1995　《汉语的时相时制时态》,商务印书馆。

郭　锐　1993　汉语动词的过程结构,《中国语文》第 6 期。

郭　锐　1997　过程和非过程——汉语谓词性成分的两种外在时间类型,《中国语文》第 3 期。

郭凤岚　1998　论副词"在"与"正"的语义特征,《语言教学与研究》第 2 期。

郭志良　1991　时间副词"正""正在"和"在"的分布情况,《世界汉语教学》第 3 期。

郭志良　1992　时间副词"正""正在"和"在"的分布情况(续),《世界汉语教学》第 2 期。

何　融　1962　略论汉语动词的重迭法,《中山大学学报》第 1 期。

何乐士　1989　《左传》的数量词,载吕叔湘等著《语言文字学术论文集——庆祝王力先生学术活动五十周年》,知识出版社。

胡明扬主编　1996　《汉语方言体貌论文集》,江苏教育出版社。

胡裕树、范晓主编　1996　《动词研究综述》,山西高校联合出版社。

黄国营　1994　句末语气词的层次地位,《语言研究》第 1 期。

季永海、刘景宪、屈六生编著　1986　《满语语法》,民族出版社。

贾　钰　1998　"来/去"作趋向补语时动词宾语的位置,《世界汉语教学》第 1 期。

江蓝生　1999　语法化程度的语音表现,载石锋、潘悟云主编《中国语言学的新拓展——庆祝王士元教授六十五岁华诞》,香港城市大学出版社。另载《近代汉语探源》,商务印书馆 2000 年。

蒋冀骋、吴福祥　1997　《近代汉语纲要》,湖南教育出版社。

蒋绍愚　1994　《近代汉语研究概况》,北京大学出版社。

蒋绍愚　1998　近十年间近代汉语研究的回顾与前瞻,《古汉语研究》第 4 期。

蒋绍愚　2000　《汉语词汇语法史论文集》,商务印书馆。

蒋绍愚　2001　《世说新语》、《齐民要术》、《洛阳伽蓝记》、《贤愚经》、《百喻经》中的"已"、"竟"、"讫"、"毕",《语言研究》第 1 期。

蒋绍愚　2005　《近代汉语研究概要》,北京大学出版社。

蒋绍愚　2006　动态助词"着"的形成过程,《周口师范学院学报》第 1 期。

金昌吉、张小萌　1998　现代汉语时体研究述评,《汉语学习》第 4 期。

金立鑫　1998　试论"了"的时体特征,《语言教学与研究》第 1 期。

金立鑫　2002　词尾"了"的时体意义及其句法条件,《世界汉语教学》第 1 期。

金立鑫　2003　"S 了"的时体意义及其句法条件,《语言教学与研究》第 2 期。

金立鑫　2004　汉语时体表现的特点及其研究方法,载竟成主编《汉语时体系统国际研讨会论文集》,百家出版社。
竟成主编　2004　《汉语时体系统国际研讨会论文集》,百家出版社。
柯理思　2003　试论谓词的语义特征和语法化的关系,载吴福祥、洪波主编《语法化与语法研究》(一),商务印书馆。
黎锦熙　1924　《新著国语文法》,商务印书馆,1982年重印。
李大忠　1996　《外国人学汉语语法偏误分析》,北京语言文化大学出版社。
李晋霞　2002　"V来V去"格式及其语法化,《语言研究》第2期。
李如龙　1996　《动词的体》前言,载张双庆主编(1996)。
李铁根　1999　《现代汉语时制研究》,辽宁大学出版社。
李维琦　1993　汉文佛典中的"著",《湖南师范大学社会科学学报》第1期。
李向农　1997　《现代汉语时点时段研究》,华中师范大学出版社。
李兴亚　1989　试说动态助词"了"的自由隐现,《中国语文》第5期。
李宇明　1996　论词语重叠的意义,《世界汉语教学》第1期。
李宇明　1998　动词重叠的若干句法问题,《中国语文》第2期。
李宇明　2000a　汉语复叠类型综论,《汉语学报》第1期。
李宇明　2000b　《汉语量范畴研究》,华中师范大学出版社。
李宇明　2001　汉语的体与内在视点,21世纪首届现代汉语语法国际研讨会论文,香港。
李宇明　2002　论"反复",《中国语文》第3期。
刘坚等　1992　《近代汉语虚词研究》,语文出版社。
刘丹青　1986　苏州方言重叠式研究,《语言研究》第1期。
刘丹青　1996a　东南方言的体貌标记,载张双庆主编(1996)。
刘丹青　1996b　苏州方言的体范畴系统与半虚化体标记,载胡明扬主编(1996)。

刘宁生　1985a　论"着"与相关的两个动态范畴,《语言研究》第 2 期。
刘宁生　1985b　《世说新语》《敦煌变文集》中"着"之比较研究,《南京师大学报(社会科学版)》第 4 期。
刘叔新　1983　现代汉语句法中的继续范畴,《南开学报:哲学社会科学版》第 6 期。另载刘叔新《语法学探微》,南开大学出版社 1996 年。
刘叔新　1984　带继续意义的动词性短语,《语法研究和探索》(二),北京大学出版社。另载刘叔新《语法学探微》,南开大学出版社 1996 年。
刘小梅　1994　汉语数量词的语义分辨及进行式动词组中数量词的使用,《世界汉语教学》第 4 期。
刘勋宁　1985　现代汉语句尾"了"的来源,《方言》第 2 期。
刘勋宁　1988　现代汉语词尾"了"的语法意义,《中国语文》第 5 期。
刘勋宁　1990　现代汉语句尾"了"的语法意义及其与词尾"了"的联系,《世界汉语教学》第 2 期。
刘勋宁　2002　现代汉语句尾"了"的语法意义及其解说,《世界汉语教学》第 3 期。
刘一之　2001　《北京话中的"着(·zhe)"字新探》,北京大学出版社。
刘月华　1983　动词重叠的表达功能及可重叠动词的范围,《中国语文》第 1 期。
刘月华　1988　动态助词"过$_2$过$_1$了$_1$"用法比较,《语文研究》第 1 期。
刘月华、潘文娱、故铧　1983　《实用现代汉语语法》,外语教学与研究出版社。
刘月华主编　1998　《趋向补语通释》,北京语言文化大学出版社。
卢烈红　1998　《〈古尊宿语要〉代词助词研究》,武汉大学出版社。
卢纹岱、朱一力、沙捷、朱红兵编著　1997　《SPSS for Windows 从入门到精通》,电子工业出版社。
卢英顺 1991 谈谈"了$_1$"和"了$_2$"的区别方法,《中国语文》第 4 期。
卢英顺 1993 试论"这本书我看了三天了"的延续性问题,《汉语学习》第 4 期。
卢英顺 2000 现代汉语中的"延续体",《安徽师范大学学报(人文社会科学版)》第 3 期。
卢卓群 1982 论"动啊动啊"及其有关格式,《武汉师范学院学报(哲学社会科学版)》第 4 期。
陆俭明 1993 《现代汉语句法论》,商务印书馆。
陆俭明 1999 "着(·zhe)"字补议,《中国语文》第 5 期。
陆俭明 2002 动词后趋向补语和宾语的位置问题,《世界汉语教学》第 1 期。
陆志韦 1956 汉语的并立四字格,《语言研究》第 1 期。
吕叔湘 1941 释《景德传灯录》中在、著二助词,载《华西协合大学中国文化研究所集刊》一卷三期。另载《汉语语法论文集》(增订本),商务印书馆 1984 年。
吕叔湘 1942 《中国文法要略》,商务印书馆,1982 年重印。
吕叔湘 1961 汉语研究工作者的当前任务,《中国语文》第 4 期。
吕叔湘主编 1980 《现代汉语八百词》,商务印书馆。
吕叔湘、朱德熙 1952 《语法修辞讲话》(第一版),中国青年出版社。
吕叔湘、朱德熙 1979 《语法修辞讲话》(第二版),中国青年出版社。
吕文华 1983 "了"与句子语气的完整及其它,《语言教学与研究》第 3 期。
罗 骥 1998 现代汉语"着呢"的来源,《汉语史研究集刊》(第一辑),巴蜀书社。
落合守和 1989 翻字翻刻《兼滿漢語滿洲套話清文啓蒙》(乾隆二十

六年,東洋文庫所藏),東京外國語大學《言語文化接觸に関する研究》第1號。

落合守和　1992　《清文啓蒙》18世紀北方漢語の口語語彙,東京都立大学人文学部《人文学報》234号。

马庆株　1981　时量宾语和动词的类,《中国语文》第2期。

马庆株　1997　"V来/去"与现代汉语动词的主观范畴,《语文研究》第3期。

马希文　1982　关于动词"了"的弱化形式/·lou/,《中国语言学报》第一期,商务印书馆。

梅祖麟　1981　现代汉语完成貌句式和词尾的来源,《语言研究》创刊号。

梅祖麟　1988　汉语方言里虚词"著"字三种用法的来源,《中国语言学报》第三期。

梅祖麟　1994　唐代、宋代共同语的语法和现代方言的语法,《中国境内语言暨语言学》第2辑。

梅祖麟　2000　《梅祖麟语言学论文集》,商务印书馆。

孟琮　1998　《趋向补语通释》序,载刘月华主编(1998)。

木村英树　1983　关于补语性词尾"着/zhe/"和"了/le/",《语文研究》第2期。

木霁弘　1986　《朱子语类》中的时体助词"了",《中国语文》第4期。

倪立民　1980　谈现代汉语时态助词"着"的发展趋势,《杭州大学学报》第4期。

潘维桂、杨天戈　1980　敦煌变文和《景德传灯录》中"了"字的用法,《语言论集》第一辑,中国人民大学出版社。

潘文娱　1980　谈谈"正""在"和"正在",《语言教学与研究》第1期。

齐沪扬　2002　"呢"的意义分析和历史演变,《上海师范大学学报(哲学社会科学版)》第1期。
钱乃荣　2000　现代汉语的反复体,《语言教学与研究》第4期。
钱曾怡　1997　《济南方言词典》,江苏教育出版社。
桥本万太郎　1983　北方汉语的结构发展,《语言研究》第1期。
容　新　1997　普通话中助词"了"所表达的时间范围及时态,《中国语言学论丛》第一辑,北京语言文化大学出版社。
尚　新　2004　语法体的内部对立与中立化,华东师范大学博士学位论文。
沈　明　1994　《太原方言词典》,江苏教育出版社。
沈家煊　1994　"语法化"研究综观,《外语教学与研究》第4期。
沈家煊　1995　"有界"与"无界",《中国语文》第5期。
沈家煊　1999　《不对称和标记论》,江西教育出版社。
沈家煊　2001　语言的"主观性"和"主观化",《外语教学与研究》第4期。
沈家煊　2002　如何处置"处置式"?——论把字句的主观性,《中国语文》第5期。
沈家煊　2004　再谈"有界"与"无界",《语言学论丛》(第三十辑),商务印书馆。
施关淦　1985　用"一…就(便)…"关联的句子,《汉语学习》第5期。
石　毓　2000　浅谈助词"了"语法化过程中的几个问题,《汉语史研究集刊》(第二辑),巴蜀书社。
石毓智　1992a　《肯定与否定的对称与不对称》,台湾学生书局。
石毓智　1992b　论现代汉语的"体"范畴,《中国社会科学》第6期。
石毓智、李讷　2001　《汉语语法化的历程——形态句法发展的动因和机制》,北京大学出版社。
史有为　1994　也说"来着",《汉语学习》第1期。

帅志嵩　2006　中古汉语[＋完成]语义研究,北京大学博士学位论文。

宋金兰　1991　汉语助词"了"、"着"与阿尔泰诸语言的关系,《民族语文》第6期。

宋文辉　2004　也论"来着"的表达功能——与熊仲儒同志商榷,《语言科学》第4期。

宋玉柱　1981　关于时间副词"的"和"来着",《中国语文》第4期。

苏晓青、吕永卫　1996　《徐州方言词典》,江苏教育出版社。

孙朝奋　1997　再论助词"着"的用法及其来源,《中国语文》第2期。

太田辰夫　1947a　北京話における"進行"と"持續",《中國語雜誌》,第2卷2—3號,日本帝國書院。

太田辰夫　1947b　"來着"について,《中國語雜誌》,第3卷1號,日本帝國書院。另載《中國語文論集　語學篇・元雜劇篇》,日本汲古書店,1995年。

太田辰夫　1950　清代北京語語法研究の資料について,《神戸外大論叢》第2卷第1號。

太田辰夫　1958　《中国语历史文法》,日本江南书院。中译本蒋绍愚、徐昌华译,北京大学出版社1987年。

太田辰夫　1988　《中国语史通考》,日本白帝出版社。中文版名为《汉语史通考》,江蓝生、白维国译,重庆出版社1991年。

万　波　1996　现代汉语体范畴研究评述,《江西师范大学学报:哲学社会科学版》第1期。

汪国胜　1999　湖北方言的"在"和"在里",《方言》第2期。

汪化云　1994　论时态副词"一",《上海师范大学学报(哲学社会科学版)》第1期。

王国栓　2005　河北方言语法现象二则,《中国语文》第4期。

王　还　1963　动词重叠,《中国语文》第1期。

王　力　1943　《中国现代语法》,商务印书馆,1981年重印。
王　力　1957　《中国语法理论》,中华书局。
王　志　1998　时间副词"正"的两个位置,《中国语文》第2期。
王军虎　1996　《西安方言词典》,江苏教育出版社。
望月圭子　2000　汉语里的"完成体",《汉语学习》第1期。
卫真道　2002　《篇章语言学》,徐赳赳译,中国社会科学出版社。
吴春仙　2001　"一·V"构成的不完全句,《世界汉语教学》第3期。
吴福祥　1996　《敦煌变文语法研究》,岳麓书社。
吴福祥　1998　重谈"动+了+宾"格式的来源和完成体助词"了"的产生,《中国语文》第6期。
吴福祥　2001　南方方言几个状态补语标记的来源(一),《方言》第4期。
吴福祥　2002　南方方言几个状态补语标记的来源(二),《方言》第1期。
吴福祥　2004　也谈持续体标记"着"的来源,《汉语史学报》(第四辑),上海教育出版社。
吴福祥　2005　汉语体标记"了、着"为什么不能强制性使用,《当代语言学》第3期。
吴洁敏　1986　试论汉语动词的复迭及其语法意义,《杭州大学学报》第3期。
武果、吕文华　1998　"了$_2$"句句型场试析,《世界汉语教学》第2期。
武　果　2004　语篇场景设置与动态助词"了"的隐现,载中国人民大学对外语言文化学院编《汉语研究与应用》(第二辑),中国社会科学出版社。
萧　斧　1957　"在那里"、"正在"和"在",《语法论集》(第二集),中华书局。

萧国政　2000　现代汉语句末"了"意义的离析,载陆俭明主编《面临新世纪挑战的现代汉语语法研究》,山东教育出版社。

肖奚强　2002　"正(在)"、"在"与"着"功能比较研究,《语言研究》第4期。

谢林、宁静编著　1998　《俄语动词体的研究》,商务印书馆。

辛承姬　2000　汉语趋向动词系统及系统中某些问题的考察,华中师范大学博士学位论文。

邢福义　1986　《语法问题探讨集》,湖北教育出版社。

邢福义　1987　前加特定形式词的"一X,就Y"句式,《中国语文》第6期。

邢福义　1992　《语法问题发掘集》,湖北教育出版社。

邢福义　1993　《邢福义自选集》,河南教育出版社。

邢福义　1994　形容词动态化的趋向态模式,《湖北大学学报(哲学社会科学版)》第5期。另载邢福义(1995)。

邢福义　1995　《语法问题思索集》,北京语言学院出版社。

邢福义　1997　《汉语语法学》,东北师范大学出版社。

邢福义、李向农、丁力、储泽祥　1993　形容词的AABB反义叠结,《中国语文》第5期。

熊仲儒　2003　"来着"的词汇特征,《语言科学》第2期。

雅洪托夫　1959　《汉语的动词范畴》,商务印书馆,新1版。

杨宁　2004　助词"了"的形式和语义分析,载竟成主编《汉语时体系统国际研讨会论文集》,百家出版社。

杨平　2000　副词"正"的语法意义,《世界汉语教学》第2期。

杨惠芬　1984　动态助词"了"的用法,《语言教学与研究》第1期。

杨素英　1998　从情状类型来看"把"字句(上、下),《汉语学习》第2、3期。

杨素英　2000　当代动貌理论和汉语,《语法研究和探索》(九),商务印书馆。

杨秀芳　1992　从历史语法的观点论闽南语"著"及持续貌,《汉学研究》第1期。

杨永龙　2001　《〈朱子语类〉完成体研究》,河南大学出版社。

杨永龙　2002　汉语方言先时助词"着"的来源,《语言研究》第2期。

叶　萌　1999　现代汉语中的完成式,《中国语言学论丛》(第二辑),北京语言文化大学出版社。

伊原大策　1982　表示进行时态的"在",原载《中国语学》229期。中文载《河北大学学报:哲学社会科学版》1986年第3期,柴世森译。

殷志平　1996　试论"一V一V"格式,《中国语文》第2期。

殷志平　1999　动词前成分"一"的探讨,《中国语文》第2期。

余志鸿　2002　句尾时体词"来着",第十届全国近代汉语学术研讨会,宁波大学。

俞光中、植田均　1999　《近代汉语语法研究》,学林出版社。

袁毓林　1993　《现代汉语祈使句研究》,北京大学出版社。

袁毓林　2002　方位介词"着"及相关的语法现象,《中国语文研究》第2期。另载袁毓林著《汉语语法研究的认知视野》,商务印书馆2004年。

泽田启二　1983　谈"在"——从其相关成分谈起,原载《中国语学、文学论集:伊地智善继、辻本春彦两教授退官纪念》,日本东方书店。中文载大河内康宪主编《日本近、现代汉语研究论文选》,许秋寒译,北京语言学院出版社1993年。

曾常年　1998　现代汉语动词持续体的反复态,《华中师范大学学报(人文社会科学版)》第5期。

詹开第　1987　口语里两种表示动相的格式,《句型和动词》,语文出版社。

张　赪　2000　魏晋南北朝时期"著"字的用法,《中文学刊》第 2 期。

张　赪　2002　《汉语介词词组词序的历史演变》,北京语言文化大学出版社。

张　黎　2003　"界变"论——关于现代汉语"了"及其相关现象,《汉语学习》第 1 期。

张　敏　1997　从类型学和认知语法的角度看汉语重叠现象,《国外语言学》第 2 期。

张　秀　1957　汉语动词的"体"和"时制"系统,《语法论集》(第一集),中华书局。

张　秀　1959　汉语动词的"语气"系统,《语法论集》(第三集),中华书局。

张伯江　1991a　关于动趋式带宾语的几种语序,《中国语文》第 3 期。

张伯江　1991b　动趋式里宾语位置的制约因素,《汉语学习》第 6 期。

张伯江　2000　汉语连动式的及物性解释,《语法研究和探索》(九),商务印书馆。

张伯江　2002　"死"的论元结构和相关句式,《语法研究和探索》(十一),商务印书馆。

张伯江、方梅　1996　《汉语功能语法研究》,江西教育出版社。

张伯江、李珍明　2002　"是 NP"和"是(一)个 NP",《世界汉语教学》第 3 期。

张国宪　1998　现代汉语形容词的体及形态化历程,《中国语文》第 6 期。

张国宪　1999　延续性形容词的续段结构及其体表现,《中国语文》第 6 期。

张厚粲主编　1993　《心理与教育统计学》,北京师范大学出版社。

张济卿 1998a 对汉语时间系统三元结构的一点看法,《汉语学习》第5期。

张济卿 1998b 论现代汉语的时制与体结构(上、下),《语文研究》第3、4期。

张家骅 1996 《现代俄语体学》,高等教育出版社。

张理明 1984 试论动词 AABB 重叠式,《汉语学习》第4期。

张双庆主编 1996 《动词的体》,香港中文大学中国文化研究所吴多泰中国语文研究中心。

张旺熹 1998 "了·le"在动补结构中的分布分析,载邵敬敏主编《句法结构中的语义研究》,北京语言文化大学出版社。另载张旺熹(1999)。

张旺熹 1999 《汉语特殊句法的语义研究》,北京语言文化大学出版社。

张旺熹 2006 《汉语句法的认知结构研究》,北京大学出版社。

张亚军 2002 时间副词"正"、"正在"、"在"及其虚化过程考察,《上海师范大学学报(哲学社会科学版)》第1期。

张谊生 2000a 略论时制助词"来着"——兼论"来着^1"与"的^2"以及"来着^2"的区别,《大理师专学报》第4期。

张谊生 2000b 现代汉语动词 AABB 复叠式的内部差异,《语法研究和探索》(九),商务印书馆。

张谊生 2002 "V中"的功能特征及"中"的虚化历程,《语法研究和探索》(十一),商务印书馆。

张志军 2000 俄汉体貌范畴对比研究,黑龙江大学博士学位论文。

赵 杰 1993 北京话中的满汉融合词探微,《中国语文》第4期。

赵 杰 1996 《满族话与北京话》,辽宁民族出版社。

赵金铭 1979 敦煌变文中所见的"了"和"着",《中国语文》第1期。

另载赵金铭(1997)。
赵金铭　1995　现代汉语补语位置上的"在"和"到"及其弱化形式"·de",《中国语言学报》第七期。另载赵金铭(1997)。
赵金铭　1997　《汉语研究与对外汉语教学》,语文出版社。
赵世开、沈家煊　1984　汉语"了"字跟英语相应的说法,《语言研究》第1期。
赵元任　1926　北京、苏州、常州语助词的研究,《清华学报》第三卷第二期。另载《赵元任语言学论文集》,商务印书馆 2002 年。
赵元任　1979　《汉语口语语法》,吕叔湘译,商务印书馆。
赵元任　1980　《中国话的文法》,丁邦新译,香港中文大学出版社。另收入《中国现代学术经典·赵元任卷》,河北教育出版社 1996 年。
郑怀德　1980　"住了三年"和"住了三年了",《中国语文》第 2 期。
郑良伟　1988　时体、动量和动词重叠,载《第二届国际汉语教学讨论会论文集》,北京语言学院出版社。
郑良伟　1992　台湾话和普通话的时段——时态系统,《中国境内语言暨语言学》第 1 辑。
郑懿德　1988　时间副词"在"的使用条件,《语法研究和探索》(四),北京大学出版社。
周一民　1998　《北京口语语法：词法卷》,语文出版社。
朱德熙　1982　《语法讲义》,商务印书馆。
朱景松　1998　动词重叠式的语法意义,《中国语文》第 5 期。
邹崇理　2000　《自然语言逻辑研究》,北京大学出版社。
祖生利　2000　元代白话碑文研究,中国社会科学院博士学位论文。
左思民　1997　现代汉语体的再认识,上海师范大学博士学位论文。
左思民　1999　现代汉语中"体"的研究——兼及体研究的类型学意义,《语文研究》第 1 期。

Abraham, Werner & Leonid Kulikov (eds.) 1999 *Tense-Aspect, Transitivity and Causativity*. Amsterdam: John Benjamins.

Abusch, Dorit 1986 Verbs of change, causation, and time. *Center for Study of Language and Information Report*, No. 86 – 50. Stanford University.

Alexiadou, Artemis, Monika Rathert & Arnim von Stechow 2003 *Perfect Exploration*. Berlin: Mouton de Gruyter.

Anderson, Lloyd B. 1982 The 'perfect' as a universal and a language particular. In Paul J. Hopper (ed.), 227 – 264.

Bates, Elizabeth & Brian MacWhinny 1982 Functional approaches to grammar. In Elic Wanner & Lila R. Gleitman (eds.), *Language Acquisition: The State of the Art*. Mass: MIT Press.

Bertinetto, Pier Marco 2000 The progressive in Romance, as compared with English. In Östen Dahl(ed.), 559 – 604.

Bertinetto, Pier Marco & Denis Delfitto 2000 Aspect vs. actionality: Why they should be kept apart. In Östen Dahl(ed.), 189 – 225.

Bertinetto, Pier Marco, Kaven H. Ebert & Casper de Groot 2000 The progressive in Europe. In Östen Dahl(ed.), 517 – 558.

Bhat, D. N. Shankara 1999 *The Prominence of Tense, Aspect and Mood*. Amsterdam: John Benjamins.

Binnick, Robert I. 1991 *Time and the Verbs: A Guide to Tense and Aspect*. Oxford: Oxford University Press.

Botne, Robert 2003 *To die* across languages: Toward a typology of achievement verbs. *Linguistic Typology* 7, 233 – 278.

Bybee, Joan 1997 Semantic aspect of morphological typology. In

Joan Bybee, John Haiman, & Sandra A. Thompson (eds.), 25-37.

Bybee,Joan,Revere Pagliuca & William Perkins 1991 Back to future. In Elizabeth C. Traugott & Bernd Heine (eds.), *Approaches to Grammaticalization*. Amsterdam: John Benjamins.

Bybee,Joan,William Perkins & Revere Pagliuca 1994 *The Evolution of Grammar: Tense, Aspect, and Modality in the Languages of the World*. Chicago: The University of Chicago Press.

Bybee,Joan,John Haiman & Sandra A. Thompson (eds.) 1997 *Essays on Language Function and Language Type*. Amsterdam: John Benjamins.

Carey,Kathleen 1990 The role of conversational implicature in the early grammaticalization of the English perfect. *Berkeley Linguistics Society* 16,371-380.

Carey,Kathleen 1995 Subjectification and the development of the English perfect. In Stein & Wright (eds.),83-102.

Chan,Marjorie K. M. 1980 Temporal reference in Mandarin Chinese: An analytical-semantic approach to the study of the Morphemes *le*,*zai*,*zhe*,and *ne*. *Journal of the Chinese Language Teachers Association* 15,33-79.

Chang,Jingping 1998 Situation types and their temporal implicatures in Chinese. Doctoral dissertation at the University of Kansas.

Chang,Li-Hsiang 2003 Linguistic subjectivity and the use of the

Mandarin LE in conversation. Doctoral dissertation at the University of New Mexico.

Chao,Yuen Ren(赵元任) 1968 *A Grammar of Spoken Chinese*. Berkeley: University of California Press.

Chappell,Hilary 1986 Restrictions on the Use of "Double le" in Chinese. *Cahiers de Linguistique Asie Orientale* 15,223-252.

Chen,Chung-yu 1978 Aspectual features of the verb and the relative position of the locatives. *Journal of Chinese Linguistics* 6.1,76-103.

Chen,Chien-Chou 2001 A quantificational theory of aspect for Chinese and English. Doctoral dissertation at the University of Arizona.

Chen,Gwang-tsai 1979 The aspect markers *le*, *guo*, and *zhe* in Mandarin Chinese. *Journal of the Chinese Language Teachers Association* 14,27-46.

Chu,Chauncey C. 1987 The semantics, syntax, and pragmatics of the verbal suffix -*zhe*. *Journal of the Chinese Language Teachers Association* 22,1-41.

Comrie,Bernard 1976 *Aspect*. Cambridge: Cambridge University Press.

Comrie,Bernard 1985 *Tense*. Cambridge: Cambridge University Press.

Coseriu,Eugenio 1976 *Das Romanische Verbalsystem*. Tübingen: Gunter Narr.

Dahl,Östen 1985 *Tense and Aspect System*. Bath,England: The Bath Press.

Dahl, Östen & Eva Hedin 2000 Current relevance and event reference. In Östen Dahl (ed.), 385-402.

Dahl, Östen (ed.) 2000a *Tense and Aspect in the Languages of Europe*. Berlin: Mouton de Gruyter.

Dahl, Östen 2000b Tense-aspect systems of European languages in a typological perspective. In Östen Dahl (ed.), 3-25.

Dik, Simon C. 1997 *The Theory of Functional Grammar*. Part 1: The Structure of the clause. Ed. by Kees Hengeveld. Sencond revised edition. Berlin: Mouton de Gruyter.

Dolinina, Inga B. 1999 Distributivity: More than aspect. In Werner Abraham & Leonid Kulikov (eds.), 171-184.

Dowty, David 1979 *World Meaning and Montague Grammar*. Dordrecht: Reidel.

Drinka, Bridget 1998 The evolution of grammar: Evidence from Indo-European perfect. In Monika S. Schmid, Jennifer R. Austin & Dieter Stein (eds.), *Historical Linguistics 1997*. Amsterdam: John Benjamins.

Ebert, Karen H. 1995 Ambiguous prefect-progressive forms across languages. In Pier Marco Bertinetto, Valentina Bianchi, Östen Dahl & Mario Squartini (eds.), *Temporal Reference, Aspect, and Actionality*. 2 volumes. Vol. 2, 185-204. Torino: Rosenberg & Sellier.

Ebert, Karen 1999 Degree of focality in Kalmyk imperfective. In Werner Abraham & Leonid Kulikov (eds.), 323-340.

Engel, Dulcie M. 1999 A perfect piece? — The present perfect and passé composé in journalistic text. *Belgian Journal of Linguis-*

tica 1998. 12, Tense and Aspect. Amsterdam: John Benjamins.

Filip, Hanna 1999 *Aspect, Eventuality Types and Nominal Reference*. New York: Garland Publishing, Inc.

Givón, Talmy 1982 Tense—aspect—modality: The creole prototype and beyond. In Paul J. Hopper(ed.), 115–163.

Givón, Talmy 2001 *Syntax: An Introduction*. Amsterdam: John Benjamins.

Grice, Herbert Paul 1975 Logic and conversation. In Peter Cole & Jerry L. Morgan (eds.), *Syntax and Semantics*, Vol. 3, Speech Acts 41–58. New York: Academic Press.

Hatav, Galia 1993 The aspect system in English: An attempt at a unified analysis. *Linguistics* 31, 209–237.

He, Baozhang 1992 Situation types and aspectual classes of verbs in Mandarin Chinese. Doctoral dissertation at the Ohio State University.

He, Baozhang 1998 A synchronic account of Laizhe. *Journal of the Chinese Language Teachers Association* 33. 1, 99–114.

Hedin, Eva 2000 The type-referring function of the imperfective. In Ölsen Dahl (ed.), 227–264.

Heine, Bernd & Tania Kuteva 2002 *World Lexicon of Grammaticalization*. Cambridge: Cambridge University Press.

Hopper, Paul J. 1979 Aspect and foreground in discourse. In Talmy Givón (ed.) *Syntax and Semantics*, Vol. 12, *Discourse and Syntax*, 213–241. New York: Academic Press.

Hopper, Paul J. 1982a Aspect between discourse and grammar: An introductory essay for the volume. In Paul J. Hopper

(1982b),3-18.

Hopper, Paul J. (ed.) 1982b *Tense and Aspect: Between Semantics and Pragmatics*. Amsterdam: John Benjamins.

Hopper, Paul J. & Elizabeth C. Traugott 1993 *Grammaticalization*. Cambridge / New York: Cambridge University Press.

Hopper, Paul J. & Sandra A. Thompson 1980 Transitivity in grammar and discourse. *Language* 56. 2, 251-299.

Hsiao, Yuchau E. 1991 A cognitive grammar approach to perfect aspect: Evidence from Chinese. *Proceedings of the Annual Meeting of the Berkeley Linguistics Society* 17,390-401.

Hsu, Kylie 1996 A semantic, syntactic, and pragmatic analysis of the temporal markers *Zheng*, *Zhengzai*, and *Zai* in written and spoken Mandarin discourse. Doctoral dissertation at University of California, Los Angeles.

Huang, Lillian Meei-jin & Philip W. Davis 1989 An aspectual system in Mandarin Chinese. *Journal of Chinese Linguistics* 17, 128-166.

Iljic, Robert 1983 Le maroqueur *laizhe*. *Cahiers de Linguistique Asie Orientale* 12. 2,65-102.

Jaxontov, Sergei Je 1988 Resultative in Chinese. In Vladimir P. Nedjalkov (ed.), *Typology of Resultative Constructions*, 113-134. Amsterdam: John Benjamins.

Johanson, Lars 2000 Viewpoint operators in European languages. In Ölsen Dahl (ed.),27-188.

Johnson, Marion R. 1981 A unified temporal theory of tense and aspect. In Philip Tedeschi & Annie Zaenen (eds.), *Syntax and Semantics*, Vol. 14, Tense and Aspect. 145 - 171. New York City: Academic Press.

Kabakčiev, Krasimir. 2000 *Aspect in English*. Dordrecht: Kluwer Academic Publishers.

Kamp, Hans 1981 A theory of truth and semantic representation. In Jeroen Groenendijk, Theo M. V. Janssen, & Martin Stokhof (eds.), *Truth, Interpretation, and Information*. Dordrecht: Foris. 1 - 42.

Kang, Jian 1999 The composition of the perfective aspect in Mandarin. Doctoral dissertation at Boston University.

Kim, Kwangjo 1998 On the usage of the linguistic signs LE, LAI, YE in the Ponyok Nogoltae. Paper presented at the IACL-7 and NACCL-10, Stanford University.

Kimura, Hideki (木村秀树) 1984 On two functions of the directional complements Lai and Qu in Mandarin. *Journal of Chinese Linguistics* 12. 2, 262 - 298. (中译文《汉语方位补语"来""去"的两个功能》,载《徐州师范学院学报》(哲学社会科学版)1987 年第 3 期,王志译)

Kiryu, Kazuyuki 1999 Conceptualization and aspect in some Asian language. In Werner Abraham & Leonid Kulikov (eds.), 44 - 62.

Klein, Wolfgang 1992 The present perfect puzzle. *Language* 68. 3, 525 - 552.

Langacker, Ronald W. 1978 The form and meaning of English auxiliary. *Language* 54. 4, 853 - 882.

Langacker, Ronald W. 1982 Remarks on English aspect. In Paul J.

Hopper(ed.),265 – 304.

Langacker,Ronald W. 1987 *Foundations of Cognitive Grammar*. Stanford: Stanford University Press.

Langacker,Ronald W. 1997 Generics and habituals. In Angeliki Athanasiadou & René Dirven (eds.),*On Conditionals Again*, 191 – 222. Amsterdam: John Benjamins.

Li,Charles N. & Sandra A. Thompson 1985 Perfectivity in Mandarin. In Graham Thurgood,James A. Matisoff,& David Bradley (eds.), *Linguistics of the Sino-Tibetan Area* (Pacific Linguistics,Series C,87),310 – 323. Canberra: Department of Linguistics, Research School of Pacific Studies, Australian National University.

Li,Charles N. & Sandra A. Thompson 1981 *Mandarin Chinese: A Functional Reference Grammar*. Berkeley: University of California Press.

Li,Charles N., Sandra A. Thompson & R. McMillan Thompson 1982 The discourse motivation for the perfect aspect: The Mandarin particle LE. In Paul J. Hopper (ed.),19 – 44.(中译文《已然体的话语理据:汉语助词"了"》,载戴浩一、薛凤生主编《功能主义与汉语语法》,徐赳赳译,北京语言学院出版社 1994 年)

Li,Ping & Melissa Bowerman 1998 The acquisition of lexical and grammatical aspect in Chinese. *First Language* 18. 54,311 – 350.

Lindstedt,Jouko 2000 The perfect: Aspectual, temporal and evidential. In Östen Dahl (ed.),366 – 383.

Lyons John 1995 *Linguistic Semantics: An Introduction*. Cambridge: Cambridge University Press.

Michaelis, Laura A. 1998 *Aspectual Grammar and Past-Time Reference*. London / New York: Routledge.

Maslov, Yuri 1978 *Voprosy Sopostavitel'noj Aspektologii*. Leningard: Izdatel' stvo Leningradskogo Uiversiteta. (English translation: *Contrastive Studies in Verbal Aspect*. Heidelberg: Groos 1985)

Nedjalkov, Vladimir P. 1987 Načinatelnost'i sredstva ejo vyraženija v jazykax raznyx tipov. [Inceptivity and means of expression in languages of different types.] In Aleksandr Vladmirovich Bondarko et al. (eds.), 180 - 195. *Teorijia Funkcional' noj Grammatiki*: *Vvedenie*. *Aspektual'nost*. *Vremennaja Lokalizovannost'*. Taksis. Leninggard: Nauka.

Nedjalkov, Vladimir P. (ed.) 1988 Typology of *Resultative Constructions*. Amsterdam: John Benjamins. (Originally in Ruassian in 1983)

Nedjalkov, Vladimir P. & Sergej Je Jaxontov 1988 The typology of resultative constructions. In Vladimir P. Nedjalkov (ed.), 3 - 62.

Olsen, Mari B. 1997 *A Semantic and Pragmatic Model of Lexical and Grammatical Aspect*. New York: Garland Publishing, Inc.

Payne, Thomas, E. 1997 *Describing Morphosyntax*: *A Guide for Field Linguistics*. Cambridge: Cambridge University Press.

Perdue, Clive (ed.) 1993 *Adult Language Acquisition*: *Cross-Linguistic Perspective*. Cambridge: Cambridge University Press.

Plungian, Vladimir A. 1999 A typology of phasal meaning. In

Werner Abraham & Leonid Kulikov (eds.),312 – 321.

Reichenbach, Hans   1947   *Elements of Symbolic Logic*. London: Macmillan.

Rohsenow, John S.   1977   Perfect *le*: Temporal specification in Mandarin Chinese. *Studies in the Linguistic Sciences* 7, 142 – 164.

Ross, Claudia   1995   Temporal and aspectual reference in Mandarin Chinese. *Journal of Chinese Linguistics* 23, 87 – 136.

Ross, Claudia   2002   The aspectual shift. *Journal of Chinese Linguistics* 30. 2, 343 – 369.

Sasse, Hans-Jürgen   2002   Recent activity in the theory of aspect: Accomplishments, achievements, or just non-progressive state? *Linguistic Typology* 6, 199 – 271.

Schwenter, Scott A.   1994   Hot news and the grammaticalization of perfects. *Linguistics* 32. 6, 995 – 1028.

Shirai, Yasuhiro   1998   Where the progressive and the resultative meet: Imperfective aspect in Japanese, Chinese, Korean and English. *Studies in Language* 22. 3, 661 – 692.

Smith, Carlota S.   1983   A theory of aspectual choice. *Language* 59. 3, 479 – 501.

Smith, Carlota S.   1990   Event types in Mandarin. *Linguistics* 28. 2, 309 – 336.

Smith, Carlota   1991   *The Parameter of Aspect*. Dordrecht: Kluwer Academic Publishers.

Smith, Carlota S.   1994   Aspectual viewpoint and situation type in Mandarin Chinese. *Journal of East Asian Linguistics* 3, 107

-146.

Stein, Dieter & Susan Wright (eds.) 1995 *Subjectivity and Subjectivisation: Linguistic Perspectives.* Cambridge: Cambridge University Press.

Stoll, Sabine 1998 The role of Aktionsart in the acquisition of Russian aspect. *First Language* 18. 3, 351-377.

Sun, Chaofen 1995 On the origin of the sentence-final *laizhe*. *Journal of the American Oriental Society* 115. 3, 434-442.

Sun, Chaofen 1996 *Word-Order Change and Grammaticalization in the History of Chinese.* Stanford: Stanford University Press.

Sun, Chaofen 1998 Aspectual categories that overlap: A historical and dialectal perspective of the Chinese *zhe*. *Journal of East Asian Linguistics* 7, 153-174.

Tai, James H. -Y. 1984 Verbs and times in Chinese: Vendler's four categories. In David Testen, Veena Mishra & Joseph Drogo (eds.), *Papers from the Parasession on Lexical Semantics*, 289-296. Chicago: Chicago Linguistic Society.

Talmy, Leonard 1985 Lexicalization patterns: Semantic structure in lexical form. In Timothy Shopen (ed.), *Language Typology and Syntactic Description*, 57-149. Cambridge: Cambridge University Press.

Tatevosov, Sergej 2002 The parameter of actionality. *Linguistic Typology* 6, 317-401.

Teng, Shou-hsin 1973 Negation and aspects in Chinese. *Journal of Chinese Linguistics* 1, 14-37.

Teng, Shou-hsin 1975 *A Semantic Study of Transitivity*

Relations in Chinese. Berkeley: University of California Publication.

Tenny, Carol L. 1994 *Aspectual Roles and the Syntax-Semantics Interface*. Dordrecht: Kluwer.

Traugott, Elizabeth C. 1995 Subjectification in grammaticalization. In Dieter Stein & Susan Wright (eds.), 31–54.

Traugott, Elizabeth C. & Richard D. Dasher 2002 *Regularity in Semantic Change*. Cambridge: Cambridge University Press.

Tsunoda, Tasaku 1999 Aspect and transitivity of iterative construction in Warrungu. In Werner Abraham & Leonid Kulikov (eds.), 3–20.

Vendler, Zeno 1957 Verbs and times. *The Philosophical Review* 66, 143–160. Also in Zeno Vendler (1967), *Linguistics in Philosophy*. Ithaca, New York: Cornell University Press. (万德勒《哲学中的语言学》, 陈嘉映译, 华夏出版社 2008 年)

Verkuyl, Henk J. 1972 *On the Compositional Nature of the Aspects*. Dordrecht: Reidel.

Verkuyl, Henk J. 1993 *A Theory of Aspectuality: The Interaction between Temporal and Atemporal Structure*. Cambridge: Cambridge University Press.

Wang, Zhirong 2003 Expressing perfectivity in the history of pre-Song Chinese. Doctoral dissertation at the University of Wisconsin-Madison.

Wallace, Stephen 1982 Figure and ground. In Paul J. Hopper (ed.), 200–223.

Wen, Xiaohong 1995 Second language acquisition of the Chinese particle *le*. *International Journal of Applied Linguistics* 5.1, 45-62.

Wen, Xiaohong 1997 Acquisition of Chinese aspect: An analysis of the interlanguage of learners of Chinese as a foreign language. *Review of Applied Linguistics* 117-118,1-26.

Wu, Guo 2000 The origin of the Mandarin particle LE. *Journal of the Chinese Language Teachers Association* 35.1,30-59.

Xiao, Zhonghua & Anthony McEnery. 2004a A Corpus-based two-level model of situation aspect. *Journal of Linguistics* 40.2,325-363.

Xiao, Zhonghua & Anthony McEnery 2004b *Aspect in Chinese*. Amsterdam: John Benjamins.

Xrakovskij, Viktor S. (ed.) 1989 *Tipologija Iterativnyx Konstrukcij*. [Typology of iterative constructions.] Leningrad: Nauka.

Xrakovskij, Viktor S. (ed.) 1997 Typology of iterative constructions. München: LINCOM Europa. (Originally in Ruassian in 1989)

Yang, Suying 1995 The aspectual system of Chinese. Doctoral dissertation at University of Victoria.

Yeh, Meng 1993 The stative situation and the Imperfective *zhe* in Mandarin. *Journal of the Chinese Language Teachers Association* 28.1,69-98.

Zhang, Lihua 1995 *A Contrastive Study of Aspectuality in German, English, and Chinese*. New York: Peter Lang.

引书目录

《春秋左传注》(修订本),杨伯峻编著,中华书局1990年。
《庄子今注今译》,陈鼓应注译,中华书局1983年。
《孟子译注》,杨伯峻译注,中华书局1960年。
《汉书》,中华书局1962年。
《老子》,李存山注译,中州古籍出版社2004年。
《史记》,中华书局1997年。
《世说新语笺疏》,余嘉锡笺疏,周祖谟等整理,上海古籍出版社1993年。
《祖堂集》,张华点校,中州古籍出版社2001年。
《敦煌变文集》,人民文学出版社1957年。
《朱子语类》,(宋)黎靖德编,王星贤点校,中华书局1986年。
《元人杂剧选》,人民文学出版社1956年。
《元曲选》,中华书局1958年。
《金瓶梅》(会评会校本),秦修容整理,中华书局1998年。
《红楼梦》,人民文学出版社1996年第2版。
《儿女英雄传》,松颐校注本,人民文学出版社1983年。
《语言自迩集——19世纪中期的北京话》,威妥玛著,张卫东译,北京大学出版社2002年。
《七侠五义》,宝文堂书店1980年。
《三侠五义》,广东人民出版社1980年。
《小五义》,宝文堂书店1988年。

《小额》,《中国近代文学研究》(第一辑),广东人民出版社1983年。
《四世同堂》,老舍著,人民文学出版社1998年第1版。
《王朔自选集》,云南人民出版社2004年。

索 引

（包括术语、人名、语言，先外文后中文，中文按笔画排列）

Abkhaz,176
Abraham,29,310,313,316,318,320
Abusch,310
Akan,279
Alessandra,34
Alexiadou,31,285,310
Anderson,197,310
Aristotele,13
Assiniboine,280
Baining,176
Bates,55,310
Bertinetto,7,38,240,310,313
Bhat,25,27,41,191,287,288,310
Binnick,7,13,14,18,19,27,36,90,91,
　93,266,283,310
Botne,277—280,310
Bybee,8,15,25,27,46,84,97,102,104,
　105,111—113,116,129,138,166,
　171,174—176,178,190,191,213,
　219,226,228,230,240,242,243,247,
　266,277,282,287,288,290,310,311
Carey,152,199,311
Chan,42,43,249,311
Chang,Jingping,311
Chang,Li-Hsiang,311

Chappell,193—196,199,203,204,312
Chindali,279
Comrie,5,6,15,16,25,36,39,40,49,
　52,81,83,90,136,173,174,215,
　229,230,240,282,312
Coseriu,19,312
Dahl,8,9,14,25—27,38,48,61,72,
　129,130,197,212,230,231,238,
　239,242,247,266,270,277,283—
　286,310,312—315,317
Dik,6,7,19,20,22,24,48,78,88,
　92,313
Dolinina,313
Dowty,69,313
Drinka,113,313
Ebert,38,116,240,250,310,313
Engel,198,313
Filip,313
Grice,32,314
Hatav,31,314
He,17,44,45,99,136,143,146,153,
　154,158,163,231—233,314
Hedin,129,130,197,212,243,312,314
Heine,226,311,314
Hopper,12,28,29,42,138,196,224,

227,310,314—317,321
Hsu,251,315
Iljic,136,153,158,161,162,315
Isl,176
Jakobson,14
Johanson,7,246,247,250,251,253,264,265,315
Kabakčiev,30,315
Kamp,30,315
Kang,17,45,99,316
Karaboro,242,286
Kiryu,114,316
Klein,31,215,316
Langacker,22—24,40,69,84—86,265,316
Li,29,43,69,125,126,129,130,146,157,174,182,208,212,317
Lindstedt,129,171,191,212,317
Lyons,43,99,246,254,255
Maslov,20,28,317
Michaelis,18,19,29,36,48,270,317
Nedjalkov,28,97,281,282,315,318
Olsen,31,32,34,37,41,47,51,53—55,63,77,78,80,81,95,244,247,265,267,287,292,318
Payne,125,318
Plungian,91—93,318
Reichenbach,31,215,318
Sasse,278,319
Schwenter,196—199,205,319
Smetritskiy,14
Smith,6,16—19,25,29,31,32,34,37,39,42,44—47,51,52,54,56—61,

64,65,77,80,81,83,88,99,111,139,153,230,233,238,244,266,267,270—272,277,282,319
Stein,138,311,313,319,320
Stoll,58,319
Sun,105,136,137,146,158,319,320
Tatevosov,38,277,281,320
Tenny,45,320
Traugott,133,138,145,150,152,265,311,314,320
Vendler,16,29,30,39,47,52,267,277,278,321
Verkuyl,30,39,321
Wang,47,321
Wu,136,139,177—179,321
Xiao,46,321
Xrakovskij,28,73,282,322
Yang,6,17,44,45,62,77,267,322
Zhang,23,69,322
一次性情状,16,17,44,60,62,78
人际功能,151
万波,35
及物性,28,29,307
卫真道,262,304
马庆株,55,301
王力,35,36,43,80,104,136,146,158,177,228,297
无标记,14,32—34,38,43,53—55,64,77,80—83,86,88,128,229,242—245,247,254,273,292
无界,21,25,66—72,115,273,302
木村英树,98,108,113,301,316
太田辰夫,136,145,153,156,158—

161,168,178,228,303
历时关系,101,102,211,231,233,245,276,277
历时语法化,226
日语,113—115,279
中性体,16,17,34,37,42,43,60,62,80,81,88,244
内在体,22
内在的时间结构,7,251,266
内部视点体,2,49,62,64,81,245—249,253—255,264,265,270—274,276,291
反复体,22,26,28,40,48,67,68,73—88,268,271—274,282,295,302
方梅,109,212,229,232,236,237,246,253,307
认识情态,150—152,242,291
心理状态,44,232,233,235,236,253
引出后面的话语,147,149,151,171
以反问的方式指责,147,149,171
邓守信,37,43,47,249,295
邓思颖,34
功能主义,28,29,35,46,216,227,229,317
石定栩,34
石毓,102,103,178
石毓智,54,55,173,302
卢英顺,39,194,300
卢卓群,79,300
卢烈红,107—109,178,299
叶萌,188
史有为,162,302
四层级体貌系统,19,49,61,68,81,86,87,95,212,245,266,271,272,277,287
句子主语,150,151
外部体,22
主观化,9,48,49,132,135,138,142,145,146,149—153,156,158,171,192,264—266,290,291,295,302
主观性,46,49,54,64,128,130,134,149,151—153,171,185,192,246,254—257,263—265,290,291,302
边缘视点体,47—50,61,62,68,72,214,227,238,239,245,266,268—271,276,283—285,287,288,291,292
邢福义,9—12,288,305
动作方式,6,7,18—20,23,24,41,90—92,244,277,283
动补结构,46,55,94,95,100,102,110,131,178,204,292,308
动词重叠,2,9,10,17,36,40,48,51—62,64—67,70—73,87,268,271,272,294,298,299,303,309
动态,2,15,18,20—22,30,32,33,43,56,57,62,63,66,71,77,78,88,90,98,105,107,109,111,132,158,163,171,195,229,236,237,239,267,268,278—281,289,295,297—299,304,305
动相补语,89,93,94,98,102,106,107,110,111,132
动量体,22,48,88
迂回的手段,48,239,283
共时变异,11,138,246,249
共时语法化,226,289

共现关系,236,237
有界,21,66—72,85,86,115,213,227,
273,302
存在状态,44,232—234,236
达成,16,17,30,33,44,60—63,66,68,
78,81,95,99,100,131,239,267,
268,271,273,278,281,288
吕文华,194,203,300,304
吕叔湘,35,36,73,93,100,101,104,
136,161,162,173,174,194,208,216,
228,235,240,251,253,296,300,309
朱景松,54,57,62,63,309
朱德熙,136,158,167,193,235,300,309
延展的相关性,213,214,217,218
任意终止点,67,68,70,96,272,273
自然终止点,52,53,58,67,68,70,96,
272,273
刘一之,229,246,247,299
刘丹青,73,75,87,96,110,111,133,298
刘叔新,82,294,299
刘勋宁,37,43,126,130,173,175,177,
187,192,193,209,211,239,299
阶段体,2,7,18,19,21,22,47—51,61,
65,67,68,71,72,81,84,86—89,91,
93,95,98,100,233,266—268,270—
274,276,281—283,287,288,291,292
孙朝奋,105,106,177,303
形式主义,167
形式语义学,29,46,47
进行体,2,5,6,15—17,19,21—23,25,
26,30,31,38,40,41,43,48,49,61,
62,68,82,84—86,92,106,108,110,
111,113—116,125,136,143,166,

167,175,228—231,233,236—242,
244,245,250,269—271,273,275,
276,279,280,283—285,287,290,294
杨宁,194
杨永龙,41,138,175,181,189,192,
200,306
杨惠芬,100,305
李大忠,298
李兴亚,100,298
李宇明,4,10,40,58,59,62,64,73—
75,85—87,211,212,238,260,298
李如龙,41,59,298
两种理解,53,80,100,105,143,153,
183,221,222
报道新情况,2,148,149,152,171,
196—200,205—209,285,289,291
肖奚强,237,305
吴春仙,210,214—218,227,304
吴福祥,26,65,94,97,102—104,106,
107,110,111,115,118,131,132,
283,287,295,297,298,304
时间指称,12,31,45,125,129,130,
136,138—143,145,152,156,168,
171,172,183,187,190
时制,5,7,11,31,37,64,130,135,137,
139,167,172,175,189,244,287,
288,296,298,307,308
时突出,27,287
体突出,27,287,288
体貌类型学,212,214,227,277,290
体貌突出,288
何乐士,220,296
余志鸿,158,159,161,169,306

系统性,27,37,119,211,287,288,292
言者主语,150,151,291
言谈功能,150,151
辛承姬,130,305
状态,6,7,10,11,15—21,25,27,29,
　　30,33,36,38—41,43,44,47,52,60,
　　61,63,66—68,70,73,77,78,80,81,
　　83,90,93,94,96—99,102,106,107,
　　109—111,113,114,116,124—126,
　　128—130,136,137,139,143,146,
　　151—154,157,158,163,165,170,178,
　　189,196,209,210,213,214,218,228,
　　230—234,236,241—245,250,251,
　　253,255,256,264,265,267—273,276,
　　278—281,288—290,295,304
汪化云,211,219,303
沈家煊,23,62,66—68,70,99,138,
　　150,255,265,272,273,285,286,
　　302,309
完成体的语法化,112,129,208,
　　285,289
完结体,2,48,67,68,87—89,91,95,
　　96,98—102,105,111—113,116,
　　132,268,270,271,273,274,276,283
完整体与未完整体,24,25,34,49,80,
　　81,105,115,242,243,255,270,
　　286,292
完整性,23,28,55,57,58,69,71,213,
　　214,229,255
宋文辉,158,159,161,162,167,168,303
宋玉柱,135,136,139,153,158,167,303
词汇体,7,31—33,65,267,294
张宁,34

张亚军,232,308
张志军,41,282,308
张秀,249
张伯江,89,118,120,121,130,246,
　　280,307
张旺熹,70,71,100,127,244,308
张济卿,18,174,308
张谊生,82,135—137,147,153,158,
　　161,167,269,308
陆志韦,84,300
陈月明,249,295
陈凤霞,41,294
陈平,18,37,45,47,52,53,55—57,61,
　　64,277
陈光,211,212,216,218—220,222
陈刚,229
陈重瑜,43,231,233,249,295
陈前瑞,1,31,53,56,61,77,96,98,111,
　　158,159,166—168,212,233,294,295
邵敬敏,259,308
现时相关性,2,12,31,44,48,49,97,
　　118,125,129—134,136,138,146,
　　149—155,157,166,167,171,172,
　　174,178,185,187,191,192,196,
　　197,199,209,212—214,217,227,
　　239,284,286,289—291,295
表经验的完成体,284
表持续状态的完成体,284
表结果的完成体,284
表最近过去的完成体,285
英语,3,5,6,14,17—20,23,26—28,
　　31,34,35,41,46—48,65,70,84,86,
　　91,93,97,129,130,152,166,167,

175, 179, 194, 197—199, 213, 226, 229, 230, 240, 242, 248, 250, 253, 270, 275, 277, 279, 281—288, 294, 295, 309

范继淹, 118, 296

事件时间, 7, 8, 31, 33, 36, 65, 70, 72, 151, 188, 189, 215, 216, 219

事态的类型, 20

态突出, 27, 287

非进行体, 15, 16, 230

非单向性, 132

非终结性情状, 267, 273

非绝对状态, 44, 232, 236

尚新, 41

罗骥, 234

金立鑫, 40, 175, 297, 298

金昌吉, 35, 297

郑怀德, 194, 309

郑良伟, 91, 309

泽田启二, 255—257, 306

定量分析, 2, 12, 13

实际终止点, 67, 68, 71, 272, 273

视点体, 6, 7, 10, 16—19, 32, 48, 49, 51, 57, 60—62, 64, 65, 67, 68, 71, 72, 80—82, 85—88, 93, 95, 100, 238, 254, 255, 264, 268—276

屈承熹, 43, 231

限定终止点, 52, 67, 68, 71, 72, 78, 79, 87, 88, 272—274

参照时间, 7, 31, 33, 34, 67, 126, 146, 157, 174, 178, 188—190, 213, 215, 218, 219, 239, 251, 252, 264, 265, 269—271

孟琮, 232

终结性情状, 267, 273, 276

赵元任, 35, 93—95, 100, 101, 135, 158, 177, 228, 309, 311

赵世开, 285, 286, 309

赵金铭, 105, 222, 246, 308, 309

胡建华, 34

柯理思, 115, 145, 158, 159, 167, 298

持续, 2, 5, 7, 16—18, 23—25, 30, 32, 33, 36, 37, 41, 43, 44, 48, 52, 54—59, 61—63, 67, 68, 71, 72, 75—79, 85—88, 90, 91, 94—100, 104—111, 113, 116, 129, 136, 157, 161, 164, 169, 194, 196, 197, 199, 208, 228—230, 233, 234, 240—242, 246, 249—251, 253, 254, 267—270, 272, 273, 282, 288, 289, 295, 306

持续体, 15, 43, 60, 106, 108, 111, 228—231, 304, 306

挪威语, 280

背景, 8, 28, 29, 35, 82, 178, 194, 196, 199, 212, 216, 225, 229, 231, 237, 239, 280, 281

复叠, 48, 74—79, 82, 84, 88, 113, 240, 242, 268, 271, 275, 298, 304

顺序性, 213, 216, 217

俄语, 14, 18, 24, 25, 27, 28, 34, 38, 58, 59, 65, 90, 229, 242—245, 255, 277, 282, 283, 285—288, 305, 308

俞光中, 108, 306

施光淦, 212

类型比较, 9, 27, 28, 49, 97, 111, 112, 239, 242, 245, 266, 277, 281, 283, 286, 293

类推,45,70,152,158,189,190
前后或正反对比,147,149
前时性,213,214,218
前景,9,28,29,82,196,198,199,212,
 216,219,224,225,229,237,280,
 281,290
将来时用法,2,9,48,173,175,176,
 179,181,183,185—192
活动,10,16,17,20,21,30,33,43,44,
 47,52,54,56—58,60—62,66,68,
 78,96,97,99,116,219,232,235,
 249,267,268,272,273,297
语义关系,75,152,214,215,240,260,
 262—264
语用推理,155,158,189,195
语言共性,8,13
语言类型学,9,24,25,27,35,88,175,
 176,228,230,277,288
语势,260—262,264
语法化双路径,107,110,116,288,289
语法化程度,8,27,48,49,61,65,72,
 86,87,96,108,109,112,214,238,
 269—271, 275, 283, 284, 287,
 290,297
语法体,31—34,65,213,247,267,
 294,302
语法语素,26,48,230,270,290
语篇功能,219,227,229,231,236,
 237,281
祖生利,137,169,309
说话时间,7,31,67,136,139,157,161,
 188,189,196,215,218,219,251
结束,5—7,16—18,20,21,25,30,33,

36,41,43—45,47,52—55,58,60—
 62,66,68,78,79,87,89,90,92,93,
 96,97,99,100,102,112,116,129,
 131,196,203,226,267,268,270—
 273,276,280,282
结果体,2,28,36,48,67,68,87—89,
 91, 95—102, 104, 107, 108, 110—
 116, 233, 268, 271—274, 276, 282,
 283,288,292
绝对状态,44,232,236
索绪尔,11
钱乃荣,73,302
缺值对立,32—34,37,47,56,71,81,
 95,243,247,267,292
透视体,22
殷志平,211,212,216,306
爱新觉罗·瀛生,165,166,201,294
高名凯,35,36,95,228,296
涉及原因或结果,146,149,171
容新,31
预设,195,208,243
黄国营,151,297
梅祖麟,94,97,102,104,105,301
曹广顺,109, 111, 177, 179, 180, 234,
 235,294
龚千炎,37,47,136,141,229,296
崔希亮,89,91,170,288,295
象似性,76,88
竟成,42,266,294,298,305
望月圭子,173,174,188,304
情状时间,7,31,188,189,270
情状体,6, 7, 10, 16—19, 32, 45—47,
 60—62,64,65,68,71,72,77,78,88,

95,99,100,231,245,266—268,
270—274,276,277,281,287,292
情状类型,6,7,13,16—18,20,23,29,
31,36—39,41,42,44—47,51,55,
57,60,61,65,69,72,77,79,87,99,
100,231,266,267,277,305
情状特征,44—46,48,51,54,55,57—
59,77,79,294
情态,7,11,12,27,91,145,167,171,
175,182,183,186,190,238,242,
249,253,254,257,269,287,288,
292,295
惯常体,15,16,22,230
清文启蒙,145,149,159,160,162,163,
166—168,172,300
渗透性,27,287,288
蒋绍愚,3,94,103,107,111,176,178,
234,297,303
蒋冀骋,104,131,132,297
落合守和,159,160,166,300,301
韩语,114
雅柯布森,11

雅洪托夫,95,211,305
短时体,48,51,60,61,63,64,68,72,
81,87,88,268,271—273,295
曾常年,306
谢林,38,229,244,305
强制性,12,27,29,34,64,65,81,118,
166,183,287,288,292,304
想不起来或提醒,148,149,151,
171,291
概念化,24
詹开第,210,211,217,306
满语,48,138,159,160,163—172,201,
294,297
聚焦度,2,49,246—255,264,265,269,
284,291
蔡维天,226,294
熊仲儒,158,159,167,168,303,305
德语,6,18,23,28,34,70,90,286
潘海华,34
潘维桂,103,178,301
戴耀晶,39,40,52,54,57,59,64,
229,295

后 记

本书的主体部分是我的博士论文《汉语体貌系统研究》(华中师范大学,2003年)。研究工作始于1999年5月华中师范大学博士生招生考试之后,问题最初来自导师李宇明教授《动词重叠的若干句法问题》(《中国语文》1998年第2期)中的一个问题——动词重叠是一种什么体?毕业论文的写作整整持续了四年的时间。

毕业答辩后,我有幸获得了国家社科基金青年项目的资助,在毕业论文的基础上又进行了三年的相关研究,将论文的章节修改发表,新写了两个专题研究即本书的第8章"双'了'句的兴衰"和第9章"动词前'一'的体貌地位",对原博士论文的绪论和总结部分作了较大篇幅的修改,并在项目结项时将书稿的题目改为"汉语体貌研究的类型学视野"。

2006年9月我将书稿送到商务印书馆申请该馆的语言学出版基金,2007年初我先后收到商务印书馆的入选通知与两份匿名专家评审意见以及全国哲学社会科学规划办公室转来的项目鉴定意见。我根据匿名专家的评审意见与鉴定意见对书稿作了针对性修改以及必要的说明。改动比较明显的是第4章"汉语完结体与结果体研究"与第10章"汉语的进行体与未完整体"。这两章的修改吸收了我在北京大学中文系进行博士后研究期间所作的两个专题研究的部分内容。2007年3月到5月我受杨素英博士的邀请到香港浸会大学从事汉语体貌方面的合作研究,使得我有更充分的时间通读书稿,做最后的文字修改和编辑工作。

从前面对本书的写作过程的交代可以看出,本书从研究到定稿前后经历了整整八年。整整八年的时间,才拿出这样一份答卷呈现给那些对我寄予厚望的老师们和朋友们,一方面是自感愧疚,另一方面是心怀感激:

感谢我的硕士论文导师和博士论文导师李宇明教授。十五年前,我有幸成为李老师的第一个硕士生,开始学习语言学。尤其感到幸运的是,我的学位论文的选题总是和李老师当时的研究兴趣相契合。从儿童语言习得到现代汉语语法,在这两个不同的研究领域里,我都得到导师深入的指导。这一次又承蒙导师向商务印书馆推荐拙著并慨然作序!回顾四年博士论文的研究历程,我由衷地感谢李老师引导我进入时体研究这一极富挑战性的领域;回味四年乃至十五年的问学生涯,我由衷地感谢师母白丰兰老师对我的那份特殊的关心、鼓励和帮助!

我还要特别感谢著名语言学家邢福义教授。读硕士期间,我就得到他的厚爱并作为唯一的硕士生旁听邢先生给博士生开的现代汉语语法研究的课程。在我的博士论文答辩会上,邢先生提出的问题让我再次感受到学无止境,博士论文不仅是四年研究的一个小结,更是后续研究的一个起点。

感谢我的博士论文答辩的主席郑远汉教授以及其他答辩委员卢卓群教授、汪国胜教授和储泽祥教授!感谢我的博士论文的其他评阅专家赵金铭教授、李崇兴教授、戴耀晶教授、张伯江教授!他们的宝贵意见对我的博士论文的后续研究与本书的修改工作起到了重要的作用。

感谢我的博士后研究的合作教师北京大学中文系的蒋绍愚教授!我的博士论文多个章节的写作直接受惠于蒋先生的思想,这次书稿的修改又吸收了蒋先生的讨论意见。在他的指导下,我制订了汉语体貌标记语法化研究的计划,并获得了中国博士后科学基金会的一等资助金,为今后的研究提供了有力的保障。

时体问题是语言研究的热点问题,海内外的文献浩如烟海。我有幸先后得到国家汉办1998—2000年科研规划项目、北京语言大学校级科研项目(01QN01)、国家社科基金青年项目(03CYY003)、中国博士后科学基金的支持,加上北京语言大学对外汉语研究中心资料室、北京语言大学图书馆、国家图书馆、北京大学图书馆、清华大学图书馆、北京外国语大学图书馆、香港浸会大学图书馆的便利,才得以窥见一二。在此我谨向上述项目的组织单位或基金会以及图书馆表示衷心的感谢!

本书的绝大部分内容都在全国或国际性的学术会议上报告过。在这些学术会议上我曾得到过知名学者陆俭明、沈家煊、屈承熹、邓守信、石定栩、杨成凯、史有为、刘丹青、刘勋宁、郭锐、邢志群、戴耀晶、金立鑫、左思民、张黎等的指教。学术会议上我结识了学术界的许多老师,会议结束之后也能得到他们的指教。张伯江教授为本书第5章拟出了修改提纲,柯理思教授为本书第6章提供了重要帮助。吴福祥教授、张美兰教授、祖生利博士以及日本学者山田忠司先生在近代汉语研究方面给予了热情的帮助。书中的专题研究全部都在学术刊物或文集上发表过,其中也包含了这些刊物或文集的审稿专家以及编辑人员的心血,在此向他们表示由衷的感谢!

我的工作单位北京语言大学对外汉语研究中心为本书写作提供了难得的学术条件。赵金铭教授、崔希亮教授、张旺熹教授、张博教授都对本书的内容提供了直接的帮助。对外汉语研究中心及北京语言大学的其他同事也都让我受益匪浅。我的研究生在讨论课上也为本书的部分专题提出了一些建设性意见,让我初步体会到了教学相长的快乐。

华中师范大学是我的母校,桂子山是我学术和情感的家园。在求学的不同阶段,我得到了许多老师和同学的关心和帮助。刘兴策、吴永德、萧国政、李向农、汪国胜、吴振国、储泽祥等老师都曾是我的引路人,刘街生、刘贤俊、匡鹏飞等是我的好友,还有亦师亦友却英年早逝的吴继光教授,也希望我的书稿能给他带去一丝慰藉!

商务印书馆是中国语言学事业的推动力量和坚强后盾,也是我仰慕的学术殿堂!我是怀着惴惴不安的心情将书稿送到商务印书馆的。为此特别感谢为我撰写推荐意见的赵金铭教授和张旺熹教授,感谢两位匿名评审专家提出的千金难求的宝贵意见,同时也要感谢本年度商务印书馆语言学出版基金的各位评审委员,感谢他们对拙著的信任与鼓励!感谢商务印书馆编辑老师们为本书的出版所做的辛勤工作。

最后,我要特别感谢我的妻子王继红博士!本书的第9章"动词前'一'的体貌地位"就是与她合作的成果。由于她在博士阶段接受的是北京大学中文系汉语史方面的系统教育,因而给本书的历时研究部分提供了许多细致的帮助。她是本书大部分专题研究设想的第一个听众,也是大部分论文稿的第一个读者。更不用说这么多年来她对我的照顾与安慰!

在个人的学术道路上,正是因为有了以上已经列举和还没有列举的老师与同学、领导与同事、亲人与朋友的引导和扶助,我才能走到今天。在为本书暂时画上一个句号之前,我对他们表示深深的谢意!

20多万字的书稿,篇幅不算大,却耗费了我这八年绝大部分的时间和心血。学然后知不足,研究过后才体会到体貌问题的深浅。对于本书存在的不足之处,我愿意用更多的专题研究来继续补充、完善。

2007年6月于西三旗寓所

专家评审意见

袁毓林

　　该书稿尝试把汉语丰富多样的体貌表现形式纳入到世界语言共性和类型学的视野之中,建立并完善汉语的四层级体貌系统,从而比较准确地把握汉语体貌系统的共性与个性,并为汉语方言研究、汉外对比研究、少数民族语言研究以及语言习得研究等领域中的体貌问题研究提供一个比较全面的理论框架。该书稿把研究重点放在现代汉语普通话及其基础方言北京话中的体貌问题。主要是共时的研究,部分涉及历时的研究。研究范围跟传统的体的研究相比有所扩大,术语也有所区别和更新。应该说,这是一项具有相当的创新性的研究成果。

　　在理论和方法上,该课题遵循"Bybee & Dahl approach"(Dahl 2000)的研究范式,并参考 Smith(1991)、Olsen(1997)、Bybee, Perkins & Pagliuca(1994)、Dahl(2000b)的理论,通过对具体问题的考察来构建一个四层级的汉语体貌系统。在具体的研究方法上,主要是从系统的角度分析汉语体貌的句法语义特征,从话语的角度探寻体标记的功能,基于语料库定量分析体貌现象,得到比较有说服力的结论。值得肯定的是,该书稿在进行汉语体貌系统共时研究的同时,力求将共时研究和历时研究结合起来,着力构建一个兼顾共时和历时的体貌系统。同时,该书稿在主观性与主观化方面,也进行了探索性研究。

　　在结论方面,该书稿认为:汉语的体貌系统是一个由情状体、阶段体、边缘视点体、核心视点体组成的四层级系统;并且,作者强调情状体首先是谓词的语义分类,然后才是谓词与其论元成分的语义分类。谓词前后的某些标记成分不属于情状体的范围。谓词本身的语义特征形成了事件抽象的内在时间结构的重要基础,其他的名词性成分、副词性成分、介词结构等也起一定的作用。小句的情状是由谓词及相关成分组合而成的。例如,"打球"具有[＋动态]、[＋持续]的特征,是活动情状;"打一场球"更具有[＋终结]的特征,是结束情状。这些结论对于我们认识汉语体貌问题都是很有启发意义的。

我认为,本书稿主要的学术价值在于把汉语四层级的体貌系统上升为具有一定普遍意义的体貌理论模式之一,并对汉语的一系列体貌现象从语言类型学的视野进行了具有原创性的深入研究,在语法化和主观化的研究方面也有建树。这些成果可以应用于跨语言比较、对外汉语教学、语言习得等领域的研究。另外,该书稿大部分内容都已经发表,有的发表在国内最高学术刊物,有的成果被全文转载,还有的引起热烈的讨论,多篇成果获奖,在国内外产生了较好的学术影响。这些都说明了该书稿所具有的价值和所达到的水平。

当然,从一种比较高的标准来看,该书稿也有一些地方不尽如人意。现在,我冒昧地提出几点来讨论,同时也向作者请教。

第一,作为一部对汉语体貌问题作比较全面研究的著作,对老牌的体貌助词"着"和"了"着墨颇多,但是偏偏不给"过"一点篇幅,实在令人惋惜。

第二,就是对"着"和"了"的讨论,也略嫌分散,不容易让读者一下子领会作者对它们的意义和用法的系统而全面的见解。并且,许多地方的讨论大概是点到为止,不能让人尽兴,也不一定真能帮助我们解决实际问题。比如,我们一起来看下面一段对话:

(1)留学生:老师,我是朴庆平,我今天回来了。
　老　师:喔,好,好;金南德呢,他回来了吗?
　留学生:老师,他回来了,他昨天回来了。

说"我回来了"没问题,但是"我今天回来了"听着就别扭。我们经常能听到我们的外国学生这么说,并且,我们也有心想纠正,却又怕说不清病因而只得作罢。在诸如此类的实际问题上,该书稿提出的关于句尾"了"的理论是不是管用呢?

第三,下面是几个具体的对语言事实的认定问题。(一)作者赞成木村英树(1983)的观点:表持续的"着"是结果性补语词尾。但是,袁毓林(1993)《现代汉语祈使句研究》(北京大学出版社)§3.3 从动词的义位和相关组合的最小差别对的角度,说明表持续的"着"不是结果性补语词尾。作者当然可以不同意我们的观点,但是最好能够不回避这种观点,并作出一些说明。(二)作者提出了"着"的语法化的双路径理论:

附着义动词→结果补语→结果体→完成体和进行体

我们认为,"着(著)"从附着义动词到完成体和进行体标记,中间还可能有方位介词一个阶段、一个分支或途径之一(梅祖麟先生所提出的),详见袁毓林(2002)《方位介词"着"及相关的语法现象》§8(香港《中国语文研究》第 2 期,收入袁毓林(2002)《汉语语法研究的认知视野》,商务印书馆,第 375—377 页)。(三)作者说:

汉语的动词重叠表示的是一种封闭的情状,没有自然的终止点,具有[＋动态]、[＋持续]、[∅ 终结]的语义特征,语义上具有完整性,兼具情状体和视点体两方面的特点。

下面,我们用一个实例来检验上面这个结论:

(2)只听得里面说道:"了不得了!唬死了姑娘了,醒醒儿吧。"(《红楼梦》,第 111 回;引自该书稿,第 138 页)

我们不敢相信这里的"醒醒儿"具有[＋持续]的语义特征。

第四,作者似乎把"有着"中的"着"的意义概括为表示"绝对状态"。但是,我们不清楚这"绝对状态"的含义。另外,作者似乎没有注意到这个事实:这种用法的"动词＋着"是可以受"已经"等时间副词修饰的。

例如：

(3) a. 他的话里已经包含着这层意思了。

b. 我国已经有着近五千年的文明历史。

c. 这些已经标志着一个新时代的到来。

诸如此类的较为新兴的用例，对揭示"着"的某一方面的意义和用法是有启发意义的。

第五，作者致力于在汉语体貌问题的研究中引入新理论、新方法和新观念，这就难免给人新名词铺天盖地而来的感觉。并且，有些地方用词和表达方式令人费解。比如，§8.5"结语"部分说：双"了"句既有跟其他语言的完成体语法化过程相一致的方面，也有跟类型学规律相悖的方面。接着，作者说：

对上述悖论的一个可能的解释是：……

因此，本章对汉语双"了"句兴衰的解释是或然的。

其中的"悖论"和"或然"两词，实在让人莫名其妙。

我没有对汉语体貌问题作过系统的研究，上述意见也只是即兴而发，是看完该书稿之后的一点感想；不妥之处，敬请大家批评指正。

袁毓林

专家评审意见

郭 锐

《汉语体貌研究的类型学视野》(以下简称《体貌》)一书全面讨论了汉语的体貌,并建立起一个四层级的汉语体貌系统(见表12-2)。

核心视点体	未完整体(内部视点体)			完整体(外部视点体)		
	词尾"着"			词尾"了"		
边缘视点体	进行体(内部视点体)			完成体(外部视点体)		
	正、正在、在、呢,等			句尾"了"、词尾"过"、来着,等		
阶段体	起始体	延续体	完结体	结果体	短时体	反复体
	起来	下来、下去	补语性的"完、好、过"	补语性的"着、到、见"	动词重叠(说说)	复叠(说说笑笑)
情状体	状态情状		动作情状	结束情状		达成情状
	知道、是		跑、玩、唱歌	创造、建造		死、赢

该书的主要优点如下:

一、讨论系统、全面,是目前国内讨论体貌问题最全面系统的一部著作。

二、文献掌握全面,充分反映了作者的踏实的学风。

三、借鉴国外体貌理论,从类型学的视野观察汉语的体貌问题,在理论准备和研究手段上都非常充分。从比较的角度观察汉语的事实,可以更清楚地看到汉语的各种体貌在世界语言体貌系统中的地位,也便于与其他语言比较。

四、用国外体貌理论中的"聚焦度"分析汉语进行体和未完整体的语义差异,很有说服力。比如"他正吃药"通常指在某参照时间(如说话时间),"他"处在"吃药"的状况中,而"他在吃药"则很可能指这段时间在吃药,在说话时并不在"吃药"的状况中,这表明"正"的聚焦度比"在"高。

但《体貌》一书也有一些不足,主要有以下几点:

一、搬套国外理论处理汉语的事实,忽略了对汉语事实的挖掘和更本质的分析,显得不够贴切。如:

1. 该书用"完整性、持续性"等一套概念来挖掘汉语动词重叠的特征,虽不能说不对,但总感觉不贴切。究其原因,是因为作者没有从汉语的事实出发,而是套用西方体貌理论。事实上,动词重叠从根本上说是一种动量表示手段,它表示的是动量范畴而不是体貌范畴。因此,动词重叠与"V+动量"(V一下、V一会)具有相同的语法语义作用。过去已有学者指出动词重叠表示"小量",我认为更为贴切,"短时"只是"小量"的具体表现之一。而用"完整、持续"等体貌研究的概念去套动词重叠,并没有抓住动词重叠的本质。

2. 在分析"拿出一毛钱来"时,认为这里的"来"也是体貌标记,并用现时相关性、完成体来分析"来"。这种分析极不贴切,实际上,这里的"来"根本不是完成体,这种用法的"来"可以用于祈使句(拿酒来);也不存在现时相关性,如果有,也是整个句子的作用,而与"来"无关。从汉语的事实出发,这里的"来"其实仍是表示趋向的一个补语,其表示的意义,有的是实在的空间趋向("拿出一毛钱来"),有的是表示由空间义引申出的呈现义("画出一条路来")。

3. 用完整体、未完整体来分析词尾"了"、词尾"着",用完成体来分析句尾"了"、"过"、"来着",并不见得比国内传统的"着"表示持续、词尾"了"表示实现、句尾"了"表示新情况、"过"表示经历、"来着"表示追述来得贴切。虽然用了"完整、未完整"等一套国外理论的框架来分析,但还是少不了国内传统的分析。

汉语研究需要引进国外先进理论,需要类型学视野的观照,但绝不能机械套用,否则只能削足适履。

二、"体貌"的范围过于宽泛,而又缺乏严格的界定,以致"体貌"成了一个不同性质成分的大杂烩,不利于汉语体貌的深入研究。

从该书的论述可以看到,该书的体貌范畴既包括"了"、"着"、"过"这些与过程阶段有关的虚化成分,也包括"呢、了"等语气词,也包括"正、在、正在"等副词,还包括"起来、下去、完、到"等补语,甚至包括"看了又看、说啊说啊"这些句法手段,体貌实际上成了垃圾桶。

作者认为"体貌从本质上看是语义平面的概念",这也许是造成这一局面的原因。那么汉语里是否也有时态的范畴呢?我们知道,作为语法范畴,需要两方面的要素,一是系统的语法意义,二是同质的形式手段。只有这两方面的统一才能说具有某种语法范畴,因此语法范畴不是纯语义的。作为语法范畴之一,体与时、态、性、数、格、级一样,都不是纯语义平面的。如果认为体是语义平面的,那么时、态、性、数、格、级是否也要看作语义平面的?是否也可以说汉语有时、态、数、性、格、级的语法范畴呢?

因此,在我看来,所谓的情状体、阶段体都不能看作体范畴。情状体实际上是动词或句子本身的时间特征,并不表示特定的语法意义。阶段体实际上没有时间参照,缺乏体的要件。

而"正在、在、正"等副词、"呢"等语气词是否表示体,也值得进一步探讨。

退一步讲,如果承认该书的四层级的体貌系统,那么可以看到,若按照这个标准,该书还遗漏了不少"体"标记。如以下成分都应看作体:

1. "已经、曾经、刚、还"等副词。

2."V一下、V一会"等"V+动量"。

3."洗干净、染红、挖深"等述补结构。

4."V上、V下、V起、V过去、V过来"等趋向补语。

5."说着说着"、"走走,走走,就到学校了"、"看了一遍又一遍"等句法手段。

如此多的体标记,可能接受的人不多。

汉语语法研究需要系统性,但不可为系统而系统,贪大求全。与其把不同质的东西都看作体,不如从纷杂的语言事实中切割出不同性质的成分,严格界定体的范围,这样更有利于汉语事实的挖掘。

三、虽然该书总体上学风是严谨的,但个别地方仍有不严谨处。

1. 在讨论"来"的完成体性质时,作者认为"来"作为复合补语的第二成分位于宾语之后时,现时相关性增强,具备完成体的部分功能。这个论断是不严谨的。国外学者在讲到完成体的性质时,的确提到完成体表示事件状态通常与参照时间相关,但并没有说凡是与参照时间相关的都是完成体,实际上进行体也同样与参照时间相关。该书把句尾"了"、"过"、"来着"看作完成体,也许正是基于"现时相关是完成体的充分条件"这一误解。

2. 该书认为完整体标记词尾"了"和未完整体标记词尾"着"比完成体标记句尾"了"、"过"、"来着"语法化程度更高。这一结论与一般人的语感不符,作者并未加以证明。那么作者为什么会得出如此结论?从该书的讨论可以推断,作者这么说是因为国外学者认为完整体来源于完成体,而不是根据汉语语言事实作出的客观分析。

3. 该书认为词尾"了"是句尾"了"进一步语法化的结果,但作者在书中并未论证,这个结论也难以让人信服。

4. 该书认为,汉语未完整体标记"着"是从其进行体用法一步一步发展而来的,但作者也未展开论证。

5. 该书认为,未完整体与完成体、完整体与进行体在汉语里不能配用。但实际上我们在语料中可以找到"未完整体与完成体"配用的例子:

(1) 有人早早吃了晚饭,就扛着板凳来等着了。

(2) 不能克服的睡意就已经完全笼罩着你了。

也能找到"完整体与进行体"配用的例子:

(3) 门口坐了一个人呢。

可以看出《体貌》一书作者是下了一番功夫的,态度也是认真的,也有不少发现。但该书的理论框架套用国外理论较为机械,对汉语事实的发掘不够深入,不够精细。如果作者能够在汉语事实的描写和分析上再下一些工夫,更多地从汉语的实际出发,用朴素的眼光观察汉语表达的独特视角,也许可以有更深入的发现,这才是对语言学的真正贡献。